GREG STEINMETZ

O HOMEM MAIS RICO DE TODOS OS TEMPOS

r.ed
RED TAPIOCA

RIO DE JANEIRO, 2019

Copyright © Greg Steinmetz, 2015
Copyright © Red Tapioca, 2019
Todos os direitos reservados.

Esta tradução é publicada sob acordo com a Simon & Schuster.

Título original: Richest Man Who Ever Lived: The Life and Times of Jacob Fugger

1ª Edição

r.ed

Coordenação editorial
Gustavo Horta Ramos

Organização
Emílio C. Magnago

Tradução
Sebastian Ribeiro

Revisão
Erika Jurdi

Diagramação e projeto gráfico
Beluga Editorial

Capa
David Cunha

Dados Internacionais de Catalogação na Publicação (CIP)
(Câmara Brasileira do Livro, SP, Brasil)

Steinmetz, Greg
 O homem mais rico de todos os tempos /
Greg Steinmetz ; [tradução Sebastian Ribeiro]. --
Rio de Janeiro : Red Tapioca, 2019.

 Título original: The richest man that ever lived.
 ISBN 978-65-80174-07-2

 1. Alemanha - História - 1273-1517 2. Banqueiros -
Alemanha - Biografia 3. Empresários - Alemanha -
Biografia 4. Fuger, Jakob, 1459-1525 I. Título.

19-27688   CDD-332.092

Índices para catálogo sistemático:

 1. Gestores de mercado financeiro : Economia   332.092

Iolanda Rodrigues Biode - Bibliotecária - CRB-8/10014

SUMÁRIO

INTRODUÇÃO

1 – DÍVIDA SOBREANA   1
2 – SÓCIOS   29
3 – OS TRÊS IRMÃOS   52
4 – CORRIDA AOS BANCOS   83
5 – OS MARES DO NORTE   94
6 – USURA   108
7 – A MOEDA NO COFRE   135
8 – A ELEIÇÃO   145
9 – VITÓRIA   169
10 – VENTO DA LIBERDADE   190
11 – CAMPONESES   219
12 – OS TAMBORES SE CALAM   246

EPÍLOGO   267
POSFÁCIO   278
NOTAS   283
REFERÊNCIAS BIBLIOGRÁFICAS   294

INTRODUÇÃO

Em um dia de primavera, em 1523, Jacob Fugger, banqueiro da cidade alemã de Augsburgo, chamou um escrevente e lhe ditou um aviso de cobrança. Um cliente estava atrasado com o pagamento de um empréstimo. Depois de anos de leniência, Fugger finalmente havia perdido a paciência.

Fugger escrevia avisos de cobrança o tempo todo. Mas a carta de 1523 era especial, pois ela não estava endereçada a algum comerciante de peles passando por dificuldades, ou a algum importador de especiarias com problemas de caixa, mas para Carlos V, o homem mais poderoso do mundo. Carlos V tinha oitenta e um títulos, incluindo imperador do Sacro-Império Romano Germânico, rei da Espanha, rei de Nápoles, rei de Jerusalém, duque da Borgonha e soberano da Ásia e da África. Governou um império que se estendia pela Europa e além do Oceano Atlântico, até o México e o Peru, o maior império desde os dias da Roma Antiga. Era a primeira vez na história em que o sol nunca se punha sobre os domínios de uma nação. Quando o papa o desafiou, Carlos saqueou Roma. Quando os franceses o enfrentaram, o rei da França foi capturado. As pessoas acreditavam que Carlos era divino e tentavam tocá-lo porque achavam que tinha poderes de cura. "Ele próprio é uma lei viva, e acima de todas as outras leis", disse um conselheiro imperial. "Sua Majestade é Deus na terra".

Fugger era o neto de um camponês, um homem que o imperador Carlos poderia facilmente mandar para a forca por insolência. Por isso, deve ter sido uma surpresa para Carlos o fato de Fugger não só se endereçar a ele como um igual, mas ainda lembrá-lo a quem devia seu sucesso. "É bem sabido que, sem mim, Vossa Majestade poderia não ter conseguido a Coroa Imperial", Fugger escreveu. "O senhor deverá ordenar que o dinheiro que lhe paguei, junto com os juros sobre ele, seja calculado e pago, sem mais demora".

Pessoas se tornam ricas por perceberem oportunidades, por serem pioneiras de novas tecnologias ou por vencerem seus oponentes em negociações. Fugger fez tudo isso, mas também possuía uma qualidade extra que o elevou a outro nível. Como a carta a Carlos V indica, ele tinha coragem. Em um raro momento de reflexão, Fugger disse que não tinha nenhum problema para dormir, pois deixava as preocupações cotidianas de lado com a mesma facilidade com que trocava de roupa. Fugger era quase 10 centímetros mais alto que a média da época, e seu retrato mais famoso, feito por Dürer, mostra um homem calmo, com olhar atento e cheio de convicção. Sua frieza e autoconfiança o permitiam encarar soberanos de cima pra baixo, aguentar dívidas terríveis e esbanjar segurança e jovialidade quando enfrentava a ameaça de falência. Coragem era essencial pois os negócios nunca foram tão perigosos quanto no século XVI. Trapaceiros tinham as mãos decepadas. Caloteiros apodreciam na prisão dos devedores. Padeiros que eram pegos adulterando o pão recebiam humilhações públicas. Prestamistas, aqueles cuja profissão era emprestar dinheiro, tinham o destino mais cruel. Os clérigos sempre lembravam os frequentadores de suas paróquias que os prestamistas – a quem a igreja chamava de usurários – queimavam no purgatório. Para provar, a igreja exumava corpos daqueles suspeitos de praticar usura e apontava para as minhocas, larvas e besouros que se alimentavam da carne apodrecida. Como todos sabiam, tais criaturas eram serventes de Satanás. Qual melhor prova de que aqueles cadáveres pertenciam a usurários?

Dadas as consequências do fracasso, é impressionante o fato de Fugger ter chegado tão longe. Ele poderia ter se aposentado no interior e, como alguns de seus clientes, vivido uma vida de caçar cervos e se esbaldar com mulheres em festas nas quais, em nome do entretenimento, anões saíam de dentro de tortas. Alguns de seus descendentes realmente fizeram isso. Mas ele queria ver o quão longe conseguia ir, mesmo arriscando sua liberdade e sua alma. O dom da razão acalmava sua consciência. Ele entendia que as pessoas o consideravam "pouco cristão e nada fraternal". Ele sabia que seus inimigos o chamavam de usurário e judeu, e diziam que ele estava condenado. Mas ele usava a lógica para rebater os ataques. Deus certamente queria que ele ganhasse dinheiro, senão não o teria dado tamanho talento para isso. "Muitos no mundo são hostis comigo", Fugger escreveu. "Eles dizem que eu sou rico. Eu sou rico pela graça de Deus, sem causar mal a homem algum".

Quando Fugger disse que Carlos V não teria se tornado imperador sem ele, não era exagero. Fugger não apenas pagou subornos que garantiram a ascensão de Carlos, como também financiou o avô de Carlos e trouxe a família Habsburgo das periferias da política europeia para o centro da ação. Fugger também deixou sua marca de outras maneiras. Despertou o comércio de seu sono medieval, persuadindo o papa a suspender a proibição dos juros. Ajudou a salvar a iniciativa privada de um fim prematuro ao financiar o exército que venceu a Guerra dos Camponeses na Alemanha, o primeiro grande combate entre capitalismo e os ideais que viriam a formar o comunismo. Derrubou a Liga Hanseática, que até então era a organização comercial mais poderosa da Europa. Arquitetou um esquema financeiro sombrio que, sem querer, provocou Lutero a escrever suas Noventa e Cinco Teses, o documento que deu origem à Reforma, o evento estrondoso que dividiu a cristandade europeia. Fugger provavelmente financiou a volta ao mundo de Fernão de Magalhães. Em uma nota mais mundana, ele foi um dos primeiros homens de negócios ao norte dos Alpes a utilizar o método das partidas dobradas em contabilidade e o primeiro no mundo a consolidar os resultados de múltiplas operações financeiras em um só demonstrativo – uma inovação que lhe permitia inspecionar seu império financeiro em um único olhar e sempre saber as condições de suas finanças. Foi o primeiro a mandar auditores inspecionar filiais. E sua criação de um serviço de notícias, que lhe deu uma vantagem de informações sobre seus rivais e seus clientes, o rendeu uma nota de rodapé na história do jornalismo. Por todas essas razões, é justo dizer que Fugger foi o homem de negócios mais influente de todos os tempos.

Fugger mudou a história porque viveu em uma época na qual, pela primeira vez, dinheiro fez toda a diferença na guerra e, portanto, na política. E Fugger tinha dinheiro. Ele viveu em palácios e era dono de uma coleção de castelos. Depois de comprar sua entrada na nobreza, se tornou senhor feudal para colocar seu nome no mapa. Entre suas posses estava um extravagante e fabuloso colar, que mais tarde foi usado pela Rainha Elizabeth I. Quando Fugger morreu, em 1525, sua fortuna estava só 2% abaixo de toda a produção econômica europeia. Nem mesmo John D. Rockefeller teve esse tipo de riqueza. Fugger foi o primeiro milionário documentado. Na geração anterior à dele, a família Médici possuía muito dinheiro, mas seus registros contábeis mostravam apenas somas de cinco dígitos, apesar de fazerem seus negócios em moedas de valor mais ou menos igual às que Fugger utilizava. Fugger foi o primeiro a obter sete dígitos.

Ele fez sua fortuna com bancos e mineração, mas também vendeu tecidos, especiarias, joias e relíquias sagradas, como ossos de mártires e lascas da cruz. Por um tempo, ele teve o monopólio do guaiacum, uma madeira brasileira que diziam que podia curar a sífilis. Ele cunhou moedas papais e financiou o primeiro regimento de guardas papais suíços. Outros tentaram jogar o mesmo jogo de Fugger; o mais notável foi Ambrose Hochstetter, seu vizinho de Augsburgo. Enquanto Fugger continuou ficando cada vez mais rico e mais solvente até o dia de sua morte, Hochstetter, o pioneiro dos bancos para as massas, faliu e morreu em uma prisão.

Fugger começou sua carreira como um plebeu, o nível mais baixo nas castas europeias. Se ele não se curvasse perante um barão ou não cedesse passagem para um cavaleiro, arriscava ser empalado com uma espada. Mas suas origens não foram obstáculo; todas as pessoas de negócios eram plebeias, e a família Fugger era rica o suficiente para comprar todas as vantagens para ele. Os Fugger tinham um dom para o comércio de tecidos, e registros mostram que estavam entre os maiores pagadores de impostos da cidade. Mas havia obstáculos, é claro. Quando Jacob tinha apenas 10 anos, seu pai morreu. Se não fosse pela força e esperteza de sua mãe, talvez ele não tivesse chegado a lugar nenhum. Outra desvantagem era seu lugar na ordem de nascimento. Ele era o caçula de sete meninos, uma posição na ordem que deveria fazer com que fosse parar em um monastério, e não nos negócios. Tinha falhas de caráter, como qualquer pessoa. Era teimoso, egoísta, traiçoeiro e algumas vezes cruel. Certa vez, mandou a família de um de seus mais leais empregados para um albergue, se recusando a perdoar uma dívida após a morte do empregado. Mas tornou ao menos uma dessas falhas – uma tendência a alardear seus próprios feitos – em uma vantagem. Seu hábito de se vangloriar era uma boa propaganda; ao deixar seus convidados saberem o quanto ele pagara por um diamante ou quanto dinheiro poderia levantar para um empréstimo, ele tornava conhecidas suas habilidades de fazer por seus clientes mais do que os outros banqueiros conseguiriam.

O lado ruim desta notoriedade era o ressentimento. Inimigos perseguiram Fugger por boa parte de sua vida profissional, e sua carreira se desenrolou como um videogame. Eles os atacaram de frente e por ângulos diferentes, trazendo desafios cada vez mais difíceis conforme ele crescia em riqueza e poder. Lutero quis levar toda a família à falência, declarando que queria "colocar um freio nas bocas dos Fugger". Ulrich von Hutten, um cavaleiro que foi o mais famoso escritor germânico de seu tempo, quis matá-lo. Mas Fugger sobreviveu a cada ataque e foi acumulando mais pontos na forma de dinheiro e poder.

Será que o sucesso trouxe felicidade a Fugger? Provavelmente não, ao menos no sentido convencional. Ele tinha poucos amigos, apenas parceiros de negócios. Sua única filha nasceu fora do casamento. Seus sobrinhos, a quem ele deixou seu império, o decepcionaram. Enquanto estava em seu leito de morte, sem ninguém ao seu lado além de seus funcionários, sua esposa estava com o amante. Mas teve sucesso à sua própria maneira. Seu objetivo nunca foi conforto ou felicidade. Era acumular dinheiro até o fim. Antes de morrer, compôs seu próprio epitáfio, uma afirmação ousada de ego que teria sido impossível uma geração antes, sem que a filosofia de individualismo da Renascença tivesse tomado conta da Alemanha. Antes dessa época, um mero autorretrato – uma forma de arte que Dürer criou durante o tempo em que Fugger viveu – teria sido visto como algo irremediavelmente egoísta e contrário às normas sociais.

> PARA DEUS, TODO-PODEROSO E BONDOSO! Jacob Fugger, de Augsburgo, ornamento a sua classe e sua nação, Conselheiro Imperial sob Maximiliano I e Carlos V, inigualável na aquisição de fortuna extraordinária, em magnanimidade, em pureza de vida e em grandeza de alma, incomparável a qualquer um em vida, não deve, em morte, ser contado entre os mortais.

Hoje em dia, Fugger é mais conhecido por seus trabalhos filantrópicos (principalmente pelo Fuggerei, seu projeto de moradias populares em Augsburgo) do que por ser "inigualável na aquisição de fortuna extraordinária". O Fuggerei continua em operação e atrai milhares de visitantes estrangeiros a cada ano, graças a investimentos que Fugger realizou cinco séculos atrás. Mas seu legado é ainda mais duradouro. Seus feitos mudaram a história, mais do que aqueles de monarcas, revolucionários, profetas e poetas, e seus métodos abriram o caminho para cinco séculos de capitalistas. É fácil enxergar em Fugger uma figura moderna. No fundo, ele era um empresário de táticas agressivas, tentando ganhar o máximo de dinheiro possível e fazendo qualquer coisa que fosse necessária para seus objetivos. Correu atrás das maiores oportunidades, ganhou favores de políticos, usou o dinheiro para reescrever as regras em benefício próprio. Cercou-se de contadores e advogados, se alimentou de informação. Hoje em dia, os bilionários com os mesmos instintos vorazes de Fugger aparecem nas páginas da imprensa financeira. Mas ele abriu o caminho. Foi o primeiro homem de negócios moderno no sentido de que foi o primeiro a perseguir a riqueza como um fim próprio e sem medo das consequências. Para entender nosso sistema financeiro e como chegamos nele, vale a pena entender este homem.

1
DÍVIDA SOBERANA

Na Alemanha renascentista, poucas cidades tinham a mesma energia e entusiasmo de Augsburgo. Os mercados viviam lotados com todo tipo de produto, de ovos de avestruz a crânios de santos. Senhoras traziam falcões para a igreja. Boiadeiros húngaros passavam com gado pelas ruas. Se o imperador vinha até a cidade, cavaleiros disputavam justas nas praças. Se um assassino era pego de manhã, o enforcamento acontecia de tarde para todos verem. Augsburgo tinha uma alta tolerância para o pecado. As casas de banho ofereciam cerveja com a mesma liberdade das tavernas. A prostituição não era apenas legalizada: o bordel era mantido pela própria cidade.

Foi aqui que Jacob Fugger nasceu, em 1459. Augsburgo era uma cidade têxtil e a família Fugger tinha enriquecido comprando tecidos de tecelões locais e revendendo nas feiras em Frankfurt, Colônia e além dos Alpes, em Veneza. Jacob era o mais novo de sete irmãos. Seu pai faleceu quando ele tinha dez anos e então sua mãe assumiu os negócios. Ela tinha filhos o bastante para trabalhar nas feiras, subornar os ladrões nas estradas e inspecionar o tingimento dos tecidos, então decidiu tirar o mais novo das festas e casas de banho e colocá-lo em um caminho diferente. Ela decidiu que ele seria padre.

É difícil imaginar que Jacob tenha ficado feliz com isso. Se sua mãe conseguisse o que queria e ele fosse para o seminário, teria que raspar a cabeça e trocar sua capa pelas batinas dos beneditinos. Teria que aprender latim, ler Tomás de Aquino e rezar oito vezes por dia, começando com as matinas às duas da manhã. Os monges cuidavam de si próprios, então Fugger, como um monge, teria que fazer a mesma coisa. Teria que cobrir telhados e ferver sabão. A maior parte do trabalho era serviço pesado, mas se ele quisesse se tornar um padre de paróquia, ou melhor, um secretário em Roma, teria que fazer suas obrigações.

A escola era um monastério do século X na vila de Herrieden, perto de Nuremberg. Eram quatro dias de caminhada, ou dois dias para quem tivesse a sorte de ter um cavalo. Nada acontecia em Herrieden e, mesmo se acontecesse, Fugger não conseguiria ver. Os beneditinos eram austeros e os seminaristas não saíam de dentro do monastério. Enquanto estivesse lá, Fugger teria que fazer algo ainda mais difícil do que raspar o cabelo ou pentear lã. Ele teria que jurar uma vida de celibato, obediência e, na maior das ironias, considerando seu futuro, pobreza.

Havia dois tipos de clérigos: os conservadores, que seguiam cegamente as ordens de Roma, e os reformistas, como Erasmo de Roterdã, o maior intelectual de seu tempo, que buscou erradicar o que havia se tornado uma epidemia de corrupção. Nunca saberemos que tipo de clérigo Fugger haveria se tornado, porque sua mãe reconsiderou na última hora. Ele já tinha 14 anos, e ela decidiu que o jovem seria mais útil em casa. Ela pediu para a igreja liberá-lo, e então ele estaria livre para virar um aprendiz e ter uma profissão. Anos depois, quando Fugger já era rico, alguém perguntou por quanto tempo planejava continuar trabalhando. Ele respondeu que nenhuma quantia de dinheiro jamais iria satisfazê-lo. Não importa quanto tivesse, pretendia "continuar lucrando até o fim".

Nessa jornada, seguiu uma tradição familiar de acumular riquezas. Em uma época em que a elite considerava o comércio uma atividade indigna e a maioria das pessoas não tinha ambições além de se alimentar e sobreviver ao inverno, todos os ancestrais de Jacob – homens e mulheres – eram ambiciosos. Nesses tempos, ninguém ia do nada para a fortuna da noite para o dia. O único jeito de ser rico era nascendo rico, com riquezas acumuladas por várias gerações. Mas a família Fugger era obstinada e bem sucedida. Cada um, aos poucos, contribuindo para a fortuna da família.

O avô de Jacob, Hans Fugger, era um camponês que viveu na vila de Graben, na região da Suábia. Em 1373, exatamente um século antes de Jacob começar seus negócios, Hans abandonou a segurança e o marasmo de sua vida na vila e foi para a cidade grande. A população urbana da Europa crescia e os novos habitantes das cidades precisavam de roupas. Os tecelões de Augsburgo atendiam à demanda com fustão, uma mistura de linho local e algodão importado do Egito. Hans queria ser um desses tecelões. É difícil de imaginar da nossa perspectiva, mas a decisão dele de sair da vila foi incrivelmente corajosa. Um homem comum da época ficava onde nascia e ganhava a vida fazendo exatamente a mesma coisa que seu pai e seu avô. Uma vez moleiro, sempre moleiro; uma vez ferreiro, sempre ferreiro. Mas Hans não quis isso. Ele era um jovem com um sonho de Rumpelstichen de girar ouro em um tear. Vestindo um gibão cinza e botas simples, ele foi para a cidade, mais de 30 quilômetros descendo o rio Lech, a pé.

Hoje em dia, Augsburgo é uma cidade agradável e pequena, conhecida por seu teatro de fantoches. A uma distância possível de ir e voltar no mesmo dia de Munique, ela não significa muito para os grandes assuntos mundiais, não mais do que qualquer cidade média do interior. Suas fábricas, com os excelentes engenheiros que mantêm a Alemanha competitiva, fazem caminhões e robôs. Se não fosse por uma universidade e alguns bares, cafés e livrarias, Augsburgo correria o risco de cair na obscuridade de uma cidade próspera, porém terrivelmente monótona. Mas quando Hans chegou lá, a cidade estava no caminho para se tornar o centro financeiro da Europa, a Londres do seu tempo, um lugar para onde iam aqueles que precisavam de grandes empréstimos. Fundada pelos romanos no ano 14 AD, nos tempos de do imperador Augusto (de onde veio o nome da cidade), ela fica na antiga estrada que ia de Veneza a Colônia. No ano 98 AD, Tácito descreveu os germânicos como combativos, sujos e muitas vezes bêbados, e notou seus "ferozes olhos azuis, cabelos louros e corpos enormes." Mas ele elogiou os habitantes de Augsburgo e chamou a cidade de *splendidissima*.

Um bispo controlava a cidade quando, no século XI, a economia europeia saiu da Idade das Trevas e comerciantes montaram suas barracas perto do palácio. Conforme foram aumentando em número, os comerciantes se revoltaram com as ordens do bispo, e o enxotaram para outro castelo próximo. Augsburgo se tornou uma cidade livre, onde os habitantes cuidavam de seus próprios negócios, sem se reportarem a nenhuma autoridade, exceto o distante e distraído imperador. Em 1348, a Peste Negra atingiu a Europa e matou pelo menos um terço da população do continente, mas, milagrosamente, não afetou Augsburgo. Esse enorme golpe de sorte fez com que Augsburgo e outras cidades do sul da Alemanha substituíssem a devastada Itália como o centro de produção têxtil da Europa.

Quando Hans Fugger se aproximou dos portões da cidade e viu as torres da muralha, é bem possível que tenha pensado que os moradores de Augsburgo não faziam nada além de tecidos. Cavaletes de branqueamento cobertos de panos se espalhavam em todas as direções. Uma vez dentro dos portões, ele deve ter se espantado com tantos clérigos. O bispo tinha ido embora, mas Augsburgo ainda tinha nove igrejas. Franciscanos, beneditinos, agostinianos e carmelitas estavam por toda parte, incluindo bares e bordéis. Hans também teria notado a grande quantidade de pedintes. Os ricos, vivendo em casarões luxuosos na parte alta do centro da cidade, tinham 90% de toda a riqueza e poder político da cidade. Eles não suportavam olhar para os pedintes – se é que não se sentiam ameaçados por eles – e passaram leis para mantê-los longe. Mas quando os portões se abriam pela manhã e os camponeses vindos das áreas rurais entravam em massa para ganhar algumas moedas varrendo as ruas ou depenando galinhas, os guardas não conseguiam saber quem era quem, e os pedintes aproveitavam.

Hans se registrou na prefeitura, dando seu nome ao escriba. Germânicos usavam latim para documentos oficiais e o escriba pensou por um momento antes de bolar uma tradução certa para Fugger. Ele foi escrevendo as letras conforme pensava: F-u-c-k-e-r (um palavrão em inglês). O registro, hoje nos arquivos da cidade, diz Fucker Advenit, ou Fugger chegou. Historiadores especializados em Fugger dão risada até hoje.

Hans prosperou e em pouco tempo já tinha dinheiro o bastante para delegar o trabalho no tear para outros. Ele virou um atacadista, comprando pano de outros tecelões e vendendo em feiras. Deu início a uma tradição familiar de casamentos vantajosos ao se casar com Clara Widolf, a filha do líder da guilda dos tecelões. Os tecelões eram o grupo comercial mais poderoso da cidade. Eles mostraram seus dentes em 1478 quando forçaram a execução de um prefeito que ajudava os pobres. Depois da morte de Clara, Hans se casou com a filha de outro chefe de guilda. Essa mulher, Elizabeth Gfatterman, tinha uma esperteza impressionante para o comércio. Ela assumiu os negócios da família depois da morte de Hans e os comandou por 28 anos. É interessante pensar o quão longe ela poderia ter ido se a sociedade a tivesse dado uma chance. Mulheres não tinham poderes políticos e eram consideradas dependentes legais de seus pais ou maridos. Se quisessem fazer negócios sem um marido, precisavam trabalhar por trás de um representante. Por mais difícil que fosse, Gfatterman ainda conseguia barganhar por suprimentos, negociar com clientes e investir em imóveis e terras, ao mesmo tempo em que criava seus filhos. Garantiu que seus dois meninos, Andreas e Jacob (o pai de Fugger, conhecido como Jacob, o Velho) tivessem o treinamento necessário para sucedê-la. Para não diluir a herança, nunca se casou novamente. Ela era uma das maiores pagadoras de impostos de Augsburgo na época da sua morte.

Augsburgo cunhava suas próprias moedas, e o outro avô de Fugger, Franz Basinger, era o mestre da casa da moeda. Ele ficou rico observando seus empregados derramando a prata derretida nos moldes e cunhando as moedas uma por uma. Jacob, o Velho, se casou com Barbara, filha de Basinger. Poucos meses depois do casamento, as autoridades descobriram que Basinger diluía a prata das moedas – um crime sujeito à pena de morte em alguns lugares – e o prenderam. Jacob ajudou a pagar as dívidas e Basinger foi solto e teve um final feliz: fugiu para a Áustria e, apesar de seus antecedentes criminais, se tornou o mestre da casa da moeda de uma cidade próxima à capital tirolesa de Innsbruck.

Barbara tinha o mesmo dom para os negócios que sua sogra Elizabeth. Pode-se dizer que foi delas, mais do que de seus ancestrais homens, que Fugger herdou seu talento. Assim como Elizabeth, Barbara viveu por quase 30 anos depois da morte do marido, e seguiu o difícil caminho de viúva. Também como Elizabeth, levou os negócios da família Fugger a um novo nível, reinvestindo os lucros e comprando e vendendo muito mais tecidos do que seu marido. Mas isso só aconteceu depois, pois o trabalho imediato dela após o casamento era ter filhos.

Os Fugger viviam em uma casa de três andares, em uma esquina onde o antigo bairro judeu se encontrava com o centro comercial. Ficava de frente para o prédio da guilda dos tecelões. Uma rua chamada Colina dos Judeus descia por trás da casa, acabando em um canal. Os romanos tinham cavado os canais e construído as proteções de madeira neles. De noite, no silêncio, era possível ouvir a água correndo.

Barbara deu à luz Fugger em 6 de março de 1459. Jacob, o Velho, não quis dar seu próprio nome para nenhum dos seus outros filhos, mas desistiu no nascimento do sétimo. Ele não passou muito tempo com o filho que carregou seu nome; faleceu quando Jacob tinha dez anos de idade. Nessa época, alguns dos meninos – Ulrich, Peter e George – já estavam trabalhando nos negócios. Outro irmão, Markus, era um clérigo subindo na carreira da burocracia do Vaticano. Dois outros irmãos morreram na infância. Para as meninas – Jacob teve três irmãs –, Barbara planejava bons casamentos.

Fugger se inspirava em seus irmãos e invejava as aventuras deles nas estradas. Sua própria chance de se aventurar viria em breve. Depois de desistir da ideia de mandá-lo para a igreja, Barbara conseguiu para ele uma vaga de aprendiz em Veneza. Nessa época, Veneza era o maior centro comercial do mundo. Era o ponto de parada que ligava a Rota da Seda ao Reno, onde o vinho francês seguia em navios para Alexandria e Constantinopla e onde mercadores trocavam pimenta, gengibre e algodão do Oriente por marfim, peles e metais do Ocidente. Veneza foi fundada sobre o comércio, e homens de negócios mandavam em tudo. Dinheiro era tudo que importava. Os venezianos, como escreveu o banqueiro e político Girolamo Pruili, "concentram toda sua força no comércio." Veneza fazia Augsburgo parecer um vilarejo. Quente, barulhenta e lotada, sua população de 200.000 a tornava uma das maiores cidades da Europa. Mercadores gritavam uns aos outros dos armazéns às beiras dos canais. "Quem poderia contar as muitas lojas, tão bem mobiliadas que parecem armazéns", escreveu o clérigo Pietro Casola em seu diário de viagem. "O observador fica estupefato". Todos em Veneza prosperavam. O cronista Sansovino descreveu como os locais dormiam em camas de nogueira, atrás de cortinas de seda. Eles comiam com talheres de prata. Casola ainda disse: "Aqui a riqueza corre como água em uma fonte".

O comércio de especiarias foi o grande responsável. Na Europa, as pessoas amavam especiarias, especialmente pimentas, porque ajudavam a melhorar comidas sem graça ou a mascarar o gosto de carne estragada. Os árabes compravam as especiarias na Índia e as transportavam em camelos até os portos do Levante. Veneza mantinha um monopólio desse comércio. Graças à sua localização estratégica na costa Adriática, oferecia o caminho mais econômico para chegar ao resto do continente. Veneza se enriqueceu como um atravessador. Fugger ainda não sabia disso, mas um dia ele cumpriria um papel na destruição desse sistema.

Naturalmente, Veneza se tornou o lugar onde jovens homens aprendiam profissões. Famílias com recursos mandavam seus filhos pra lá, para descobrir os segredos do comércio e fazer contatos. Fugger se despediu de sua família e atravessou os Alpes, provavelmente pela Passagem de Brenner. Demorou duas semanas para chegar até Mestre, de onde embarcou para atravessar a lagoa e chegar na ilha principal. Depois dessa jornada, Fugger seguiu para o Fondaco dei Tedeschi, o armazém onde os venezianos insistiam que todos os germânicos deveriam fazer seus negócios. A ideia era mantê-los todos sob um mesmo teto para facilitar a cobrança de impostos.

Localizado no Rialto, o Fondaco era um bazar superlotado, abarrotado de produtos até o teto. "Lá eu vi mercadorias de todos os tipos", escreveu o cavaleiro Arnold von Hanff durante uma visita. Casola escreveu: "O Fondaco em Veneza é tão rico em mercadorias que poderia suprir a Itália inteira". Em 1505, bem depois dos tempos de Fugger em Veneza, um incêndio destruiu o prédio. Quando a cidade o reconstruiu, Titian e Giorgione pintaram murais na parede de frente para o Grande Canal e fizeram do Fondaco um destino para os amantes de artes. Mas nos tempos de Fugger, os germânicos, além de trabalharem, também moravam lá. Fugger dormia ao lado de seus compatriotas em um chão coberto de palha, no sótão. Além de aprender sobre importação e exportação, ele também deve ter empacotado caixas, feito entregas e copiado cartas. Aproximando-se da basílica de São Marcos pela Ponte dela Paglia, Fugger poderia ver os galeões navegando, vindo do Bósforo e da Terra Santa. Ele poderia refletir sobre os escravos africanos – os servos dos palácios dos ricos – nas praças ou se juntar a outros germânicos que atiravam pedrinhas na água no Riva degli Schiavoni, o famoso passeio da cidade. Ele poderia ouvir as trombetas que anunciavam a chegada de cada navio estrangeiro.

Sabemos pouco sobre os anos de Fugger em Veneza, além das marcas que eles deixaram. Foram poucas, mas profundas. Algumas foram marcas de estilo. Foi aqui que Fugger pegou o gosto pela boina dourada, que virou sua marca registrada. Também foi em Veneza que começou a assinar cartas em latim. Ele chegou na Itália como Jacob, sabendo só ler e escrever. Voltou como Jacobo, homem de negócios internacional, com a intenção de causar impacto.

Mais importante, foi durante esse tempo que ele aprendeu sobre o ofício dos bancos. Fugger se tornaria muitas coisas nos anos que viriam – um industrial, um mercador e por vezes um especulador – mas ele era primeiramente um banqueiro. Ele aprendeu tudo o que precisava sobre bancos em Veneza. Os italianos inventaram isso, como fica evidente pela origem italiana das palavras crédito, débito e até mesmo banco. Veneza também o expôs ao vantajoso ofício da contabilidade. Muitos dos comerciantes na Alemanha ainda estavam anotando números em pedaços de papel sem nenhuma organização. Os italianos haviam ultrapassado isso. Pela necessidade de métodos mais robustos de organizar operações grandes e multinacionais, os italianos desenvolveram o método das partidas dobradas, que tem esse nome porque cada entrada tem uma outra entrada oposta, para fazer o balanço.

Isso os ajudou a entender negócios complexos com muito mais agilidade, ao resumir os pontos importantes e condensar o valor de uma operação em um único número. Anos depois que Fugger deixou Veneza, o frade matemático Luca Pacioli escreveu o primeiro livro didático de contabilidade. Fugger sabia todos os truques antes mesmo do livro de Pacioli ser impresso. Ele converteu seus irmãos ao sistema e trouxe um novo nível de sofisticação para os negócios da família. O resto de Augsburgo não teve escolha senão segui-lo. O fato de Fugger, um adolescente, já entender a importância da contabilidade e como isso o deu uma vantagem já diz muito sobre se instinto para os negócios. Ele sabia que aqueles que não mantinham suas contas organizadas e não prestavam atenção nos detalhes largavam dinheiro por aí, algo que ele considerava impensável.

Um embaixador veneziano, anos depois, ouviu falar que Fugger tinha aprendido seu ofício em Veneza. Ele respondeu que Fugger tinha aprendido mais do que Veneza poderia ensinar: "Se Augsburgo é a filha de Veneza, então a filha superou a mãe."

♦

No mesmo ano em que Fugger partiu para Veneza, algo aconteceu em Augsburgo, algo que teria consequências monumentais para ele e seus parentes: a família teve o primeiro contato com os Habsburgo, a família real da Áustria. Eventualmente, os Habsburgo se tornariam os maiores clientes de Fugger, e Fugger se tornaria seu conselheiro e principal apoiador financeiro. A relação nunca foi fácil, e quase ruiu várias vezes. Mas a ligação se manteve e se tornou a maior parceria público-privada do mundo.

Naquela primavera, quando a neve havia acabado de derreter nas passagens dos Alpes, o imperador Frederico III saiu de Innsbruck para uma importante missão diplomática em Trier, na fronteira francesa. Frederico viajava ao encontro de Carlos, o Audaz, o incrivelmente rico Duque da Borgonha, e parou em Augsburgo no caminho. Além de servir como imperador, Frederico era também o Arquiduque da Áustria e o patriarca da família Habsburgo. Os Habsburgo tinham suas raízes na Suíça, onde, no século XI, um chefe militar chamado Radbot de Klettgau construiu o Castelo do Falcão – "Habsburg" em alemão – na estrada entre Zurique e Basileia. A Europa tinha dúzias de famílias reais, e os Habsburgo eram insignificantes até 1273, quando um deles, Rodolfo, se tornou rei dos germânicos e a escolha inevitável para se tornar o imperador do Sacro-Império Romano Germânico. Três anos depois, a família tomou Viena, conseguindo um endereço mais agradável do que o castelo solitário na Suíça. Mesmo assim, eles continuaram fracos em comparação com as grandes dinastias europeias. Rodolfo morreu antes de se tornar imperador, mas, verdade seja dita, "imperador" era um título muito grande que significava muito pouco.

Supostamente, Napoleão foi quem disse que o Sacro--Império Romano não era nem sagrado, nem romano e nem um império. Era muito pervertido para ser sagrado, muito germânico para ser romano e muito fraco para ser um império. Mas para entender a vida de Fugger, é preciso entender como ele poderia se aproveitar dessa estranha criação e por que o imperador precisava de um banqueiro. No papel, o império unia a Europa cristã mais ou menos nos moldes do Império Romano, com o imperador servindo como o equivalente secular e parceiro do papa. Mas apenas Carlos Magno, o primeiro imperador, se aproximou do domínio pleno da Europa. Depois de sua morte, o continente se dividiu em reinos, que se dividiram em principados, ducados ou quaisquer outras entidades com poderio militar suficiente para se manterem independentes.

No tempo em que Frederico era imperador, as fronteiras do império haviam diminuído para apenas a metade leste dos domínios de Carlos Magno, e incluía pouco mais do que a Alemanha. Ainda era grande, mas o imperador não recebia mais fundos além de suas próprias terras particulares, e portanto podia comandar apenas um pequeno exército. Isso tornava fácil ignorá-lo, e era isso o que a maioria fazia. Mesmo na Alemanha, onde as pessoas o chamavam de rei dos germânicos, ele era fraco. O motivo disso era o fato de os senhores feudais germânicos se agarrarem à sua independência, diferente de nações mais centralizadas, como Inglaterra e França. O imperador era eleito, assim como o papa, mas era menos significativo do que um rei. Se a França ou os turcos atacassem as terras germânicas, os senhores feudais poderiam pedir que o imperador liderasse a defesa. Mas na maior parte do tempo, eles ficariam felizes se ele não fizesse nada.

Sete príncipes e bispos – os mais poderosos líderes territoriais – faziam o papel de cardeais do Vaticano e compunham o colégio eleitoral que escolhia o imperador. Quando eles ofereceram o cargo a Frederico, ele só aceitou porque estava decidido a transformá-lo justamente na força centralizadora que os eleitores mais temiam. O grande jogo daquela era se chamava *Hausmachtpolitik*, a busca por expandir a base de poder da família. Era uma coisa sangrenta, de profundo interesse para os participantes, mas que para as pessoas comuns, só atrapalhava. Os Habsburgo estavam perdendo para famílias como os Valois na França e os Tudor na Inglaterra. Mesmo na Europa germanófona, eles estavam atrás de casas como os Wettin da Saxônia e os Wittelsbach da Baviera. Frederico tinha a noção sonhadora de que a coroa imperial poderia tornar sua família a mais poderosa na Europa. Acreditava tanto nisso que mandou gravar em sua louça as iniciais AEIOU. Como foi revelado apenas após sua morte, essas iniciais significavam *Alles Erdisch ist Osterreich Untertan* ("Toda a Terra Está Sob a Áustria"). Ele ousou considerar-se um novo Frederico Barbarossa – um governante que, durante outro ponto baixo do império, trouxe ordem para a Alemanha e restaurou a autoridade imperial na Itália, com apenas carisma e determinação. Outros concordavam que Frederico tinha potencial. No mínimo, seu título formidável dava ao cargo uma aura de sanção divina. "Seu nome é magnífico", disse um emissário papal. "Em uma terra de facções, ele pode chegar longe". Mas Frederico não era nada além de um sonhador. Quando os eleitores se recusaram a ceder o poder, ele falhou em se aproveitar das facções. Aposentou-se para uma vida de jardinagem e comilança. Detratores, não sem justificativa, o chamavam de Frederico, o Gordo.

Enfim chegou o momento do encontro com Carlos, o Audaz, e a chance de Frederico de moldar a história. Como o duque da Borgonha, Carlos tinha domínio não apenas sobre a província da Borgonha, mas também sobre os territórios que hoje constituem Holanda, Bélgica e Luxemburgo. Eram as regiões mais ricas e industrializadas da Europa, e a própria Borgonha definiu o padrão de luxo e sofisticação por trás de seu símbolo da Lã Dourada. Apesar de oficialmente subordinado ao rei da França, Carlos fazia o que queria e, com um exército poderoso ao seu dispor, tinha ambições de grandes conquistas, de se tornar o novo Alexandre, o Grande. Um oficial inglês descreveu Carlos como "um dos maiores príncipes sem coroa". Mais do que qualquer coisa, Carlos sonhou em elevar a Borgonha a um reino e se separar formalmente da França. Foi por isso que Frederico veio a Trier. Ele poderia elevar Carlos, porque, como imperador, tinha um poder antigo que não precisava nem de dinheiro e nem de exército para ser exercido. Com uma simples assinatura, poderia criar reinos e monarcas. Em troca, Carlos oferecia a sua única herdeira, a jovem Maria da Borgonha, de 15 anos, para se casar com o filho de Frederico, Maximiliano, de 13 anos. Esta era uma oferta fantástica. Maximiliano e seus descendentes seriam eventualmente os reis da Borgonha, se tudo corresse bem. Os Habsburgo não seriam mais soberanos de segunda classe.

Frederico parou em Augsburgo, no seu caminho para Trier, para comprar roupas. Carlos era o príncipe mais elegante da Europa. Os Habsburgo não podiam competir com ele em matéria de ouros, diamantes e plumas de avestruz, mas eles tinham que tentar. O problema era que Frederico estava falido, sem conseguir bancar um estilo de vida imperial apenas com os rendimentos de um ducado, e os comerciantes de Augsburgo, cansados de seus calotes, o negavam crédito. Isso levou Frederico até Ulrich Fugger, o mais velho dos irmãos Fugger, em busca de ajuda. Ulrich deu a Frederico seda e lã para que seus alfaiates fizessem vestes imperiais.

O marketing é um ofício muito antigo. Os romanos usavam cartazes para anunciar corridas de bigas, e as prostitutas de Efésio entalhavam seus endereços nos blocos de mármore perto do Templo de Artemis. Ao ajudar Frederico, Ulrich viu uma chance de se vender. Ele não era bobo; sabia que o imperador estava falido e nunca iria pagá-lo. Mas recebeu algo de valor intangível, porém inegável – um brasão. Os brasões não eram apenas para cavaleiros em guerras. Monarcas os distribuíam para qualquer um que quisessem favorecer, incluindo comerciantes. Exposto do lado de fora de uma loja, armazém ou barraca, um brasão proclamava que ali havia produtos bons o bastante para um rei. Um endosso real valia muito mais do que alguns pedaços de tecido para os Fugger.

    Mas Ulrich também tinha um motivo mesquinho para desejar o brasão. Onze anos antes, Frederico havia dado um para o outro lado da família Fugger, descendentes de Andreas Fugger, o outro filho de Hans Fugger. Os herdeiros de Andreas, chamados de Fugger da Corça por causa da cabeça de corça em seu brasão, se sentiam superiores a Ulrich, que odiava ser o Fugger menos importante, assim como seu irmão mais novo, Jacob. Ansioso por igualar a situação, Ulrich deu a Frederico o que ele queria. No dia seguinte, uma carta do imperador chegou para Ulrich com a figura de três lírios, desenhados em um pergaminho. Uma nota explicava que esse era o brasão concedido à família por sua "respeitabilidade, honestidade e racionalidade". A carta era endereçada a Ulrich e seus irmãos, incluindo Jacob. Agora eles eram os Fugger do Lírio, e seus descendentes também seriam.

    O acontecimento de ver o imperador implorando por ajuda deve ter assustado Jacob. Qualquer crença que ele guardava sobre as qualidades sobre-humanas do imperador devem ter ido por água abaixo diante do fato que meros comerciantes – pessoas comuns que ele via nas ruas todos os dias – haviam negado crédito àquele que era supostamente a figura secular mais poderosa da Europa. Se Fugger viu ou não as negativas, não importa. A mensagem era a mesma: o dinheiro era um equalizador. Se um plebeu tivesse dinheiro, ele poderia fazer com que qualquer um rastejasse. Até mesmo um imperador.

Fugger recebeu honras maiores ao longo de sua extensa carreira, mas o brasão era a que mais o alegrava. Anos mais tarde, ele se ofereceu para financiar a reforma da taverna privativa aonde os principais comerciantes de Augsburgo iam para socializar, falar de negócio e beber. Chamada de Heerentrinkstube, ou Salão de Bebidas dos Cavalheiros, ela ficava de frente para a prefeitura. A condição que Fugger pediu para financiar a reforma era que o símbolo dos três lírios aparecesse na fachada. Era um pedido razoável; os Médici colocavam seu brasão em tudo, até em igrejas. Mas os membros deste clube privativo tinham mais orgulho do que os padres de Florença. Eles recusaram. Uma crônica da família Fugger, encomendada em 1545 por um dos sobrinhos de Jacob, afirmou que o clube acabou por se arrepender da decisão.

♦

Assim que Jacob completou seus estudos na Itália, recebeu más notícias. Seu irmão mais velho, Markus, havia morrido. Markus, que morreu com apenas 30 anos, havia seguido o caminho que Jacob evitara. Ele se tornou um clérigo, recebeu uma educação universitária e trabalhou em Roma como supervisor dos assuntos papais na Alemanha. Uma praga assolou Roma em 1478 e Markus faleceu justo quando estava começando a ficar influente. A família mandou Fugger, então com dezenove anos, viajar até Roma para cuidar dos assuntos do seu irmão. É bem provável que essa viagem tenha sido importante na sua formação. O papa Sisto IV, que construiu a Capela Sistina, estava em seu auge. No mínimo, Fugger teve a chance de ver o esplendor da corte papal e as riquezas disponíveis para aqueles que a serviam.

Depois disso, Fugger voltou para Augsburgo e começou a trabalhar na empresa Ulrich Fugger & Irmãos. Ele viajou bastante, visitando feiras e inspecionando filiais. As viagens eram duras. Erasmo, outro viajante frequente, reclamava de pousadas sujas, anfitriões rudes e comida terrível. Mas a comunicação face a face era o único jeito de se fazer qualquer coisa. Pessoas ambiciosas como Erasmo e Fugger tinham que pegar a estrada.

A próxima viagem de Fugger a serviço da família foi para a Áustria, atrás de seu avô trapaceiro, Franz, para se envolver em um crescimento recente na indústria da mineração. Esse era um grande passo para Fugger, mas é de se pensar por que a família não o mandou para um centro mais estabelecido e importante, como Nuremberg. A essa altura, Fugger tinha 26 anos e o fato de seus irmãos o mandarem explorar uma indústria diferente em uma região sem importância para os negócios atuais da família sugere que eles tinham dúvidas sobre suas habilidades. De qualquer maneira, ele não foi para a Áustria como um aprendiz ou um empregado, mas como um empresário de fato, com autoridade para tomar decisões. E ele aproveitou a chance. Foi na Áustria que Fugger apareceu pela primeira vez como um gênio dos negócios. Seus contratos austríacos revelam um dom para lidar com clientes, uma predisposição para correr grandes riscos e um talento extraordinário para negociações.

Até esse ponto, a família havia se concentrado em compra e venda de tecidos. Porém, a mineração era muito atrativa como uma nova linha de negócios, pois oferecia lucros maiores. O atrativo de pagamentos mais robustos levou Fugger até a vila de Schwaz, que ficava a pouco mais de 30 quilômetros de distância de Innsbruck. Durante a maior parte de sua história, Schwaz foi uma comunidade de fazendeiros pobres. Por causa da sua elevação, o clima era frio e a temporada de plantio era curta. Para piorar, a cada alguns anos o rio causava enchentes que destruíam as lavouras. A sorte de Schwaz mudou em 1409, quando uma menina, cuidando de vacas nos campos, tropeçou em uma faixa de metal brilhante no chão, que logo foi identificado como prata. O momento foi muito oportuno. Por causa da escassez, o preço da prata chegou ao seu pico no século XV, ficando o mais próximo que já chegou ao preço do ouro. Prata era necessária para a fabricação de moedas. Os ricos a desejavam para pratos e talheres, que eles também compravam como uma forma de poupança.

Pessoas em busca de riquezas lotaram as ruas de Schwaz. No seu auge, a população chegou a 40 mil, se tornando maior que Augsburgo, e a segunda maior cidade da Áustria, depois de Viena. Tavernas e pousadas surgiram da noite para o dia. Mineiros da Boêmia vieram em número tão grande que eles construíram a própria igreja. As minas sustentavam todos. Schwaz se tornou a maior mina de prata do mundo, e continuou com esse posto até as descobertas de Potosí e Zacatecas no Novo Mundo, um século mais tarde. Em seu auge, Schwaz produzia quatro quintos de toda a prata da Europa.

O governante local, arquiduque Sigismundo, era o dono das minas. Um soberano com um queixo grande, olhos esbugalhados e nariz pontudo: era mais um Habsburgo. Ele e o imperador Frederico eram primos. Se Fugger desejava participar da mineração tirolesa, ele precisava de Sigismundo. O domínio de Sigismundo era uma colcha de retalhos que incluía os territórios de Tirol, Alsácia, a Floresta Negra e partes da

Baviera. Schwaz deveria ter resolvido os problemas financeiros de Sigismundo, mas moderação não fazia seu estilo. Ele adorava o luxo e gastava muito mais do que podia. Rejeitou os palácios de seu pai por achá-los antiquados e construiu palácios novos – que também eram antiquados, porém mais bonitos. Ele construiu uma série de retiros de caça – Alegria de Sigismundo, Paz de Sigismundo, Canto de Sigismundo – onde ele poderia descansar depois de um dia caçando cervos. Com um vasto número de chefs e mordomos contratados, ele tentava copiar o esplendor da corte da Borgonha e dava festas nas quais anões pulavam de dentro de tortas para lutar com gigantes. Sigismundo tinha a influência da cultura da Borgonha, mas era muito preguiçoso para aprender as nuances. Certa vez, um embaixador da Borgonha jantou com Sigismundo e expressou em uma carta a Carlos, o Audaz, seu horror com as maneiras à mesa. "É notável", escreveu, "que assim que os pratos foram colocados à mesa, todos começaram a comer com as mãos". Apesar de ter se casado duas vezes, os únicos filhos de Sigismundo eram os 50 bastardos que ele teve com outras mulheres, a quem ele sustentava financeiramente para evitar que o envergonhassem.

    Os únicos que não recebiam sustento eram seus súditos. Outros soberanos dividiam sua riqueza construindo estradas, drenando pântanos e fundando universidades. Sigismundo gastava só consigo mesmo. Quando o dinheiro acabava, ele pegava empréstimos colocando a produção das minas como garantia, vendendo prata com desconto a um grupo de banqueiros. Fugger queria ser um desses banqueiros, e conseguiu um acordo em dezembro de 1485, pouco tempo depois de chegar à Áustria. Um dia depois do advento e no meio de uma confusão de caça às bruxas que competia pela atenção de Sigismundo, Fugger adiantou ao duque 3.000 florins. A quantia era pequena, apenas uma fração do capital da família Fugger, e nem se comparava às quantias que os outros banqueiros haviam emprestado ao duque. Mas era o início da carreira de Fugger como banqueiro, a profissão que nos quarenta anos seguintes o levaria a novas alturas. Em troca do dinheiro, Sigismundo entregou mil libras (cerca de 450 quilos) de prata, em prestações. Fugger pagava oito florins por libra e revendia em Veneza por até doze florins.

Era um ótimo negócio, mas por um tempo parecia que seria o único negócio que Fugger conseguiria. Por quatro anos ele continuou tentando fechar o próximo negócio, e por quatro anos ele falhou. O duque continuou tomando empréstimos com os mesmos italianos de sempre. Até que veio um conflito de fronteiras entre Sigismundo e Veneza que mudou tudo.

Os territórios do interior de Veneza alcançaram a fronteira tirolesa. Sigismundo e o doge estavam se desentendendo por causa de algumas vilas fronteiriças. Depois de uma briga por causa de privilégios de comércio, os conselheiros de Sigismundo o encorajaram a enviar tropas para ocupar as vilas, que estavam em mãos venezianas. Tirol era uma região atrasada, e Sigismundo dependia de mercenários, por não ter um exército permanente. Comparado com Veneza, era um lugar insignificante. Veneza tinha um poderio militar compatível com a sua riqueza. Por detrás dos altos muros dos estaleiros onde os construtores navais venezianos foram pioneiros nos sistemas de produção em massa, a República construiu uma das maiores frotas navais do mundo, para proteger uma série de postos de comércio que se estendiam pela costa da Dalmácia, pelo litoral da Macedônia e até as mais distantes ilhas gregas. Suas forças terrestres também eram formidáveis. Se fosse provocada, Veneza poderia marchar até Tirol, destruir Inssbruck e prender Sigismundo.

Mas Veneza tinha preocupações maiores do que uma pequena vila nos Alpes. Os turcos haviam capturado Constantinopla em 1453 e agora causavam problemas em mares venezianos perto da Grécia. Se Veneza perdesse o controle da costa grega, os turcos bloqueariam o comércio com o oriente e derrubariam a República. Sigismundo apostou que Veneza estaria suficientemente distraída e desistiria das vilas sem lutar. Depois que seu astrólogo deu o parecer favorável, Sigismundo enviou milhares de mercenários a Rovereto e capturou a vila depois de semanas atirando bombas de piche flamejante por cima das muralhas. A vitória o deixou extasiado. Falava em marchar suas tropas até a Praça de São Marcos.

Ele achou que os banqueiros o dariam suporte, mas quando pediu mais dinheiro, tudo o que eles ofereceram foram desculpas. Eles sabiam que Veneza considerava Rovereto e as vilas vizinhas como sua primeira linha de defesa e se recusaram a se envolver em um conflito com a nação mais poderosa da região. Falido e com medo do contra-ataque veneziano, Sigismundo propôs um acordo de paz. Veneza respondeu com duras condições. A República prometia não invadi-lo apenas se Sigismundo devolvesse Rovereto, abandonasse suas outras reivindicações de terras e pagasse 100.000 florins em reparações. Essa era uma enorme quantia de dinheiro, e Sigismundo buscou seus banqueiros mais uma vez. Mas a essa altura, os anos de gastança e dívidas haviam manchado sua reputação. Não importava o que ele prometesse, os banqueiros se recusavam a ajudá-lo. Foi então que um jovem germânico, neto de um ex-mestre de uma casa da moeda, apareceu com uma proposta. Fugger somou o dinheiro de sua família com o dinheiro que ele conseguiu emprestado com seus amigos em Augsburgo e concordou em emprestar a quantia inteira a Sigismundo. Para Fugger, esse era um contrato dos mais gordos, com um valor de mais de dez vezes o de seu contrato anterior com o duque.

Os outros banqueiros riram. Eles não podiam acreditar que Fugger estava disposto não só a emprestar qualquer coisa a Sigismundo, mas uma quantia daquele tamanho. Se Sigismundo realmente pagasse de volta, Fugger faria uma fortuna, porque o contrato lhe dava direito a toda a produção de Schwaz, com desconto, até que o empréstimo fosse pago.

Mas se Sigismundo desse um calote – e, dado seu histórico, parecia bem provável – Fugger estaria falido.

Para evitar a ruína, Fugger encheu o contrato do empréstimo com cláusulas de garantia. Ele proibiu Sigismundo de encostar na prata, fez com que os operadores das minas também assinassem o contrato e insistiu em fazer o empréstimo em prestações, ao invés de entregar o montante inteiro à vista. Desse jeito, ele podia manter o balanço do empréstimo em um valor razoável. E antes da assinatura, Fugger fez uma última exigência: insistiu em ter o controle sobre as contas estatais. Ele queria estabilidade, e, controlando o tesouro de Tirol, ele poderia atuar como um FMI de um homem só, mantendo as contas do governo no azul. Sigismundo concordou com todas as exigências de Fugger. Não tinha escolha. Mas o contrato era apenas palavras em um papel. Sigismundo era a lei daquela terra. Como todos os monarcas, ele poderia faltar com sua palavra sem consequências. A prisão dos devedores era para pessoas comuns, não para arquiduques. As únicas coisas que o mantinham honesto eram sua honra e sua vontade de tomar mais empréstimos no futuro.

O empréstimo foi um momento importante na ascensão de Fugger. Não era apenas o maior negócio que ele já havia fechado, mas também o maior negócio da história de sua família. Apesar disso, não havia nada de pioneiro ou inovador nesse empréstimo, e os competidores de Fugger também poderiam tê-lo feito. Tudo o que ele fez foi colocar dinheiro onde ninguém mais teve coragem. Esse tipo de investimento arriscado se tornou uma marca registrada da sua carreira.

Quando os outros banqueiros viram as carroças carregadas com a prata de Sigismundo chegando aos armazéns de Fugger, ficou claro que ele havia fechado um excelente negócio. E isso os deixou loucos. Os banqueiros reclamaram de tratamento desigual e acusaram Fugger de enganar o duque. Encorajaram o duque a desfazer o acordo e renegociar. Mas a essa altura, Fugger tinha feito uma amizade com Sigismundo. Sabendo que o duque era fraco a bajulações, Fugger ganhou seu lugar no coração de Sigismundo ao celebrar as conquistas de um reinado que, no geral, era desastroso. Essas conquistas envolviam moedas. Em uma época em que outros monarcas – ou seus mestres de moedas – diluíam os metais das moedas, a vasta produtividade da mina de Schwaz permitia a Sigismundo a cunhagem de moedas cuja pureza era inigualável. As moedas traziam uma imagem do duque segurando seu cetro e usando uma coroa grande e desengonçada. Elas foram um sucesso e deram ao duque a alcunha de Sigismundo, o Rico das Moedas. Quando um comerciante recebia uma das moedas de prata de Sigismundo, ele sabia que podia confiar. A popularidade da moeda – que pesava o mesmo que seis moedas de um quarto – atraiu imitadores por toda a Europa, incluindo a cidade germânica de Joaquimsthal, que introduziu uma moeda com o exatamente o mesmo tamanho e a mesma quantidade de prata, e a chamou de thaler. Os dinamarqueses chamaram sua versão de dólar. Três séculos mais tarde, os americanos gostaram do nome dinamarquês e foram com ele. Sigismundo adorava suas moedinhas, e Fugger dava sacos de moedas a ele como presente. Sigismundo gostava da consideração de Fugger. Ele manteve a palavra com seu banqueiro. Mas essa lealdade não foi correspondida. Em breve, Fugger pagaria a lealdade do duque com traição.

◆

Na época de Fugger, nada fazia a economia de uma cidade crescer tanto quanto uma feira de comércio, e nenhuma cidade na Alemanha tinha um crescimento maior que Frankfurt. A população da cidade aumentava em cerca de 50% durante sua feira de outono. Ao alugar cada mínimo espaço de suas casas para que os comerciantes dormissem, os trabalhadores da cidade ganhavam em uma semana mais do que seus trabalhos pagavam em um ano. Um dono de pousada fazia em três semanas o suficiente para cobrir os custos de construção da pousada. Não havia uma fonte maior de ganhos para a cidade. A cidade coletava dinheiro de diversas maneiras, entre pedágios, impostos e até tarifas para a pesagem de produtos nas balanças públicas.

Frankfurt era bem localizada. Ao longo do rio Meno, maior afluente do rio Reno, Frankfurt fica bem no centro da Alemanha. Fica a uma simples viagem de barco de Colônia e Antuérpia, e apenas alguns dias de viagem de Augsburgo, o que era ótimo considerando as viagens lentas da época. Frankfurt começava a se preparar para a feira com meses de antecedência. Seus soldados limpavam as estradas de bandidos. Carregamentos de cerveja e arenque chegavam do mar Báltico. Aprendizes desmontavam caixas, organizavam produtos e estocavam prateleiras. Moças do campo vinham para a cidade para competir com as prostitutas locais. Autoridades barricavam os bordéis para conter as esperadas badernas. Acrobatas, dançarinos e cantores preparavam suas apresentações. Malabaristas poliam seus materiais.

Fugger considerava Frankfurt como o local ideal para fazer contatos. Ele era um visitante frequente e quando a feira aconteceu pela 339ª vez em 1489, ele estava lá, como de costume. Essa pode ter sido a feira mais importante de sua vida, porque é quando historiadores acreditam que Fugger conheceu Maximiliano de Habsburgo, filho do Imperador Frederico – o homem que, com a ajuda de Fugger, levaria os Habsburgo à grandeza. Ninguém registrou as primeiras impressões que os dois tiveram um do outro, quando eles, nascidos ambos em 1459, com apenas 16 dias de diferença, se encontraram pela primeira vez. Maximiliano conhecia outros banqueiros, e provavelmente viu Fugger como apenas mais um. Fugger deve ter pensado se Maximiliano era uma aposta segura.

Eles podem ter conversado sobre a vez, seis anos antes, em que Maximiliano e seu pai passaram por Augsburgo no caminho para encontrarem Carlos, o Audaz, em Trier. Aquela visita terminou de forma desastrosa. Frederico se recusou a confiar em Carlos e, poucos dias antes do casamento, ele e Maximiliano seguiram o rio Mosela de volta para a Alemanha. Maximiliano mais tarde se casaria com a duquesa, mas só depois da morte de Carlos, quando a Borgonha tinha voltado a ser território francês. Maximiliano só conseguiu domínio sobre Flandres e algumas áreas vizinhas, e mesmo assim seu domínio sobre essas regiões era frágil. Depois de tentar aumentar os impostos em Gante, cidadãos enfurecidos o jogaram na prisão e decapitaram alguns de seus empregados diante de seus olhos, incluindo seu bobo da corte. Eles soltaram Maximiliano depois de limitar como ele podia gastar a receita da província. Esse foi apenas o último de uma série de obstáculos para os Habsburgo. Alguns anos antes, o rei Matias Corvino da Hungria os havia expulsado de Viena depois de um longo cerco. Enquanto o sultão da Turquia parabenizou Matias com um presente de duas dúzias de camelos, o pai de Maximiliano, Frederico, que ainda estava vivo, fugiu para Salzburgo e aceitou a derrota. "Felicidade é esquecer-se daquilo que não pode ser recuperado", disse ele.

Seus títulos eram praticamente as únicas coisas que restavam a Maximiliano. Ele ainda era um duque e, enquanto estava nos Países Baixos, seus eleitores, não se importando quem fosse o imperador, contanto que ele não os importunasse, o fizeram rei dos germânicos com a promessa de torná-lo imperador depois da morte de Frederico. Mas o que significava ser "rei dos germânicos"? E o que significava ser imperador? Certamente não eram títulos que o tornariam um soberano de verdade, como Henrique VII da Inglaterra ou Carlos VIII da França. Eles tinham exércitos, receitas tributárias e autoridade. Maximiliano servia a sete homens sem interesse em dividir seus poderes.

O que salvou Maximiliano da irrelevância foi uma combinação vencedora de atributos pessoais. Charmoso e atlético, seus admiradores o chamavam de O Último Cavaleiro. Seus momentos mais felizes eram com sua armadura, disputando justas ou lutando contra inimigos. Ele trabalhava duro. Depois de um dia no campo, enquanto seus capitães relaxavam bebendo cerveja ao redor de uma fogueira, Maximiliano se recolhia a sua tenda para cuidar de correspondência oficial. Ele também tinha muitos defeitos. Temperamental, distraído e com uma tendência a se precipitar. Mas tinha inteligência, determinação, coragem física e um desejo de fazer o que fosse necessário para a ascensão de sua família. Maximiliano acreditou no lema AEIOU tanto quanto Frederico, e se dedicou a tornar este lema realidade.

Fugger previu corretamente que Maximiliano, que tinha a nobreza de Tirol do seu lado, conseguiria passar a perna no tolo Sigismundo. Maximiliano fez isso com uma jogada que deixaria Fugger orgulhoso. Ele emprestou dinheiro a Sigismundo com a garantia de uma hipoteca do ducado. Se Sigismundo não pagasse em três anos, Maximiliano tomaria o ducado. E é claro, Sigismundo não pagou. Ele poderia ter pagado se Fugger tivesse lhe emprestado o dinheiro. Mas Fugger, que preferia o ambicioso Maximiliano como cliente em vez de Sigismundo, nada fez. Pode-se argumentar que Fugger agiu de forma desonrosa, mas ele sabia que Sigismundo não tinha chance contra o jovem e talentoso Maximiliano. Apoiar Sigismundo teria sido um ato inútil de lealdade.

Sigismundo, abalado e exausto depois de uma sessão legislativa onde fora acusado de traição por seu flerte com os bávaros, entregou suas posses a Maximiliano. Mas Maximiliano não era vingativo, e garantiu que os últimos anos de Sigismundo fossem felizes, dando-lhe um castelo com empregados e privilégios de caça e pesca à vontade. Fugger talvez tenha feito sua parte, também. Diz a lenda que, quando Sigismundo estava morrendo, ele pediu um saco de moedas, as que tinham seu rosto. Ele queria sentir mais uma vez o frio do metal em sua pele. Fugger teria entregado o saco pessoalmente.

2
SÓCIOS

O monte Dobratsch chega a mais de 1.700 metros acima do nível do mar, uma protuberância nevada entre os prados do planalto do sudeste da Áustria, e também um enorme marco fronteiriço na interseção entre Áustria, Itália e Eslovênia. A vila de Arnoldstein fica em sua base. Monges em busca de isolamento construíram um monastério lá no século XII. Com exceção de um ano ruim em 1348 – a Peste Negra e um terremoto que arrasou a vila –, eles conseguiram o que procuravam. Os problemas viriam mais tarde. Em 1478, aventureiros turcos atacaram Arnoldstein e mataram os monges e qualquer um que estivesse no caminho. Em 1494, os turcos voltaram e capturaram dez mil pessoas em uma vila vizinha para usá-las como escravos. Os monges temiam mais matanças. Então, apenas um ano depois, a calmaria que antes reinava em Dobratsch desapareceu no meio de serras, machados e madeira. Fugger havia chegado a Arnoldstein. Ele deu início à construção da maior fábrica que a Europa já tinha visto.

A região sempre teve potencial comercial. Uma velha estrada romana cruzava o rio Drava na vila vizinha de Villach. Comerciantes trabalharam nessa região durante a Idade Média, antes de terremotos e turcos tornarem o local perigoso. Fugger gostava da ideia de ficar perto de seus clientes italianos. Usando seus lucros de Tirol, comprou terras próximas ao monastério. A aquisição marcou o primeiro passo de uma expansão para o leste, que mostrava o interesse de Fugger em fazer apostas grandes, desafiar a sabedoria convencional e ir onde fosse preciso por um bom negócio. Foi uma jogada sensacional, e para quem via de fora, parecia tão maluca quanto o empréstimo gigantesco para Sigismundo. Novamente era evidente a incrível independência de pensamento de Fugger.

Chamada de Comércio Húngaro Comum em seus registros, essa empreitada acabou se tornando seu investimento mais lucrativo. Foi preciso toda a astúcia política para fazer funcionar, mas nada contribuiu mais para a sua fortuna. Em seu leito de morte, décadas mais tarde, ele continuava consumido pelo Comércio Húngaro.

A história começou quando Maximiliano, logo depois de conquistar Tirol, veio até Fugger com um plano de reconquistar Viena. Mesmo nessa época, Viena era uma joia. A universidade fazia com que a cidade tivesse uma vida cultural intensa. A Catedral de Santo Estêvão, iniciada no estilo romanesco e terminada com ares góticos, era a deslumbrante peça central da cidade. "Custou mais do que as riquezas de nosso reino inteiro", escreveu um embaixador bósnio. Corvino gostava mais de Viena do que de sua sombria capital, Buda, e por isso se mudou para lá. Depois de sua morte, os estudantes de

Viena se levantaram contra os húngaros e imploraram a Maximiliano que os libertasse. Fugger era o banqueiro favorito de Maximiliano, ao menos naquele momento. Ele percebeu as vantagens de um retorno dos Habsburgo a Viena, e deu a Maximiliano o que foi necessário. Aproximando-se de Viena com um grande exército, financiado por Fugger, Maximiliano tomou a cidade sem precisar lutar. E então ele marchou na direção da Hungria em busca de mais conquistas. A Hungria não podia enfrentar Maximiliano e os turcos ao mesmo tempo. Foi assinado um acordo de paz que abriu a Hungria para os comerciantes germânicos. Fugger foi o primeiro a chegar.

Na época, Fugger precisava de outro acordo. Ele estava sofrendo do "problema" de ter dinheiro demais. Seus lucros vindos da produção de prata geravam mais dinheiro do que ele conseguia investir em Tirol, e ele já estava emprestando o máximo possível para Maximiliano. A opção fácil seria colocar mais dinheiro em tecelagem. Era uma indústria grande, que poderia absorver seu capital. O problema era a competição. Nada havia mudado muito desde que Hans Fugger saiu de seu vilarejo. Os habitantes de Augsburgo e todos os outros no sul da Alemanha ainda fabricavam ou vendiam tecidos. Por ser um produto de consumo, tecidos eram comprados além do necessário, e as margens eram pequenas. Terras também eram outro investimento possível, mas que sofriam de retornos ainda menores do que tecidos. Fugger queria um investimento que fosse tão lucrativo quanto seu acordo da prata de Schwaz.

Foi sua ambição que o fez olhar para o leste. A oportunidade estava no cobre. Um cinturão de cobre existia ao longo dos Cárpatos, da Eslováquia até a Romênia, e a Hungria controlava toda essa região. Assim como a prata, o cobre também estava em alta demanda por ser um metal extremamente útil.

O baixo ponto de derretimento o torna mais maleável que o ferro e, quando misturado com estanho para fazer bronze, é muito difícil de ser quebrado. Isso o tornava ideal para fabricação de canhões e mosquetes – as armas que mudaram tudo nas guerras da Renascença. O pessoal da *Hausmachtpolitik* pagava muito bem por essas armas.

Operadores privados dominavam as minas da Hungria. Fugger queria comprá-las e processar o cobre do outro lado da fronteira, em Arnoldstein. Ele poderia ganhar mais dinheiro como dono de mina do que como prestamista, mas só depois de investir montantes assustadores de dinheiro à vista. Ele precisava limpar a terra, cavar as minas e instalar os suportes. Em Arnoldstein, precisaria construir a fundição para refinar o minério e uma fábrica para fazer os canhões e limpar estradas para conectar as minas com a fundição. Esses eram grandes investimentos. Era arriscado o bastante com os turcos à espreita. O longo tempo de retorno sobre o investimento tornava o risco ainda maior. Levaria anos até conseguir lucrar, mesmo em condições otimistas. Se as condições fossem ruins, poderia perder tudo. Ele sabia desses perigos e observava que muitos que investiam em mineração acabavam em ruína. "Nenhum negócio pode ruir mais rápido do que a mineração", ele disse. "a maior parte do tempo, dez perecem antes que um enriqueça". E além de tudo isso, havia o risco político. O tratado de paz de Maximiliano oferecia proteção, mas tratados não eram garantias. A proteção oficial poderia se transformar em hostilidade em um instante. Os húngaros haviam deixado os germânicos investirem em seu país, mas nunca prometeram gostar deles.

Para se garantir, Fugger tomou uma decisão inspirada. Ele concordou em se associar com um homem chamado

Johannes Thurzo. A grande reputação alemã na engenharia começou com homens como ele. Thurzo, quando conheceu Fugger, já era famoso entre os mineiros alemães por renovar uma mina inundada na Saxônia. Seu método parecia simples. Os trabalhadores das minas enchiam sacos com água e uma roda, propulsionada por um rio, puxava a corda que trazia os sacos até a superfície. Os trabalhadores esvaziavam os sacos e mandavam sacos vazios de volta para o fundo da mina. A complexidade estava em fazer o sistema funcionar.

Thurzo tinha outros talentos além de cuidar de inundações. Ele sabia tudo de metalurgia e era um especialista em um novo processo conhecido como liquidação, utilizado para separar cobre de prata. Ainda mais importante para Fugger era a ascendência de Thurzo. Ele era austríaco e falava alemão, mas seus ancestrais vieram da Hungria, o que o tornava tolerável para os locais. E havia mais uma coisa. Ele era um cidadão de Cracóvia, o que o tornava tolerável também para Ladislau, rei da Hungria, que assumiu o trono depois de Corvino, e era da mesma família dos reis da Polônia, os Jaguelões. O rei Ladislau controlava os direitos de mineração, e era mais provável que ele concedesse direitos a um compatriota do que a um germânico como Fugger.

Thurzo já tinha alguns contratos na Hungria para salvar minas inundadas, mas os operadores eram muito pobres para poderem pagar pelo serviço. Eles tinham os direitos para explorar algumas das mais ricas minas da Europa, mas sem as condições para colocá-las em operação. Era como se o minério estivesse no fundo do oceano. Mas esse era um problema feito para Fugger, porque podia ser resolvido com dinheiro. Fugger viajou a Viena no verão de 1495 para assinar o contrato com Thurzo. Os termos do acordo mostravam bem a importância de Thurzo – mesmo com Fugger entrando com todo o capital, Thurzo ficaria com metade dos lucros. O acordo agradou a ambos. Três anos depois, o acordo foi fortalecido com um casamento entre a sobrinha de Fugger e o filho de Thurzo, George. Este seria o primeiro de dois casamentos Fugger-Thurzo. O segundo viria 16 anos mais tarde. As crônicas da família Fugger não fazem nenhuma menção a romance, citando os casamentos apenas como sendo "para o avanço do comércio da família".

Com o dinheiro de Fugger, Thurzo comprou concessões, conseguindo bons acordos porque ele e Fugger eram os únicos na Hungria com capital e o *know-how* para recuperar as minas. Enquanto Thurzo coletava minas, Fugger montava a operação em Arnoldstein. Ele montou mais uma fortaleza do que uma fábrica. Ciente dos ataques dos turcos contra os monges, Fugger construiu muralhas altas e irregulares ao pé da montanha. Seus homens poderiam vigiar o rio e as estradas de cima das torres e avistar agressores antes que eles se aproximassem, e poderiam atirar do alto. De trás dos muros, trabalhadores instalavam fornalhas, tonéis e moldes para derreter o cobre e fabricar os canhões. A estrutura era feia, mas funcional. Os locais chamavam de *Fuggerau*, ou lugar de Fugger.

O Fuggerau fazia uma sombra sobre a vila. De repente, os monges se viram em uma vila fabril. Lenhadores cortaram árvores por quilômetros em volta para alimentar as fornalhas e deixaram a paisagem desoladora. Para conseguir água para a produção, Fugger mandou desviar os rios próximos, e a fábrica jogava seus dejetos de volta nos mesmos rios. Os monges reclamavam do barulho e da sujeira. Fugger utilizou uma solução moderna para lidar com o descontentamento, e lhes pagou uma modesta soma de dez florins por ano para ficarem quietos.

Esse é um bom momento para mencionar como as experiências internacionais de Fugger o colocaram no caminho de algumas das figuras mais importantes de sua era. Mesmo em Arnoldstein, nas periferias da Europa civilizada, Fugger pode ter tido um desses encontros. A fábrica também funcionava como um complexo de pesquisas. Fugger contratava alquimistas para que buscassem a próxima inovação na metalurgia e professores para treinar engenheiros de mineração. Um destes era um médico suíço, William von Hohenheim, cujo filho Philip frequentava a escola de latim em Villach, e mais tarde aprendeu química com os instrutores do Fuggerau. Sob o nome Paracelso, ele se tornou o pai da medicina moderna. Ele ridicularizava as noções gregas, aceitas como senso comum na época, de balancear humores e biles, e preferia a observação e a análise científica. Criou a palavra "zinco" e inspirou o ficcional Dr. Frankenstein. Talvez Fugger tenha conhecido Paracelso. Se realmente conheceu, deve ter perdido interesse nele assim que percebeu que Paracelso se importava mais com a cura de doenças do que com misturas de elementos químicos para tentar criar ouro.

♦

Paracelso errou em muitos pontos. Ele acreditava em astrologia e em bruxas, e catalogou seu livro *Ninfas, Gnomos e Vulcões* como um guia de não ficção. Mas estava certo sobre a mineração. Era uma ocupação bruta, principalmente no seu tempo. Usando apenas picaretas e martelos, os mineiros de Fugger raspavam as paredes de túneis de teto baixo, 150 metros abaixo da superfície. Havia desabamentos, inundações sem aviso. Mesmo sob as melhores circunstâncias, era um trabalho insalubre. A única ventilação eram alguns buracos na montanha, ou qualquer ar que conseguisse passar pela entrada da mina. Água pingava do teto e se infiltrava pelas paredes dos túneis. Na mina de Schwaz, a temperatura nunca passava dos 12 graus e a umidade era 99%. Lamparinas acesas com gordura animal fedorenta iluminavam o caminho. Os mineiros sufocavam com a fumaça. O resultado de tudo isso eram doenças pulmonares e úlceras estomacais, como Paracelso registrou em seu livro sobre doenças de mineiros, o primeiro livro sobre saúde no ambiente de trabalho. Os salários eram altos, para compensar os riscos à saúde. Um mineiro ganhava um terço a mais do que um camponês e, se ele fosse esperto e trabalhasse duro, poderia subir na carreira. O plebeu Hans Lutero começou nos túneis da Saxônia, virou chefe dos mineiros, e conseguiu ser dono de uma mina. Ele ganhou dinheiro suficiente para mandar seu filho para a universidade, e ficou feliz ao ver o rapaz estudando leis. Até que veio a tempestade de raios à qual o jovem Martinho Lutero sobreviveu ao prometer virar um monge. Sua carreira nas leis estava acabada, assim como os sonhos de seu pai.

    Os mineiros também tinham que aguentar patrões terríveis. O duque Sigismundo era uma exceção. Quando Sigismundo controlava Schwaz, tinha uma abordagem conciliatória nas relações trabalhistas. Em 1485, o mesmo ano em que tomou seu primeiro empréstimo com Fugger, os mineiros marcharam até Innsbruck exigindo um melhor tratamento. Horrorizado pela possibilidade de confronto, Sigismundo concordou com as concessões radicais: cinco semanas de férias remuneradas e uma jornada de oito horas por dia. Essas concessões, feitas em um momento de desespero, se alastraram por toda a indústria de mineração europeia, viajaram até a América um século mais tarde, e viraram as práticas padrão.

Mas Maximiliano era menos amigável que Sigismundo. Sua mina em Gossensass, perto da Passagem de Brenner, estava entre as que supriam Fugger. Os mineiros barricaram os túneis em 1493 e exigiram melhor tratamento. Em vez de negociar, Maximiliano mandou tropas, prendeu os líderes da revolta e expulsou seus simpatizantes para longe do local. No Fuggereau e na Hungria, Fugger tratou seus empregados à maneira de Maximiliano, e seus operadores na Hungria chegaram a executar um agitador. Fugger podia parecer um empregador benevolente quando fez uma petição à igreja para liberar os mineiros do jejum, mas até mesmo isso era por interesse próprio – ele queria seus mineiros bem nutridos para aguentarem um dia inteiro de trabalho. Os mineiros frequentemente o acusavam de fraudes nos salários. Este tratamento cruel dos trabalhadores um dia voltaria para assombrá-lo.

♦

Informação é tudo em uma mesa de negócios hoje em dia. O primeiro a conseguir dados importantes tem uma vantagem que pode valer milhões. Em nome do jogo limpo, muitos governos agora exigem que todos tenham informações sensíveis ao mercado ao mesmo tempo. Mas isso não impede os trapaceiros, porque mesmo uma mínima vantagem – seja de minutos, segundos ou até mesmo microssegundos – pode fazer toda a diferença.

Na época de Fugger não era tão diferente, apenas os tempos de transmissão eram maiores e não havia leis para controlar o fluxo. Tanto Fugger quanto seus concorrentes sabiam das vantagens de ser o primeiro. Mas Fugger tinha um desejo tão grande por segredos de mercado que criou um sistema para obtê-los primeiro. Sua criação? Um serviço de notícias, um dos primeiros do mundo. Ele montou uma rede de entregadores que corriam para Augsburgo com informações de mercado, atualizações políticas e as últimas fofocas – qualquer coisa que pudesse ser uma vantagem. Um serviço de correio já existia entre Augsburgo e Veneza desde o século XIV. Uma rede similar conectava Augsburgo e Innsbruck com outras cidades imperiais. Mas essas redes, operadas por "rapazes de correio" apontados pelas cidades, eram muito incompletas e lentas para Fugger. Ele queria um sistema feito sob medida para ele. Nos anos seguintes, ele ficou sabendo de mortes e resultados de batalhas importantes antes de Maximiliano, dos eleitores e dos seus concorrentes. Historiadores chamam essas atualizações de "Boletim de Fugger". Os boletins ficaram mais sofisticados sob os herdeiros de Fugger. Apesar de o conteúdo continuar vindo dos mesmos agentes, os boletins começaram a se parecer mais e mais com jornais. Esse sistema precedeu o *Notizie Scritte* de Veneza, o primeiro jornal, por meio século, e rendeu a Fugger uma nota de rodapé na história do jornalismo. Sua conta de serviços postais era assustadora, mas era uma que ele pagava com prazer.

O primeiro registro do uso de seu serviço de notícias foi logo após Maximiliano retomar Viena. Com isso fora do caminho, o imperador estava pronto para uma nova guerra e voltou suas atenções para a Borgonha, sua herança de Carlos, o Audaz. Os franceses haviam roubado a Borgonha depois da morte de Maria, e ele queria de volta. Não tinha um exército, portanto precisava de dinheiro e mercenários para lutar. Solicitou um empréstimo a Fugger e ofereceu o que ele considerava a melhor garantia imaginável: uma promessa de Henrique VIII, rei da Inglaterra, que também detestava os franceses. Henrique ofereceu 200.000 florins a Maximiliano, que pediu a Fugger um adiantamento dessa quantia para que ele pudesse começar imediatamente. Prometeu pagar de volta quando o dinheiro de Henrique chegasse. Fugger sabia que Henrique coletava muito dinheiro de imposto e organizava suas finanças tão bem quanto qualquer rei europeu, mas sabia muito bem que não deveria confiar tanto em uma promessa, e resolveu tomar a iniciativa.

Fugger estava esperando por informação. Ele tinha espiões na Inglaterra que poderiam informá-lo se qualquer navio carregado de ouro saísse dos portos ingleses. O tempo passou e ele recebeu a informação de que nenhum navio estava vindo. Ele se recusou a fazer o empréstimo.

Maximiliano ficou furioso com Fugger e se recusava a acreditar que Henrique queria lhe enganar. Presumindo que o dinheiro inglês ainda estava vindo, ele atacou a Borgonha com as poucas tropas que tinha. Os franceses tinham um exército mais numeroso, mas Maximiliano tinha mais canhões, e os derrotou em Dournon. Ele chegou perto de Dijon, quando descobriu que Fugger estava certo. Henrique tinha abandonado a promessa. Mais tarde, descobriu que os franceses haviam pagado pela neutralidade de Henrique. Fugger ajudou a negociar a trégua. Para evitar que Maximiliano tivesse qualquer reação suicida, Fugger subornou os franceses para que eles assinassem um tratado que permitisse a Maximiliano reter seus ganhos do conflito.

♦

No verão de 1495, Maximiliano partiu da cidade de Worms, na região da Renânia, para participar de uma das maiores cerimônias da época: sua coroação de imperador. Depois de um torneio de justas, que ele próprio venceu, começaram os rituais, como aconteciam havia seis séculos. Ele tomou seu lugar no trono, e os eleitores ficaram do seu lado. Maximiliano teria se destacado mesmo se não estivesse no centro. Ele era um homem alto, com cachos que se alongavam sobre seus ombros largos. Para a cerimônia, usou uma capa presa com fecho brilhante do tamanho de um prato. Segurava uma espada em seu colo. Um eleitor, ajoelhado, entregou-lhe um orbe, outro entregou um cetro, e um terceiro, sua coroa. Quarenta príncipes e setenta condes juraram lealdade. Todos o chamaram de *Kaiser*, o nome alemão para César. Ele prometeu ser um soberano justo. As pessoas o aduraram. Anos depois, quando ele se tornou o Duque de Flandres, um observador mal podia se conter. "Eu não sei o que admirar mais – a beleza da sua juventude, a bravura da sua virilidade, ou a promessa do seu futuro". Maximiliano causou uma impressão parecida em Worms. "Nem mesmo Alexandre, o Grande, ouviu tantos elogios", notou um contemporâneo. Para o austríaco de 36 anos, que apenas alguns anos antes tinha sido preso em uma cela, aquilo tudo deve ter sido um sonho.

Quando a cerimônia terminou, Maximiliano presidiu sua primeira dieta imperial. Essas assembleias, conhecidas na Alemanha como *Reichstags*, eram revezadas entre cidades e se pareciam com reuniões de um Congresso ou Parlamento, exceto que eram menos frequentes e os participantes se divertiam mais. Torneios aconteciam antes das dietas e os dignitários organizavam danças e banquetes. Os eleitores tornaram Maximiliano imperador depois da morte de Frederico. Muitos eleitores presumiram que Maximiliano seria fraco como seu pai, Frederico, o Gordo, que mal se fez notar para eles durante seus 53 anos como imperador. Mas a cerimônia subiu à cabeça do novo imperador, e ele acreditou mesmo que era todo-poderoso. Em seu primeiro discurso na dieta, praticamente ordenou aos eleitores que lhe entregassem ouro suficiente para que ele pudesse voltar ao campo de batalha contra os franceses. O rei da França, Carlos VIII, estava na Itália conquistando territórios que Maximiliano considerava partes de seu império. Mas o que realmente motivou Maximiliano foi um desejo de chegar a Roma. Pelas regras imperiais, apenas uma coroação papal poderia selar sua eleição. Ele temia que Carlos planejasse chegar primeiro em Roma e roubar sua coroa. Tinha recentemente recebido a informação de que Carlos aparecera em um banquete usando vestes imperiais e segurando um orbe e um cetro. Seu povo o chamava de imperador, e seus astrólogos o diziam que sua coroação estava escrita nas estrelas. A realidade era que Maximiliano não tinha o que temer dos franceses. Seus eleitores nunca aceitariam um rei francês como imperador, especialmente agora que eles tinham elegido um homem que eles pensavam que era pobre e inofensivo.

    Maximiliano acreditava que a coroa era mágica, tão mágica quanto a espada do rei Artur. Se a coroa fosse presenteada a ele pelo papa, ele teria todos os poderes de Carlos Magno e a Europa se curvaria a seus pés. Com a coroa, as pessoas reconheceriam sua legitimidade. Sem ela, o veriam como um impostor. O grande sonho de Maximiliano era organizar uma cruzada, aniquilar os turcos e salvar a cristandade. Ele acreditava que esse era seu destino. Mas antes, ele precisava da coroa. Ele desejava mais a coroa do que desejava a Borgonha, a Hungria ou qualquer outra coisa. Era uma obsessão que dominou seu reinado e criou várias oportunidades para Fugger. Se não fosse pelas circunstâncias, Fugger teria continuado sendo um vendedor de panos, assim como seu irmãos.

Quando escreveu a série de artigos conhecida como *O Federalista*, James Madison precisava de uma frase para descrever a habilidade do corpo legislativos de controlar a política por meio da liberação (ou não) de fundos. Ele cunhou a expressão "o poder da bolsa". Para o horror e surpresa de Maximiliano, os eleitores decidiram usar esse poder sem pudores. Ele teve um verdadeiro choque de realidade quando eles o deixaram de fora das reuniões. Então os eleitores o encheram com negociações e o atingiram com condições impossíveis. Ele se tornou carrancudo e temperamental, e reclamava de ser tratado como um "prefeito de cidade pequena".

O imperador só conseguia angariar fundos depois de entregar boa parte de seu pouco poder aos eleitores. Ele detestava ceder, mas pelo menos conseguiu algum dinheiro. Para pagar por suas promessas, os eleitores introduziram um imposto chamado *Gemeiner Pfennig*. Todos os cidadãos do império eram obrigados a pagar. Era primeiro imposto federal do Sacro-Império Romano Germânico, e refletia sistemas fiscais da França e da Inglaterra. O Gemeiner Pfennig foi um problema para Fugger, porque levou Maximiliano a acreditar que ele não precisava mais de banqueiros. Ele demitiu Fugger e rescindiu os contratos da prata. Havia milhões de germânicos. Assim que eles pagassem o imposto, ele teria tudo o que precisava para vencer a França e chegar até Roma, ou pelo menos foi o que imaginou.

Fugger estava furioso. E o acordo que tinham? E a gratidão? Ele havia apoiado Maximiliano contra Sigismundo! Seu irmão, Ulrich, não havia ajudado Frederico, o pai de Maximiliano, quando ele precisava de roupas novas? Tudo isso foi por nada? Fugger também se preocupava com sua sobrevivência. Estava em uma situação financeira precária, por ter tomado empréstimos para pagar pelo Fuggerau e por uma segunda fundição em Hohenkirchen, no leste da Alemanha. Precisava dos lucros da prata para manter suas contas em dia, e iria à falência se o dinheiro não viesse. Mas entendia os eleitores melhor do que o homem que eles elegeram. Os informantes de Fugger haviam lhe contado o que ele já suspeitava: que os senhores feudais germânicos iriam esquecer suas promessas. Maximiliano pode ter se sentido ameaçado pelo rei Carlos e suas ações na Itália, mas os eleitores, seguros em grandes palácios bem longe da fronteira italiana, eram indiferentes. E é claro, o Gemeiner Pfennig produziu apenas uma fração da receita Maximiliano esperava, e ele continuou pobre. Foi então que ele fez a única coisa que poderia fazer, se ele quisesse invadir a Itália e chegar até Roma: voltou para Fugger, prometeu mais de sua produção de prata e assinou um novo empréstimo.

Com o dinheiro de Fugger, somado com promessas de Veneza e Milão, Maximiliano cruzou os Alpes e foi até Gênova. De lá, contratou um navio para levá-lo até Pisa, na costa oeste da Itália. A filial genovesa de Fugger pagou a passagem. Maximiliano foi em direção a Florença, onde o carismático clérigo Savonarola havia tomado controle depois da morte de Lorenzo de Médici. Savonarola prometeu que Deus viria matar os ricos. Maximiliano não se importava com isso, só se importava com o fato de Savonarola apoiar os franceses. Para chegar a Roma e manter suas linhas de suprimento, ele e seu pequeno exército precisavam tomar Florença.

Porém, ficou preso do lado de fora da cidade porque Milão e Veneza não mandaram a ajuda prometida. Para piorar, o filho de Maximiliano, Filipe, que governava em Flandres como arquiduque e havia prometido distrair Carlos na França, havia caído na conversa dos conselheiros de Carlos, e nada fez. Descontente, Maximiliano deixou a Itália e voltou para Tirol. Ele lutou contra a depressão com a ajuda de seu passatempo favorito: caçar bodes nas montanhas rochosas sobre Innsbruck.

O desapontamento destruiu a inocência de Maximiliano. Henrique VII, os eleitores germânicos, o duque de Milão, o doge de Veneza, e seu próprio filho – todos o deixaram na mão. Foi então que teve uma epifania, talvez enquanto caçava seus bodes. A única coisa em que ele podia confiar era a prata de Schwaz. Enquanto tivesse Schwaz, banqueiros como Fugger estariam lá para apoiá-lo. Depois de se recuperar, Maximiliano voltou com vigor renovado, e ordenou que todos os seus banqueiros viessem a Füssen, aos pés dos Alpes, para negociarem empréstimos.

♦

Fugger frequentava a igreja aos domingos, defendia os valores da família e amava seu rei e seu país. Mas não se engane: ele era um radical. Recusava-se a acreditar que um sobrenome nobre fazia alguém melhor que qualquer um. Para ele, inteligência, talento e esforço eram as coisas que faziam um homem. Hoje em dia, sua visão é o senso comum. Mas na época, era subversiva. A Europa operava de acordo com um sistema de castas, tão rígido quanto o da Índia. Três grupos compunham a sociedade: nobres, clérigos e plebeus. Cada grupo tinha sua ordem interna. Dentre os plebeus, os patrícios estavam no topo, seguidos por comerciantes ricos, como Fugger. Depois vinham os artesãos, camponeses e pedintes.

Cada subdivisão tinha seu próprio código de vestimentas. Eles tinham diferentes obrigações e privilégios. As chances de subir de nível eram limitadas.

Fugger não aceitava isso. Enquanto a sociedade como um todo permanecia grudada na noção medieval de que cada homem tinha o seu lugar definido, ele acreditava no ideal de seu avô, de que cada homem fazia sua própria sorte. Albrecht Dürer e os grandes artistas renascentistas italianos também acreditavam nesse ideal. Assim como os humanistas, escritores e filósofos que quebraram com a tradição e celebraram o homem ao invés de Deus. Em 1486, quando Fugger tinha 27 anos, Giovanni Pico dela Mirandola terminou seu *Discurso Sobre a Dignidade do Homem*, obra que se tornou um manifesto do humanismo e fez com que Pico fosse preso como herege. No discurso, ele declarava que o homem era único dentre as criaturas de Deus por ter livre arbítrio, e que o livre arbítrio permitia a um indivíduo escolher seu próprio caminho. Fugger não era um filósofo e talvez nunca tenha ouvido falar de Pico. Mas ele era um produto de seu tempo, e os tempos estavam mudando. Ao seguir sua própria vontade, ele mostrava simpatia, talvez sem querer, por visões hereges.

A visão de mundo de Fugger permitia que ele entendesse a verdadeira natureza da sua relação com o imperador. Não era uma relação entre mestre e servo, ou senhor e súdito. Era uma relação entre um credor e um devedor. Nesse tipo de relação, ele, como credor, tinha o poder. Os títulos de Maximiliano pouco significavam para Fugger. Sim, Maximiliano era um imperador. Seus eleitores o deram um orbe e um cetro, e os camponeses tremiam em sua presença. As donzelas nobres escondiam suas botas para mantê-lo por mais tempo nas festas. Mas Fugger sabia que enquanto fosse o dono do dinheiro, Maximiliano precisaria dele, e seria obrigado a aceitar seus termos.

 Enquanto outros banqueiros responderam ao chamado de Maximiliano para a negociação, Fugger ficou longe. Era uma afronta deliberada. Ele ficou em casa e deixou que os outros negociassem. Deixou o imperador esperando por dez dias. Por um acaso, acabou encontrando com o alfaiate de Maximiliano, que lhe pediu explicações. Fugger disse que tinha desistido dos serviços bancários. Ainda furioso sobre a decisão de Maximiliano de demiti-lo, Fugger não queria conversa. Escreveu para Maximiliano para explicar sua decisão. Ceder empréstimos, ele disse, "não me trouxeram nada além de problemas, trabalho e ingratidão".

 Ninguém poderia culpá-lo. Ele não queria ficar à mercê de um devedor cheio de caprichos como Maximiliano, que estava acima da lei e fazia promessas questionáveis. Fugger não precisava pensar muito para perceber o que poderia dar errado.

 Lucas Fugger era o filho do tio de Fugger, e era o patriarca dos Fugger da Corça, o outro ramo da família. Ele era um dos homens de negócios mais celebrados de Augsburgo. Tinha operações de comércio em Frankfurt, Nuremberg, Veneza, Milão, Bruges e Antuérpia. Quando não estava na estrada, servia como conselheiro municipal de Augsburgo, além de juiz e mestre de guilda. Mais do que tudo, Lucas adorava fazer negócios e estar junto de pessoas importantes. Em 1489, ele fez seu próprio empréstimo para Maximiliano. O colateral prometido foi a receita tributária da cidade flamenga de Leuven. Os cidadãos de Leuven tinham tão pouca vontade de pagar os impostos quanto os de Gante, cinco anos antes, quando prenderam Maximiliano e o fizeram presenciar a morte de seu bobo da corte. Apesar de o empréstimo ter sido relativamente pequeno, o calote quebrou o frágil Lucas. Fugger e seus irmãos poderiam tê-lo salvo, mas preferiram não fazer nada, e assistiram enquanto Lucas e sua família perdiam tudo. Em um ataque de raiva, o filho de Lucas chegou a atacar Fugger com uma faca. Lucas, que antes era a inveja de todos e o titular de muitos cargos, fugiu para uma cabana que pertencera a seu avô, na vila de Graben. Mais tarde, Fugger a comprou por alguns florins.

Mas não foi o medo que manteve Fugger longe de Füssen. Ele ficou longe por motivos estratégicos. Como podemos ver em seu passado com Sigismundo, Fugger era um negociador astuto. Ele sabia que Maximiliano iria querer seu dinheiro ainda mais se ele se fizesse de difícil. Os outros banqueiros podiam emprestar apenas uma fração do que Fugger podia, e Maximiliano iria precisar de qualquer jeito, independente do que negociasse com os outros. Com isso em mente, provavelmente esperou que Maximiliano viesse rastejando. Mas dessa vez, foi um erro de cálculo. Com acesso exclusivo a Maximiliano, os outros banqueiros conspiraram para arruinar Fugger, a quem eles consideravam um oportunista. Maximiliano não veio rastejando para Fugger. Em vez disso, deu ouvido às conspirações dos banqueiros.

Os rivais tinham nomes que pareciam saídos de contos de fadas – Herwart, Baumgarten e os irmãos Gossembrot. Maximiliano já lhes havia dado algumas concessões de mineração, só não tantas quanto havia dado a Fugger. Os Gossembrot eram os mais poderosos do grupo. Sigmund Gossembrot era prefeito de Augsburgo, e seu irmão George era secretário do tesouro de Maximiliano. Eles vinham de uma família antiga e odiavam Fugger pelo que consideravam uma invasão de seu território de negócios. Queriam os contratos da prata e incentivaram Maximiliano a confiscar o Fuggerau – ações que teriam falido Fugger. Maximiliano acatou os conselhos, e mais uma vez expediu a ordem de cortar os laços com Fugger.

Os alemães dizem que para ser bem sucedido, você precisa de vitamina B. Esse B veem de *Beziehungen*, ou contatos, conexões. Fugger tinha uma abundância desta vitamina B, e foi dessas reservas que ele utilizou para assegurar seus ativos. O primeiro a quem ele recorreu foi o bispo de Bamberg. Era o mesmo bispo que lhe havia vendido o terreno onde foi construído o Fuggerau. Ele ainda controlava aquela parte da Áustria. Fugger lhe contou sobre os planos de Maximiliano de interferir em seu território e confiscar o Fuggerau. Depois, Fugger viajou para a Saxônia e contou ao duque local que assim que Maximiliano confiscasse o Fuggerau, ele certamente iria até a Saxônia para confiscar a outra fundição de Fugger, em Hohenkirchen, no território do duque. Horrorizados pela intrusão de suas soberanias, o bispo e o duque mandaram embaixadores a Inssbruck com ordens para Maximiliano recuar.

O golpe decisivo veio quando Fugger pediu para outro dos prestamistas do imperador, Melchior von Meckau, para cobrar um empréstimo, o que deixaria o imperador em uma situação financeira apertada. Meckau era o bispo de Brixen, ao sul de Innsbruck. Ele tinha suas próprias minas de prata, e emprestava dinheiro esporadicamente. Frequentemente trocava favores com Fugger. Quando Meckau pediu para que Maximiliano pagasse seu empréstimo, o imperador descobriu que Fugger era o único outro banqueiro que poderia fornecer dinheiro imediatamente. Fugger fez o empréstimo e Maximiliano esqueceu o Fuggerau.

Pode ter sido difícil de reconhecer na época, mas Fugger estava se tornando indispensável. Maximiliano se sentia frustrado pelos métodos e exigências de Fugger, mas era inegável que Fugger era o único banqueiro com quem ele podia contar em um aperto. Essa condição de ser indispensável ajudou a impulsionar o sucesso de Fugger e por diversas vezes lhe rendeu tratamento especial. Fugger sabia que o imperador não podia viver sem ele, e garantiu que continuasse assim.

◆

Todos sabem que as maiores fortunas são dos donos de monopólios. Ao controlar a oferta, eles podem cobrar o que quiserem e investir os lucros absurdos em outros negócios para fazer ainda mais dinheiro. Foi por isso que Vanderbilt quis dominar os trilhos e Rockefeller quis dominar o petróleo. E também foi por isso que Fugger quis dominar os metais. Ele nunca teria se tornado a pessoa mais rica do mundo se tivesse dividido seu mercado com outros. Precisava ter tudo.

Na Hungria, ele já tinha tudo. A Hungria era uma das poucas regiões produtoras de cobre no Leste Europeu, o que fazia com que Fugger fosse praticamente o único fornecedor para Danzig e outros mercados mais ao norte. Mas era diferente em Veneza, onde outros germânicos – aqueles com seus próprios contratos com Maximiliano – competiam por cada venda.

Esses concorrentes eram os mesmos cavalheiros que haviam conspirado em Füssen para arruinar Fugger. Baumgartner, Herwart e Gossembrot odiavam concorrência, tanto quanto Fugger. Para acabar com a concorrência, convidaram Fugger para fazerem um cartel. Eles explicaram como todos fariam fortunas ao combinar seus preços, pois os compradores não teriam para onde correr.

Fugger era tão ou mais ganancioso do que eles, mas não gostava muito de parcerias. Diferente dos Médici e de outras famílias banqueiras italianas que costumeiramente se associavam a outros para dividir o risco e aumentar o capital, Fugger queria cada centavo só pra ele, e a ideia de dividir os lucros e as tomadas de decisões lhe soava repulsiva. Seus irmãos eram um caso especial. Fugger era dono de 29% da Ulrich Fugger & Irmãos, e estava feliz com isso, contanto que Ulrich e George lhe deixassem em paz. Quanto à parceria com Thurzo, Fugger precisava de Thurzo para se proteger na Hungria. Mas a proposta do cartel do cobre atiçou sua imaginação.

Hoje em dia, um acordo desses seria ilegal; muito tempo atrás, os governos do mundo todo proibiram combinações de preço em nome da proteção ao consumidor. Mas não havia leis desse tipo em 1498, apenas noções vagas de que os empresários deveriam tratar os consumidores de uma maneira justa e "cristã". Para contornar isso, o grupo pediu a bênção de Maximiliano, e lhe explicaram que poderiam lhe emprestar ainda mais dinheiro se ele os deixasse conseguir lucros maiores. Fecharam o negócio subornando o imperador com um empréstimo.

Nesse ponto, a história toma um rumo surpreendente. Na verdade, o cartel tinha um inimigo interno: Fugger. Sim, ele poderia vender seu cobre por preços altos se participasse do cartel. Mas queria mais do que um lucro rápido. Ele viu no cartel uma chance de destruir seus rivais e criar na Áustria o mesmo tipo de monopólio que tinha na Hungria. O plano era simples: em vez de vender seu cobre em Danzig, ele o mandaria para Veneza para inundar o mercado, derrubando os preços e destruindo os fornecedores que não tivessem condições de aguentar os preços baixos. No papel parece um grande plano, mas era um esquema perigoso para Fugger, pois os outros membros do cartel tinham o ouvido do imperador, que poderia punir Fugger por atacá-los. Além disso, não havia garantia de que Fugger conseguiria durar mais tempo do que os outros com o preço derrubado. Talvez as reservas deles fossem maiores do que ele pensava. Ele poderia acabar falindo a si mesmo se não fosse cuidadoso. Mas tinha estômago para esse tipo de coisa. Sem medo, montou a armadilha. Ele jogaria o jogo até sua conclusão brutal, de um jeito ou de outro.

Depois que os primeiros carregamentos do cartel saíram da Áustria em direção a Veneza, as cargas da Hungria também seguiram. Quando o cobre chegou, Fugger ordenou ao seu agente veneziano que jogasse tudo no mercado, independente do preço. A ordem era pegar qualquer valor que fosse oferecido, apenas para se livrar da mercadoria. Instantaneamente, Veneza tinha mais oferta do que demanda. Nunca se tinha visto tanto cobre. Os preços despencaram. Estupefatos com o colapso de seu mercado, os outros fornecedores acumularam cobre em seus armazéns. Eles não queriam vender em um mercado em queda. Mas tinham contas pra pagar e não podiam segurar para sempre. Quando viram que Fugger continuava vendendo e os preços continuavam caindo, eles também se livraram de tudo, com prejuízo.

Abalados e lutando para se manterem, as vítimas do esquema acusaram Fugger de ter agido de uma forma "nada fraternal ou cristã", uma caracterização que o perseguiria pelo resto de sua vida. Eles pediram a Maximiliano que punisse Fugger, mas o imperador estava ocupado com um conflito na Suíça e nada fez. Fugger não conseguiu um monopólio, mas conseguiu mais ativos de mineração do que nunca.

3
OS TRÊS IRMÃOS

Em uma manhã de janeiro, no meio das batalhas pelo mercado do cobre, Fugger se barbeou, vestiu seu melhor traje e foi para a igreja. Ele ainda vivia na casa onde tinha nascido – a casa que dividira com a mãe até sua morte, no ano anterior, com a impressionante idade de 78 anos. Seus irmãos moravam no fim da rua. Cada um criava sua própria família em casas grandes de frente para a igreja de Santa Ana. Mas Fugger ainda estava solteiro. A maioria dos homens na época da Renascença se casava ainda jovem, pouco depois dos vinte. Os irmãos de Fugger esperaram mais. Ulrich se casou aos 38, e George aos 36. Fugger já tinha passado deles, já estava com 39. Mas seu estado civil estava para mudar. Ele foi ao altar e esperou por sua noiva.

A Renascença marcou um ponto de mudança para os casamentos. As pessoas começaram a se casar por amor. Casamentos arranjados ainda eram os mais comuns no campo, onde as famílias juntavam suas terras com casamentos vantajosos. Mas fortunas poderiam aparecer rapidamente nas cidades, e os casamentos precisavam de uma garantia mais forte do que certificados. O amor supria essa garantia. Naquele contexto, seria possível imaginar que o amor levou Fugger até Sybille Artzt, uma animada jovem de 18 anos de idade e cabelos loiros. Pinturas da época a mostram dançando e andando de trenó pela cidade. Mas não era amor que Fugger tinha em mente. Ele era antiquado nesse sentido. Viu uma chance para ganhos comerciais e sociais.

Sybille vinha de uma das famílias mais poderosas da cidade. Seus pais estavam entre os maiores donos de imóveis de Augsburgo. Seu tio tinha sido prefeito da cidade. Enquanto as famílias antigas desprezavam os Fugger, considerando-os novos ricos, a mãe de Sybille, que foi quem arranjou o noivado, passou por cima dos preconceitos e se concentrou no dinheiro de Fugger. Enquanto isso, Fugger se concentrou no prestígio. A família Artzt trouxe para ele poder, influência e outro símbolo de sucesso. Tudo isso era bom pros negócios. E quanto à influência política, a família Artzt tinha dois assentos no conselho da cidade. Fugger poderia usar esse cenário para influenciar os assuntos locais.

Hans Burgkmair, um jovem artista de Augsburgo, pintou o retrato de casamento. Burgkmair tinha acabado de abrir sua loja. Considerando que Augsburgo também era a casa de Hans Holbein, o Velho, o melhor artista da Alemanha antes de Dürer, Burgkmair foi uma escolha estranha. Mas a pintura de Burgkmair era luminescente e detalhada, sem dúvidas o trabalho de um mestre. Ela mostra o casal de braços dados, com uma inscrição um pouco cafona em que se lê "No ano de 1498, em nove de janeiro, nós realmente nos unimos tão bem". Nenhum dos dois está sorrindo. Fugger, usando sua boina dourada, parece ansioso para que a cerimônia termine logo. Sybille parece perdida. Ela usa uma coroa de louros na cabeça para simbolizar sua virgindade. Seu vestido é de cintura-alta, para mostrar a barriga e indicar fertilidade. Não há nenhum registro de festividades. Mas o fato de o casamento ter sido em janeiro é uma dica. A alta classe normalmente se casava no inverno, porque o frio da estação permitia iguarias exóticas como ostras e lagostas. Banquetes de casamentos serviam centenas de convidados e duravam vários dias. Príncipes e bispos vinham em um dia, e amigos e parentes vinham em outro. Se um dignitário mandava um representante, a família o tratava com a mesma reverência com que trataria o próprio representado, e o colocava na primeira fileira. O conselho da cidade de Augsburgo tinha limitado o número de convidados em casamentos em um esforço para conter o excesso de luxo e tentar manter a aparência de igualdade social. Fugger provavelmente ignorou as regras e pagou as multas. Para ele, qualquer coisa abaixo de um casamento grandioso teria sido uma vergonha. Anos mais tarde, Wilhelm Rem, que trabalhou para Fugger, foi ao casamento de Ursula, sobrinha de Fugger. Ele achou escandaloso que Ursula não usou véu como uma plebeia, mas se casou com a cabeça à mostra, como uma nobre. Rem condenou o "orgulho arrogante" da família e se preocupou com a possibilidade de outras famílias fazerem o mesmo.

Fugger e Sybille se mudaram para a casa da mãe de Sybille. O casal provavelmente passou sua primeira noite juntos naquela casa. Por lei, era necessário que eles consumassem o casamento para que o mesmo tivesse validade. Os irmãos de

Fugger e os amigos deles devem ter ficado do lado de fora torcendo por eles, como era de costume. Fugger queria filhos, se não por outros motivos, ao menos para preparar sua sucessão. Os irmãos dele já tinham vários filhos, e Thurzo, seu sócio na Hungria, tinha tantos filhos que já tinha dado três para a igreja. Cada um dos padres Thurzo, graças à influência de Fugger e Thurzo, se tornaram bispos. Fugger começara a pensar em sua sucessão desde o começo da carreira, mas a união com Sybille não produziu nenhum herdeiro.

Porém, Fugger não morreu sem filhos. Em algum ponto, ele conheceu uma mulher chamada Mechtild Belz e ela se tornou sua amante. Eles tiveram uma filha juntos. Mechtild, talvez até por intervenção de Fugger, se casou com um médico, e juntos eles criaram a filha de Fugger, também chamada Mechtild, como se fosse deles. A sociedade da época não se importava tanto com a legitimidade das paternidades, e a menina cresceu e se casou com Gregor Lamparter, reitor da Universidade de Tubinga, a mais antiga e prestigiada universidade da Alemanha. Há algumas dúvidas sobre a paternidade de Fugger, mas não há outra explicação para a generosa ajuda financeira que Fugger deu a Lamparter. Quando Lamparter serviu por cinco anos como conselheiro de Maximiliano, um emprego que pode ter sido conseguido graças à influência de Fugger, o salário era de 8.000 florins por ano, pagos por Fugger. Quando um cavaleiro sequestrou Lamparter, Fugger pagou o resgate. O duque de Württemberg também tentou capturar Lamparter para usá-lo como refém em uma disputa com Maximiliano. Lamparter escapou do duque, mas o mero fato de ter sido um alvo sugere uma ligação especialmente próxima entre Lamparter e Fugger. O imperador não se importava com Lamparter, mas se importava com Fugger.

Não se sabe se Fugger teve outras amantes, mas sabe-se que Sybille teve um. Conrad Rehlinger era um comerciante de Augsburgo, amigo da família e convidado frequente na residência dos Fugger. Quando Fugger precisava de uma testemunha para assinar um documento, era Rehlinger quem ele chamava. Um retrato de Rehlinger e seus nove filhos, pintado por Bernhard Strigel, está exposto na Alte Pinakothek, em Munique. Sybille se casou com Rehlinger poucas semanas depois da morte de Fugger.

◆

O contemporâneo mais notável de Fugger foi César Bórgia, o sanguinário filho do papa Alexandre VI. Enquanto Fugger estava em Augsburgo acumulando lucros, Bórgia estava em Roma, subindo na carreira à base de assassinatos. Bórgia não era o único a usar assassinatos como meio de subir na vida. A prática era uma epidemia na Renascença. A morte de Pico dela Mirandola, grande expoente do humanismo, foi por envenenamento. A prevalência de assassinatos levou o grande historiador Gottfried (Götz) von Pölnitz, que passou mais tempo do que qualquer um pesquisando a história de Fugger, a se perguntar se o próprio Fugger não poderia ter sido um assassino. Em 1502, morreu Sigmund Gossembrot, o rival mais perigoso de Fugger. Sua morte aconteceu poucos meses depois da morte de seu irmão e sócio George. Fugger certamente tinha um motivo: os Gossembrot estavam atrás dele. Na época de suas mortes, eles estavam propondo um novo plano para Maximiliano se livrar de Fugger. Mas a única evidência de assassinato que von Pölnitz cita é a ausência de documentação sobre as mortes, o que não prova nada. Mesmo deixando de lado o fato de assassinato ser um crime passível de pena de morte e de trazer um risco enorme para o assassino, matar apenas não era o estilo de Fugger. Ele não precisava matar pessoas como os Gossembrot para ter sucesso. Ele poderia vencê-los com seu intelecto. Depois da morte de Sigmund Gossembrot, Fugger não mostrou nenhuma alegria. Ele presumiu que os filhos de Sigismundo continuariam atrás dele, dizendo "Mesmo que Gossembrot esteja morto, ficaram seus herdeiros invejosos".

♦

No mesmo ano, três vendedores da cidade Suíça da Basileia vieram visitar Fugger. Eles estavam vendendo joias e tinham ouvido a informação de que Fugger estaria interessado. Ele costumava comprar joias para Sybille, incluindo, em Frankfurt, um anel tão grande que virou assunto em toda Augsburgo. "Ela tem mais joias de ouro e pedras preciosas do que uma princesa", escreveu um amigo.

Os homens visitaram Fugger em seu escritório. Localizado na casa dos irmãos, o escritório ficava nos fundos do prédio e tinha vista para uma travessa tranquila da rua movimentada por onde os homens entraram. O escritório se tornou lendário conforme crescia a influência de Fugger. Os visitantes o chamavam de Sala da Contagem de Ouro. Os empregados acompanharam os homens desde a entrada. Eles não traziam as joias de fato, apenas desenhos. Mas isso era o bastante, porque os vendedores tinham as joias mais espetaculares da Europa, e os desenhos nos pergaminhos que eles mostraram a Fugger eram incríveis. Um mostrava a Pequena Pena, um alfinete de chapéu, incrustado de pedras preciosas. Outro mostrava a Rosa Branca, um rubi em forma de coração, dentro de um círculo de diamantes. O terceiro mostrava uma cinta-liga com diamantes, que já havia pertencido a Eduardo III da Inglaterra. Pode-se imaginar que os suíços guardaram o melhor para o final, e ao desenrolarem o último desenho, não falaram nada, apenas deixaram que a imagem falasse por si. Ela mostrava um dos maiores diamantes do mundo. O joalheiro o havia cortado em um formato retangular, encaixado em uma peça de ouro e cercado com três rubis que radiavam do centro, como raios de sol. Eles o chamavam de Três Irmãos. Mais tarde, a joia chegaria até a Inglaterra, onde a Rainha Elizabeth a usou em um de seus mais famosos retratos. Junto com suas roupas exageradas, a Três Irmãos mostrava sua riqueza e poder.

Antes de Fugger ver estas quatro joias, Carlos, o Audaz, tinha sido dono de todas elas e as havia levado consigo em sua desastrosa invasão da Suíça, 26 anos antes. Assim como Maximiliano e sua fé nos poderes mágicos da coroa imperial, Carlos acreditava no poder de objetos e que Deus apenas permitia grandes objetos a grandes pessoas. Ele também acreditava na conclusão lógica, que quanto mais objetos uma pessoa acumulava – e quanto maior o valor deles – mais poderosa ela seria. Por isso ele também levou para a Suíça suas pratarias, suas garrafas de ouro, ornamentos de marfim, espadas incrustadas, tronos, ossos de santos, sua cama com dossel, seus ovos de avestruz banhados a ouro e sua coleção de sapatos, incluindo aqueles ridiculamente compridos. Talvez o sultão otomano tivesse mais tesouros, mas nenhuma coleção na Europa era comparável. E se nenhuma coleção era comparável, então nenhum dono teria mais poder. Na visão de Carlos, ele era invencível, e tinha as posses materiais para provar.

Os suíços surpreenderam Carlos perto do lago Genebra, na Batalha de Morat, e o expulsaram de seu acampamento antes que ele pudesse recolher todas as suas coisas. A qualidade dos objetos, sem mencionar a absurda quantidade, impressionou os generais suíços. Eles ordenaram a morte de qualquer um que tentasse pegar o espólio para si próprio. A ordem veio tarde demais. Os itens mais valiosos, em particular os menores, como joias, já haviam sumido dentro de bolsos. Uma testemunha descreveu como um soldado encontrou o maior dos diamantes debaixo de uma roda de carruagem, na lama de Morat. O soldado o vendeu por um florim – o equivalente a um mês de salário de um mercenário – para um bispo suíço, que por sua vez o vendeu para a cidade da Basileia.

Joias como essa tinham alta demanda. Monarcas as compravam para mostrar seu poder. Empresários compravam como uma forma de guardar seu dinheiro. Eles poderiam vendê-las em uma emergência, ou carregá-las em uma fuga. E enquanto diamantes não produziam nenhum lucro dentro de um baú, eles pelo menos eram imunes à inflação. Também eram ótimos presentes. Mas os suíços descobriram que os espólios borgonheses eram difíceis de vender. Dez anos depois de Morat, eles tentaram vender uma das maiores peças, provavelmente a Três Irmãos, e receberam uma oferta de 4.000 florins, uma fração de seu valor verdadeiro. O problema dos itens era o fato de serem roubados. Ou pelo menos era isso que Maximiliano e os Habsburgo, herdeiros da Borgonha, teriam dito. Se os itens aparecessem, eles ainda teriam o direito de pedi-los de volta.

Carlos, o Audaz, já estava morto havia dezoito anos quando os suíços foram até Fugger, mas os homens ainda precisavam operar em segredo. Seus desenhos fascinaram Fugger.

Depois de mais um ano de negociações, ele comprou a coleção inteira por 40.000 florins, uma grande parte de seu capital na época. Assim como os anciões da Basileia, ele colocou os objetos em um cofre e não contou a ninguém sobre eles.

♦

Fugger não era um especulador selvagem. Quando ele adiantava dinheiro para Sigismundo ou Maximiliano, havia minério embaixo da terra como garantia. Quando ele construiu a fundição, o preço do cobre garantia um retorno seguro. Quando ele comprou as joias, o preço barganhado compensava o desafio de vendê-las.

Mas mesmo Fugger estava sujeito às paixões de sua época. A descoberta da América por Cristóvão Colombo, a descoberta da Amazônia por Américo Vespúcio e a viagem de Vasco da Gama à Índia excitavam até o povo de Augsburgo, tão longe do mar. Pessoas enfeitiçadas pela febre da exploração colecionavam cocos, penas de papagaio e outras curiosidades asiáticas. Fugger também foi pego por essa euforia, e em 1505 se envolveu com uma viagem portuguesa à Índia. Na época, Portugal batalhava com a Espanha pelo domínio dos mares. Portugal era um lugar atrasado, na beirada da Europa Ocidental, perdidamente pobre, mas com grandes sonhos. Enquanto os espanhóis se concentraram na América, os portugueses contornaram a África para descobrir uma rota marítima para a Índia. Eles queriam derrubar o monopólio veneziano no comércio europeu de especiarias. Após o sucesso da viagem de Vasco da Gama, o rei Manuel I procurou investidores para uma nova viagem, em busca de pimenta-preta. Fugger se juntou à empreitada. O investimento o envolveu em uma violenta guerra comercial e o beneficiou de maneiras que ele não poderia ter previsto.

Fugger sabia que em uma jornada oceânica, especialmente nas águas pouco mapeadas nos arredores do Cabo da Boa Esperança, era muito perigosa. Ao financiar a viagem, ele pensou nos riscos e no retorno. Poderia perder todo o seu investimento se os navios afundassem em costas rochosas. Poderia fazer uma fortuna se eles retornassem a Lisboa carregados de pimenta.

As negociações se estenderam por meses. Quando os investidores assinaram os papeis, Anton Welser, também de Augsburgo, colocou 20.000 florins, enquanto Fugger colocou meros 4.000. Talvez Fugger não quisesse arriscar mais que isso. Mas a energia que colocou no esforço – até substituindo seu agente, depois do primeiro agente falhar em fazer progresso com o rei – sugere que ele queria uma fatia maior. Os germânicos alugaram três navios na Antuérpia. Dois escribas de Augsburgo embarcaram nos navios para registrar os eventos para seus compatriotas. Os navios navegaram até Lisboa, onde se juntaram à frota de navios de guerra portugueses. O prefeito de Augsburgo, Conrad Peutinger, falou por todos quando desejou boa sorte à viagem: "Nós de Augsburgo temos grande orgulho de sermos os primeiros germânicos a viajar para a Índia".

Os portugueses precisavam de armas porque teriam que lutar pela pimenta. Os árabes controlavam a maior parte dos portos no caminho. Eles compravam pimenta de cultivos na Índia e transportavam pelo Mar Vermelho, onde os carregamentos eram transferidos para camelos, que viajavam por terra até Alexandria ou Damasco, onde novamente o transporte era pelo mar, dessa vez o Mediterrâneo, até

Veneza. Os árabes e seus sócios venezianos faziam essa rota de comércio havia séculos. Mas se os portugueses pudessem assegurar outra rota, eles venceriam a disputa, pois tinham diversas vantagens. Como Fugger sabia, suas enormes naus podiam transportar uma quantidade enorme de carga, oferecendo eficiência que camelos nunca poderiam igualar. Viajando por água o caminho inteiro até Lisboa, os portugueses também desviavam do pesado pedágio que o sultão otomano cobrava de quem passasse por seu território. E também havia o simples fato de Lisboa ser mais próxima à Espanha e aos mercados do norte da Europa. Compradores da Alemanha, França e Espanha iriam preferir Portugal porque os preços seriam menores. O escritor Guido Detti se entusiasmou com a ideia de derrubar os arrogantes venezianos: "Quando eles perderem seu comércio com o Oriente, vão ter que voltar a pescar". A própria Veneza temia o desastre. O banqueiro veneziano Pruili escreveu: "Posso ver claramente nesse cenário a ruína da cidade de Veneza".

O rei Manuel confiou a frota a um ambicioso nobre de nome Francisco Almeida. O rei desejava que ele fizesse acordos de passagem segura com as cidades no caminho, e capturasse ou até destruísse aquelas que se recusassem a cooperar. O rei oferece-lhe um impressionante incentivo. Ele prometeu tornar Almeida o vice-rei da Índia se ele obtivesse sucesso. Como vice-rei, Almeida teria completa autoridade. Ele poderia governar as posses de Portugal na região como um ditador.

Almeida e seus navios saíram de Lisboa em março. Depois de uma fácil viagem pela costa da África, os navios passaram pelo cabo e encontraram uma tempestade que derrubou mastros e quebrou lemes. Eles sobreviveram para enfrentar um encontro ainda mais perigoso em Mombaça. Uma cidade insular, Mombaça fica na rota para os portos indianos de especiarias, cruzando o Oceano Índico. Hoje em dia, é a segunda maior cidade do Quênia. Na época, era a maior cidade no leste africano e pertencia aos comerciantes árabes. O sheik que governava Mombaça tinha um palácio dentro dos muros da cidade com jardins e fontes. O resto da cidade tinha ruas tão estreitas que apenas duas pessoas podiam andar lado a lado. Sacadas ficavam sobre as ruas, como se fossem um segundo sistema de ruas. A pimenta era uma das duas maiores fontes de renda. A outra era a venda de escravos. O sheik mandava grupos ao continente para capturar escravos para os bazares de Alepo, Alexandria e Cairo. Almeida precisava de Mombaça para assegurar a costa. Toda a empreitada dependia disso. A menos que Mombaça fosse conquistada ou neutralizada, os navios portugueses sofreriam ataques de piratas sempre que passassem por perto.

Os navios de Almeida eram uma visão assustadora, com a flâmula do rei voando nos mastros e com seus canhões no convés. Eles baixaram suas âncoras no porto e ameaçaram atacar. Mas o sheik se sentia seguro atrás de sua fortaleza e se recusou a negociar. Almeida abriu fogo. O porto de Mombaça ecoou com o estrondo dos canhões e os gritos dos soldados. A cidade ficou em chamas. Almeida ordenou que alguns de seus homens descessem à praia, e depois de sobreviverem ao ataque de dois elefantes que o sheik soltou para que os pisoteassem, os homens viram que as defesas da cidade estavam enfraquecidas o suficiente para justificar uma invasão total. Os portugueses desceram todos à praia na manhã seguinte. Enquanto a maior parte dos homens lutava corpo a corpo na cidade, Almeida facilmente tomou o palácio. O sheik fugiu com seus homens de confiança. Escravos, mulheres e crianças foram os únicos que sobraram para defender a cidade. Os portugueses mataram qualquer um que fosse capturado. Satisfeito com um trabalho bem feito, Almeida subiu a bandeira portuguesa sobre o palácio. Balthazar Sprenger, um dos escribas de Augsburgo que estavam a bordo, agradeceu a Deus. "O que aconteceu não poderia ter acontecido se não fosse por Deus misericordioso", ele escreveu. "Sem Deus, muitos de nós teríamos caído. Nós conquistamos a cidade com alegria graças ao Todo-Poderoso". O sheik escreveu uma carta de aviso a um soberano vizinho. "Um grande senhor veio com tamanha força e fúria que poucos escaparam vivos", ele escreveu. "O cheiro de corpos em minha cidade é tão repulsivo que não posso mais retornar". Os portugueses perderam cinco homens. O sheik, 1.500. Mombaça nunca mais ameaçou os portugueses de novo.

Com a costa leste da África agora sob seu controle, Almeida raptou um navegador árabe para que ele o guiasse na travessia do Oceano Índico. Almeida – e o investimento de Fugger – enfrentariam mais perigos no lado indiano. A essa altura, os árabes tinham um novo aliado na República de Veneza. O papa há tempos havia ordenado que Veneza não fizesse mais negócios com infiéis. Mas enquanto os muçulmanos eram considerados pagãos pelo papa, os venezianos os abraçavam como irmãos enquanto houvesse dinheiro sobre a mesa. Veneza tinha um ditado para isso: "Primeiro venezianos, depois cristãos". A fé no lema nunca foi mais evidente do que nos negócios com os comerciantes árabes de especiarias.

Veneza considerou duas opções. A primeira era copiar o antigo rei persa, Dario, e cavar um canal para conectar o Mediterrâneo ao Mar Vermelho. Feito isso, eles poderiam mandar navios de Veneza para lutar. Mas esse plano seria muito caro, então, em vez disso, Veneza mandou engenheiros e construtores navais até Alexandria para fazer tábuas, pranchas e mastros, para que os egípcios os transportassem pelo deserto, tal qual blocos das pirâmides, para que então os navios fossem montados em Suez. Com tripulações egípcias, os navios chegaram até Diu, em Gujarat, onde eles planejavam se juntar ao samorin de Calitute, um poderoso rei indiano, e juntos atacarem Almeida. Mas Almeida atacou primeiro. Ele acabou primeiro com os egípcios, disparando seus canhões a queima-roupa e coletando cabeças egípcias para lançar em outras cidades como tiros de aviso. Depois disso e algumas outras batalhas menores, Almeida carregou os navios com o máximo de pimenta possível e traçou um curso de volta para Lisboa.

Os navios retornaram para a Europa com tanta pimenta que os preços despencaram antes mesmo de eles atracarem. Welser e Fugger queriam vender o carregamento imediatamente. Eles ainda teriam lucros enormes apesar da queda no preço. O rei Manuel os impediu, confiscando a carga e guardando em um armazém. Os germânicos acusaram o rei de roubo, e passaram três anos em uma briga jurídica para recuperar sua mercadoria. Mas tudo acabou bem. Quando Welser e Fugger finalmente recuperaram e venderam a pimenta, triplicaram seus investimentos.

A viagem despertou o apetite de Welser. Apesar de Lucas Rem, o representante deles em Lisboa, achar os portugueses insuportáveis e considerar o comércio de especiarias um péssimo negócio, os Welser financiaram mais viagens e fizeram tanto dinheiro que, apesar de plebeus, uma de suas filhas se casou com um arquiduque. Mas no que importava a Fugger, os Welser podiam ficar com tudo. A traição do rei Manuel havia acabado com o apetite dele por investir em transporte de cargas. Preferia fazer negócios perto de casa. Além disso, tinha outro jeito de lucrar com especiarias. Ele poderia fazer a mesma quantidade de dinheiro como atravessador, comprando as especiarias dos portugueses e revendendo na Alemanha.

Qualquer um podia ser um atacadista, mas Fugger tinha vantagem, por possuir algo que os portugueses precisavam para continuar nos negócios: metal. Os portugueses aprenderam uma lição sobre a importância dos metais quando Vasco da Gama foi para a Índia em 1498 e tentou instigar os samorins a trocar pimenta por mel europeu e chapéus. Os comerciantes árabes riram quando viram os produtos, e o samorim se enfureceu com o que entendeu como um insulto. Um amigável comerciante tunisiano avisou a Vasco da Gama para trazer ouro da próxima vez, senão... "Se o capitão descer do navio, sua cabeça será cortada", ele disse. "É assim que o rei lida com quem chega ao seu país sem ouro". Almeida enfrentou o mesmo problema. Ninguém queria mel e chapéus. Os portugueses entenderam que precisariam de mais do que armas se quisessem a pimenta. A prata e o cobre de Fugger não eram ouro, mas a Índia também queria esses metais. Portugal se tornou o melhor cliente de metais de Fugger. Ele mandava carruagens lotadas de minério de prata e de cobre da Hungria para Antuérpia, de onde iam de navio para Lisboa. Portugal pagava com pimenta, tornando Fugger um dos maiores atacadistas de pimenta da Europa. Detratores chamavam Fugger de aproveitador, monopolista e judeu, entre outras coisas. As viagens das especiarias o renderam outro apelido: Saco de Pimenta. Seus negócios com a pimenta eram mais visíveis do que suas atividades de mineração, e muitos presumiam que a pimenta fosse seu negócio principal.

Como temia o cronista Pruili, o sucesso de Portugal devastou Veneza. A cidade passou de exportadora de especiarias para importadora. Em 1512, um diplomata veneziano reclamava com o sultão do Egito por problemas financeiros. Em 1514, Veneza sofreu a humilhação final de se tornar cliente de Portugal. Estava tudo acabado para a república. Em uma última tentativa de se segurar, mudaram sua economia do comércio para a indústria. Fabricantes de vidro, sabão, seda e lã ultrapassaram o estaleiro da cidade e se tornaram as maiores manufaturas. Mas a antiga faísca e o ritmo forte de trabalho desapareceram, e Veneza começou seu declínio. Acompanhando os tempos, Fugger moveu o centro de suas atividades estrangeiras para Antuérpia. Enquanto isso, Portugal dominou o negócio das especiarias até o século seguinte, quando os holandeses os derrubaram.

♦

Um dos truques de Fugger era manter funcionários públicos em sua folha de pagamento, incluindo vários que trabalhavam para Maximiliano. O engraçado é que Maximiliano não só sabia que Fugger pagava seus homens, mas também tolerava a situação, pois lhe permitia economizar dinheiro. Ele não precisava pagá-los sozinho. Lucas Rem, o agente de Welser em Lisboa, achou a ingenuidade financeira de Maximiliano inacreditável. Maximiliano não percebeu que eles talvez não tivessem seus melhores interesses em mente. Em seu diário, Rem elogiou Maximiliano como piedoso e honrado, mas criticou-o pela estupidez financeira. "Ele tem conselheiros parasitas que o controlam completamente", escreveu. "Eles são quase todos ricos, mas o imperador é pobre." Maquiavel, então funcionário da prefeitura em Florença, tinha uma visão semelhante. Ele chamou Maximiliano de "grande general" que foi paciente e gentil com seus súditos, mas um desastre com dinheiro. "Sua natureza ingênua faz com que ele seja enganado", disse ele. "Um amigo do imperador me disse que qualquer um poderia traí-lo sem que ele soubesse."

Os benefícios dos subornos tornaram-se evidentes depois que um conflito causou a Guerra da Sucessão de Landshut. Em setembro de 1504, Maximiliano vestiu uma armadura para combater não os franceses, os italianos ou os suíços, mas um de seus chefes: Philip de Wittelsbach, o eleitor do Palatinado. Philip declarara guerra contra a filial de Munique de sua própria família, por causa de um território da Baviera. Os outros eleitores pediram a Maximiliano para mediar o conflito, o que ele entendeu como um chamado às armas. A luta deixou apreensiva a comunidade financeira de Augsburgo, pois seus clientes lutavam até a morte a poucos quilômetros de distância. No que teria sido um momento particularmente assustador para Fugger, se tivesse conhecimento, um mercenário boêmio arrastou Maximiliano de seu cavalo e aproximou-se dele com uma lança. Depois de ser salvo por um companheiro, Maximiliano venceu a batalha e, nas negociações de paz, lutou muito e ganhou Kufstein, as cidades têxteis de Kirchberg e Weissenhorn e a mina de prata de Rattenberg.

Rattenberg excitou os banqueiros. Maximiliano já havia prometido cada pedaço de sua produção de prata. Agora, com Rattenberg, ele tinha algo novo a oferecer. Fugger queria isso, assim como todos os outros credores da Alemanha, mas Fugger enfrentou muitas dificuldades porque Maximiliano estava zangado com ele. Ficou claro para ele que Fugger lhe vendeu cobre – cobre de suas próprias minas – a preços altos. "Do nosso tesouro para o nosso arsenal em Innsbruck são talvez trinta passos", escreveu ele. "E o cobre nestes trinta passos altera seu valor? Ainda temos que pagar pelo cobre como um estranho, como se o cobre não pertencesse a nós, o que não é razoável".

Se Sigmund Gossembrot, ex-assessor financeiro de Maximiliano, ainda estavesse vivo, ele ou um dos concorrentes de Fugger poderia ter ganhado Rattenberg. Mas o substituto de Gossembrot, Paul von Liechtenstein, viu as coisas de maneira diferente. Liechtenstein era uma figura curiosa. Mais tarde, a família Liechtenstein serviu os Habsburgo tão habilmente que os Habsburgo lhes deram uma faixa montanhosa entre a Áustria e a Suíça, que é agora o país de Liechtenstein. Mas Paul von Liechtenstein colocou sua lealdade a Fugger em primeiro lugar porque Fugger o tinha na folha de pagamento. Fugger pagava a Liechtenstein a bela quantia de 2.000 florins por ano. Liechtenstein sabia bem que não deveria traí-lo. Fugger ofereceu a Maximiliano 60.000 florins por três anos de produção de Rattenberg. Isso soou bem para Liechtenstein. Maximiliano aceitou.

♦

Em um dia de julho de 1509, Fugger se sentou em uma carruagem puxada por vinte e cinco cavalos a caminho da aldeia suábia de Schmiechen. Enquanto balançava pela estrada de terra, avistou um fazendeiro e ordenou que a carruagem parasse. Deu ao fazendeiro uma moeda. Sua generosidade continuou assim que chegou à cidade. Ele deu dinheiro aos camponeses e suas esposas. Deu dinheiro para servos e empregadas domésticas. O rapaz do estábulo ganhou dois kreuzers – o dobro do que o fazendeiro recebeu. O oficial de justiça conseguiu quinze kreuzers. Fugger registrou as somas em seus livros contábeis.

Um senso de responsabilidade feudal explicava a generosidade de Fugger. Augsburgo tinha há muito tempo comprado sua saída dos compromissos feudais e agora não se reportava a ninguém além do imperador. Mas Schmiechen ainda operava sob o antigo contrato feudal. Os moradores não eram livres como os cidadãos de Augsburgo. Eles eram servos que se ligavam a um mestre. Pagavam o tributo ao senhor e o senhor fazia o papel de um chefe tribal. Ele os protegia de ataques. "Tu que és o nosso duque", dizia um ditado holandês. "Lute nossas batalhas por nós."

O senhor feudal durante a visita de Fugger foi o próprio Fugger. Ele se tornou o Lorde de Schmiechen. Em Augsburgo, as pessoas o chamavam de Herr Fugger. Mas em Schmiechen, o fazendeiro, o rapaz do estábulo e seus outros servos o chamavam por seu título nobre. Para eles, esse neto de um camponês da aldeia era o Conde Fugger.

Fugger entrou para a nobreza depois de uma série de eventos que começaram mais de uma década antes na distante Espanha. Seus recursos, habilidade e lábia desempenharam parte da história, mas também houve contribuição dos altos e baixos surpreendentes de seus clientes, os Habsburgo. Em 1496, quando Fugger estava ocupado na Hungria, o rei Fernando da Espanha – o mesmo Fernando que com a rainha Isabel mandou Colombo para a América – estava lutando contra os franceses e buscou o apoio de Maximiliano. Para obtê-lo, ele propôs um casamento entre sua filha Joana e o filho de Maximiliano, Filipe. Maximiliano aceitou porque Filipe entraria na linha sucessória para governar a Espanha. Os irmãos mais velhos de Joana tiveram que morrer primeiro para que Filipe se tornasse rei. Mas, por sorte, morreram jovens e, quando a rainha Isabel morreu, alguns anos depois, Filipe tornou-se rei de Castela. Ele também herdaria o reino de Aragão, a outra metade da Espanha, depois que Fernando falecesse. Esta foi uma incrível reviravolta. Uma geração antes, os Habsburgo não tinham nada além de algumas reivindicações territoriais. Até Viena pertencia a estrangeiros. Agora, com Filipe em ascensão na Espanha, os Habsburgo tinham a Áustria, os Países Baixos, Castela e as crescentes colônias de Castela no Novo Mundo. O sonho bobo de AEIOU – Toda a Terra Está Sob a Áustria – de Frederico estava se tornando realidade. Todo o mundo estava sob controle da Áustria montanhosa, sem litoral e irremediavelmente pequena.

Mas assim como os Habsburgo e Fugger pareciam prontos para coisas maiores, o céu escureceu para eles quando a febre tifóide levou Filipe e colocou em perigo o sonho dos Habsburgo. Ele tinha vinte e oito anos quando morreu e foi rei por apenas três meses. Felizmente para os Habsburgo, Joana ainda era a rainha e seus filhos – filhos de Habsburgo – estavam na fila para assumir o poder. Mas Fernando, o pai dela, não ia deixar os Habsburgo tomarem a Espanha tão facilmente. Ele era o último de sua linhagem, cinquenta e dois anos de idade e impotente. Mas era um homem possuído. Casou-se novamente e tomou uma poção de virilidade com a ideia de criar um novo conjunto de herdeiros e retomar a Espanha para sua família. Se tudo corresse bem, sua família, os Trastâmara, herdariam a Espanha, não os Habsburgo.

A possibilidade de perder a Espanha deixou Maximiliano em pânico e ofereceu outra oportunidade para Fugger.

De volta à Espanha, Joana tentou reforçar a legitimidade dos Habsburgo, fazendo uma excursão macabra pela Castela com o cadáver do marido. Ela visava aumentar a conscientização e, ao fazê-lo, solidificar as reivindicações de seus filhos, com idades entre três e seis anos, para o trono de Filipe. Mas a turnê não fez nada além de confirmar suspeitas de sua insanidade, ganhar o apelido de *Juana Loca* e dar a Fernando uma desculpa para prendê-la. Maximiliano respondeu redobrando os esforços para chegar a Roma e obter a coroa imperial. Ele acreditava mais do que nunca que precisaria do poder da coroa.

Liechtenstein delineou a situação ao imperador. Para chegar a Roma, ele precisaria passar pelas forças francesas em Milão e depois lutar contra os venezianos, que suspeitavam com razão que Maximiliano queria exercer antigas reivindicações em seu interior. A matemática era assustadora. Liechtenstein calculou que Maximiliano precisava de 30 mil soldados. Mesmo se os eleitores oferecessem algumas tropas, ele ainda precisaria de mercenários a um custo de 120 mil florins. Liechtenstein lhe disse para esquecer uma coroação. Ele não podia pagar. Maximiliano não se intimidou e ordenou que Liechtenstein conseguisse o dinheiro. "Dê um jeito com Fugger", disse ele.

Liechtenstein conheceu Fugger em Innsbruck e se ofereceu para vender as duas promissoras cidades têxteis de Kirchberg e Weissenhorn, que o imperador havia arrebatado na Guerra de Landshut. Liechtenstein ofereceu inclusive a zona rural circundante, incluindo todos os castelos da região, para facilitar o negócio. A venda deu a Fugger uma receita fiscal; ele poderia coletar tudo o que pudesse dos cidadãos. Também lhe ofereceu a chance de se juntar à aristocracia rural e colocar sua família em uma órbita social mais alta.

Qualquer um com os meios poderia comprar uma cidade. Mas havia uma pegadinha: o comprador tinha que ser de nascimento nobre. Fugger era, obviamente, um plebeu. Apesar de sua riqueza, de seu brasão de armas e de sua esposa nascida no velho dinheiro, ele não era nada além de um camponês glorificado no sistema de castas. Ele e Maximiliano tinham uma maneira de contornar isso. Assim como o velho Frederico podia transformar Carlos, o Audaz, em rei, com um giro de seu orbe e uma onda de seu cetro, Maximiliano poderia transformar Fugger em conde. Barreiras políticas estavam no caminho porque os nobres menores – os cavaleiros – não iriam querer ver alguém os ultrapassando. Eles teriam que ser convencidos. Mas Liechtenstein prometeu dar um jeito. Fugger considerou a oferta. Kirchberg e Weissenhorn estavam perto o bastante de Augsburgo para Fugger ficar de olho. Mas as receitas fiscais eram pequenas. Fugger poderia ganhar mais em outros investimentos.

Enquanto Liechtenstein deu um jeito com Fugger, Maximiliano deu um jeito com os eleitores. Mais uma vez, este herdeiro de Carlos Magno, que chamava a si próprio de César, foi a uma dieta imperial para implorar por dinheiro. Constance, uma cidade à beira de um lago perto da fronteira suíça, recebeu a dieta. Maximiliano argumentou que precisava da coroa para legitimar seu governo. Os eleitores lhe forneceram nove mil soldados a pé e três mil homens a cavalo. Isso era útil, mas apenas uma fração do necessário. O imperador precisaria de mais ajuda para abrir caminho para a Cidade Eterna.

Querini, o embaixador veneziano na dieta, escreveu para o doge e disse-lhe para relaxar. Não havia necessidade de se preparar para uma invasão imperial porque a dieta não dera quase nada a Maximiliano. Mas Querini havia falado cedo demais. A situação mudou quando Fugger concordou com a oferta do imperador e comprou Kirchberg e Weissenhorn por 50 mil florins. Fugger fez um espetáculo. Em vez de despachar dinheiro para o campo de batalha para pagar os mercenários, Fugger enviou carroças cheias de moedas de ouro e protegidas por um pequeno exército para a dieta de Constance. Estacionou as carruagens na praça pública para criar a ideia de que o imperador tinha recursos intermináveis. Era uma ilusão, mas poderia assustar Veneza a deixar o imperador passar livremente.

A encenação causou euforia. Querini alertou o doge e correu o boato de que Maximiliano tinha um banqueiro capaz de produzir somas absurdas em um instante. Maquiavel estava viajando pela Suíça na época e encontrou dois empresários genoveses. Disseram-lhe que Maximiliano visitou Fugger em Augsburgo e partiu com cem mil florins. A história não foi muito precisa, mas estava perto.

Maximiliano assinou documentos proclamando Fugger como senhor de várias cidades e milhares de pessoas. No dia de Ano Novo, em 1508, o povo de Weissenhorn, a maior das cidades, reuniu-se sob o céu de inverno para prometer lealdade a um novo mestre. Os detalhes foram perdidos, mas os registros de uma cerimônia na cidade austríaca de Karnberg, não muito longe da fábrica da Fugger em Arnoldstein, dão uma ideia de como foram tais eventos. Lá, um camponês sentou-se em uma pedra redonda esculpida com o brasão do território. O novo senhor feudal, vestido como um camponês, aproximou-se da pedra. Depois de ser apresentado, o verdadeiro camponês voltou-se para a multidão de espectadores, apontou para o senhor e perguntou: "Ele é um juiz justo? Ele promoverá o bem-estar de nossa terra e sua liberdade? Ele é um protetor da fé cristã e suas viúvas e órfãos?" O povo gritou: "Ele é e sempre será". O camponês deu ao senhor um simbólico puxão de orelhas e prometeu sua lealdade. Nós não sabemos se Fugger participou de uma cerimônia como essa, mas sabemos que os cidadãos de Weissenhorn deram a Fugger as chaves da cidade – chaves que realmente abriram os portões da cidade – e leram um juramento: "Eu louvo e juro que darei a Fugger minha obediência, lealdade e apoio". O povo de Schmiechen, que Fugger adicionou à sua coleção um ano depois, fez o mesmo.

♦

Pouco depois de comprar Weissenhorn, Fugger escreveu uma carta que oferecia uma defesa do capitalismo e revelava sua visão de mundo como nunca antes. Para os ouvidos modernos, seus argumentos parecem tão sem imaginação quanto os de uma palestra da Câmara do Comércio. Mas o capitalismo ainda estava achando o seu caminho e, embora os comerciantes estivessem por aí há séculos, os grandes negócios eram novos. Os argumentos de Fugger provocaram seus ouvintes porque eles os ouviram pela primeira vez.

Fugger argumentou em uma reclamação para Maximiliano sobre seu mais recente esquema de angariar fundos. O imperador estava preocupado com a possibilidade de as contribuições financeiras de Fugger serem insuficientes para levá-lo a Roma, então tentou levantar mais recursos com uma ferramenta financeira criada em Veneza. Desde 1171, Veneza vendia certificados financeiros negociáveis que ofereciam uma taxa fixa de juros. Este foi o início do mercado de títulos, agora no valor de 80 trilhões de dólares. Essa parte da história é bem conhecida. A parte esquecida é que os investidores compravam os títulos com uma espada no pescoço. Banqueiros e comerciantes venezianos tinham riquezas que o governo queria para financiar suas conquistas. Em vez de aumentar os impostos, ordenava que os investidores comprassem os títulos.

Maximiliano redigiu documentos para que Fugger e os outros banqueiros de Augsburgo, Nuremberg e outras cidades imperiais comprassem seus títulos. Para os banqueiros, já era ruim que Maximiliano quisesse forçar isso a eles. Pior ainda era o fato de os títulos não terem garantia, apenas a promessa de pagamento. Onde ele conseguiria o dinheiro para pagar, ninguém sabia. Maximiliano justificou o movimento com um argumento de justiça que soa familiar aos ouvidos modernos. Fugger e os outros podem pensar que fizeram seus negócios com suas próprias pernas, mas a verdade era que eles se beneficiavam de serem cidadãos de uma cidade imperial. O império forneceu segurança. A proteção imperial permitia que os mercadores levassem vidas de paz e administrassem seus negócios sem a distração dos invasores.

Fugger ficou furioso. "Sua majestade quer tirar do meu bolso", Fugger bufou. Para ele, isso cheirava a imposto. Ele já pagara impostos sobre propriedade. Ele e outros donos de propriedades de Augsburgo tinham que pagar 1% sobre o valor de seus imóveis todos os anos. Não era suficiente?

Em sua carta, Fugger começou com o que disse ser óbvio: empresas como a dele beneficiaram todos os níveis da sociedade, produzindo empregos e riqueza para todos. Os negócios só poderiam fazer sua mágica se o governo os deixasse em paz. Se os políticos lançassem barreiras e matassem o lucro, os negócios não teriam chance. Comerciantes e banqueiros eram bons cidadãos, argumentou ele. Eles tratavam uns aos outros e aos seus clientes de forma justa. Claro, o interesse próprio os impulsionou. Mas sabiam que não podiam enganar os clientes. Reputação era tudo e a necessidade de credibilidade controlava o desejo de mentir e roubar. Insinuando a tentação dos paraísos fiscais (a fronteira suíça ficava a apenas cem quilômetros de distância), ele declarou que outros países mostravam mais respeito aos empresários. Em seguida, criticou aqueles que condenavam o comércio e a iniciativa privada. Eles falhavam em entender que "é para o bem comum que empresas honradas, corajosas e honestas estão no império. Pois não é desonroso, mas é uma joia maravilhosa que tais empresas estão no império." Terminou a carta com uma vaga ameaça: "Pessoas razoáveis sabem disso e seria sensato considerar".

Quem sabe o que ele quis dizer com a última frase? Mas talvez o fato de poder significar qualquer coisa fosse o ponto. Fugger queria que a imaginação do imperador preenchesse os espaços em branco. Talvez Fugger negasse empréstimos futuros a Maximiliano. Talvez Fugger se mudasse para a Suíça. Talvez Fugger financiasse os inimigos do imperador. A última frase também é digna de nota devido ao insulto implícito. Sugeriu que o imperador fosse algo diferente de razoável. A implicação teria chocado seus contemporâneos por sua ousadia.

Maximiliano venceu o dia; os banqueiros deram-lhe um empréstimo. Mas deram menos do que ele queria, e a parte de Fugger era mínima. A persuasão de Fugger valeu a pena em outro aspecto. Maximiliano prometeu nunca mais usar a força para obter um empréstimo.

♦

Pessoas de negócios inteligentes são politicamente neutras. Sabendo que a oposição leal de hoje pode ser a liderança de amanhã, eles jogam dos dois lados da cerca e fazem amizade com todos. A cerca para Fugger em 1508 era a fronteira ítalo-austríaca. O desejo de Maximiliano de chegar a Roma colocou Fugger em um beco sem saída. Veneza e o Vaticano eram dois de seus melhores clientes, e nenhum dos dois queria Maximiliano e um exército de mercenários sedentos por espólios invadindo a Itália. Veneza temia por suas terras continentais. O Vaticano, cujas inclinações seculares estavam mais evidentes do que nunca, temia perder seu próprio território. Fugger provavelmente estaria correndo o risco de irritar Veneza. Desde que Portugal ganhara a guerra das especiarias, a participação de Veneza no comércio de pimenta encolheu a quase zero. Fugger perdeu tanto respeito por Veneza que abriu um escritório em Gênova, a arquirrival da república. E Veneza ainda iria querer trocar o cobre de Fugger mesmo que Fugger fizesse negócios com um inimigo.

Fugger teve que ser mais cuidadoso com o Vaticano. Com o passar dos anos, passou a dominar o negócio de transferir doações de pratos de coleta da Alemanha para Roma. Roma vivia destas transferências. Os banqueiros italianos tinham o negócio antes de Fugger. Mas ele poderia movimentar dinheiro com mais segurança e eficiência do que os outros, devido ao tamanho de sua rede de filiais. Tinha tantos escritórios e administrava tanto dinheiro que poderia criar um circuito fechado, onde poderia debitar uma conta em uma agência e creditar uma conta em outra. Moedas reais nunca mudavam de mãos. Isso o tornou diferente de outros banqueiros e o atraiu para o Vaticano porque o papa poderia obter seu dinheiro sem o risco de ladrões de estradas se apoderarem dele no caminho. Como uma empresa de cartões de crédito que ganha a cada transação, Fugger recolhia 3% em cada transferência.

Fugger era mais do que apenas o agente de transferência do Vaticano na Alemanha. Ele era agora "banqueiro de Deus", o principal financiador de Roma. Ele expandiu o negócio de transferência para a Europa Oriental, a Suécia e partes da França. Assumiu a responsabilidade de pagar aos mercenários suíços para proteger o papa, começando a tradição dos guardas papais suíços. Contribuiu com quatro mil ducados (5.600 florins) para a campanha papal de Júlio II e molhou as mãos dos cardeais para que ele fosse eleito. No dia em que Júlio tomou a tiara, o desfile de coroação passou em frente à sede de Fugger no Vaticano. Os gerentes do banco penduravam faixas com os lírios azuis e brancos de seu empregador. Eles queriam que Júlio se lembrasse do alcance de Fugger. Júlio mostrou sua gratidão concedendo a Fugger o contrato para cunhar a moeda papal, a *zecca*. A cunhagem de moedas tinha sido o domínio exclusivo dos florentinos. Júlio quebrou um contrato de cinco anos com o responsável da época e concedeu um contrato de quinze anos para Fugger. Fugger serviu sete papas e cunhou moedas para quatro deles, marcando-as com um F ou com o símbolo de um tridente.

Fugger não precisava ser lembrado de não ajudar Maximiliano a marchar até Roma. Mas o Vaticano o lembrou de qualquer maneira. Júlio enviou Bernardino Caravajal, seu agente principal na Alemanha, a Augsburgo para avisá-lo a tomar cuidado. A visita de Caravajal criou todos os tipos de problemas para Fugger. Augsburgo era agora a capital financeira da Europa. Além de Fugger, os Welser, Hochstetter e outros operavam em altos níveis. Eles poderiam ir atrás da atenção do cardeal enquanto estivesse na cidade para roubar para si os negócios de Fugger no Vaticano. Determinado a provar que era o mais rico de todos e o mais valioso para Roma, Fugger organizou uma festa na primeira noite do cardeal, com uma refeição de doze pratos seguida de música e dança. Os ricos e poderosos de Augsburgo vieram, assim como as moças mais bonitas da cidade.

Caravajal se divertiu, mas lembrou de sua missão. Disse a Fugger que Júlio queria que Maximiliano ficasse em casa e que Fugger não deveria financiá-lo, senão... Fugger sabia que seu melhor caminho era permanecer neutro e esperar a poeira baixar. Mas isso se tornou impossível depois que a dieta novamente se recusou a apoiar Maximiliano. Para manter Maximiliano feliz, Fugger teve que lhe dar alguma coisa. Ele deu apenas o suficiente para um começo, mas não mais.

Maximiliano cruzou os Alpes com 10 mil homens – apenas um terço do que Liechtenstein disse que precisava. Chegou a Trento, ao norte de Verona, quando ficou sem dinheiro. Maximiliano se recusou a ceder. Declarou que iria avançar com um contingente menor, mesmo que isso significasse ser morto. Melhor morrer do que abandonar a coroa imperial. A atitude do imperador exasperava seus conselheiros. "O muro de dificuldades que se opõe a nós é tão duro quanto a cabeça do imperador", escreveu um conselheiro, "e ainda assim ele vai correr contra ele sem elmo". Sua equipe criou um plano para manter o imperador respirando e suas vidas intactas. Que tal uma cerimônia de coroação imediatamente, no local, sem o papa? Maximiliano poderia chamar seu amigo Matthaus Lang, o bispo de Salzburgo, para oficiar. Havia dinheiro suficiente para fazer uma procissão pela rua principal e arranjar um substituto para a coroa real. Lang poderia, com solenidade total, colocá-lo na cabeça de Maximiliano e o papa poderia sancionar a coroação de longe. O esquema foi sem precedentes. Os papas sempre coroaram o imperador. Mas os assessores sabiam que Veneza lutaria se Maximiliano entrasse em seu território. Seu chefe poderia acabar como o sogro, Carlos, o Audaz, que pouco depois de perder suas joias perdeu a vida na batalha e quase não foi reconhecido depois que cães atacaram seus restos mortais.

A razão venceu o dia. Lang coroou Maximiliano na Catedral de Trento. Celebrantes realizaram um desfile. Fogos de artifício iluminaram o céu. A casa da moeda imperial em Hall – aquela administrada anteriormente pelo avô de Fugger, Franz – estampava moedas com a imagem de Maximiliano e a palavra "César". Eles colocavam as moedas em circulação para proclamar sua grandeza ao mundo.

Maximiliano deve ter ficado feliz, mas uma coisa o incomodava: como ele poderia ser grandioso se aceitara uma coroação entre as pequenas casas de enxaimel de Trento, em vez dos templos de Roma? Como ele poderia ser César se um amigo vestido com a púrpura dos bispos, em vez do branco papal, lhe entregara a coroa? Maximiliano imediatamente se arrependeu de sua cerimônia e declarou que era uma farsa. Se isso teve algum efeito, foi fazê-lo parecer fraco. Assim que Lang lhe deu uma coroa, Maximiliano levou suas tropas para o sul e para a batalha. Ele estava mais determinado do que nunca a ver o papa. Fugger, que deve ter sido abalado pela insistência de Maximiliano, arriscou a ira do imperador e nada contribuiu para o empreendimento.

Veneza encontrou Maximiliano e seus soldados na fronteira. Como seu tio Sigismundo em sua primeira batalha com Veneza, Maximiliano surpreendeu a todos ao vencer. Ele exigiu dinheiro de Fugger para continuar. Isso colocou Fugger de volta no mesmo lugar de antes da falsa coroação. Mais uma vez, ele teve que escolher entre seus clientes. Mais uma vez deu ao imperador apenas o suficiente para fazer sua parte, mas não tanto para alienar o doge e, mais importante, o papa Júlio. Sua contribuição de 4.000 florins foi muito pequena para fazer a diferença e, à medida que as forças venezianas cresceram em número, a sorte de Maximiliano acabou. Os venezianos mataram seu melhor comandante, forçando-o a recuar. Eles o seguiram até a Áustria. A coisa se tornou pessoal para Fugger quando Veneza atacou Fuggerau porque o complexo fornecia armas ao imperador. O Fuggerau tinha forças para resistir a ladrões, saqueadores turcos e talvez até ao exército veneziano. Mas Fugger não via valor em trocar tiros com a república. O Fuggerau se rendeu. Enquanto Fugger considerou como obter sua fundição de volta, Liechtenstein pediu mais dinheiro. "Deus deve ajudar", ele escreveu a Fugger. "Eu não sei de nenhum outro jeito."

 Deus não conseguiu intervir, mas Fugger conseguiu. Para salvar Maximiliano, Fugger fez o seu quarto e maior empréstimo da guerra veneziana. Ele anexou duas condições a seus 20.000 florins. A primeira: sob nenhuma circunstância Maximiliano poderia recorrer aos Welser ou a qualquer outro rival de Fugger por mais dinheiro; ele teve que dar exclusividade. A segunda: Maximiliano teve que assinar imediatamente um tratado de paz. Todo esse derramamento de sangue, tiros de canhões e marchas de um lado para o outro dos Alpes era ruim para os negócios. Se Maximiliano quisesse mais dinheiro, ele teria que ficar de bem com Veneza e parar de assustar o papa. Desta vez, Fugger deu a Maximiliano o suficiente para forçar os venezianos a voltar para a Itália. A paz voltou, os combatentes assinaram um tratado e Fugger recuperou o Fuggerau.

4
CORRIDA AOS BANCOS

Se Fugger quisesse relaxar, ele sempre poderia encontrar um lugar no Salão de Bebidas dos Cavalheiros, a taverna só para membros da elite de Augsburgo. O alemão médio no tempo de Fugger bebia oito copos de cerveja por dia. Fabricada sob leis de pureza ainda em vigor, a cerveja era pesada para o fígado, mas mais segura do que a água dos riachos cheios de esgoto. Dentro da taverna, os homens sentavam-se em longas mesas e trocavam histórias sobre criadas, aventuras na feira de Frankfurt e, se fossem ricos o suficiente, seus jardins zoológicos particulares e saleiros de ouro.

Outros podem ter sido melhores contadores de histórias do que Fugger, mas é difícil imaginar que alguém tivesse material melhor. Só Fugger poderia descrever o imperador como amigo ou reclamar do fardo de mais um jantar com o legado papal. Os homens no salão mais queriam saber dos segredos de seu sucesso. Mas seus segredos não eram tão misteriosos, apenas difíceis de reproduzir.

Fugger tinha um talento notável para investir. Ele sabia melhor do que ninguém como avaliar uma oportunidade e onde investir seu dinheiro para o melhor retorno com o menor risco. Ele sabia como administrar um negócio e fazê-lo crescer e como tirar o máximo proveito de seu pessoal. Sabia como explorar fraquezas e negociar termos favoráveis. Mas talvez seu maior talento fosse a capacidade de pedir emprestado o dinheiro que precisava para investir. Com o que deve ter sido uma lábia invejável, ele convenceu cardeais, bispos, duques e condes a emprestar-lhe rios de dinheiro. Sem o apoio deles, Fugger teria sido rico, mas não mais rico que os outros no clube. A arrecadação de fundos – e com isso a coragem de arriscar ir parar na prisão dos devedores se não puder pagar – explica por que ele entrou para a história com o nome de Jacob, o Rico. A alavancagem financeira o catapultou para o topo.

Ele pegou emprestado da maneira mais mundana que se possa imaginar: ofereceu contas de poupança. Hoje em dia, há bancos em qualquer esquina, que abrem contas alegremente para qualquer um que entra. Mas as contas de poupança eram novas no tempo de Fugger. Antes dessa inovação, os banqueiros financiavam empréstimos e outros investimentos com o próprio dinheiro e recebiam sócios se precisassem de mais dinheiro. Isso diluía o patrimônio, mas eles não tinham outra escolha. A maneira fácil de levantar dinheiro – empréstimos – estava fora de cogitação por causa da proibição por parte da igreja sobre a cobrança de juros. A igreja considerava qualquer coisa que envolvesse juros – até mesmo juros sobre meras contas poupança – como usurária.

Os venezianos viviam pelo lema "primeiro venezianos, depois cristãos". Preferiam ganhar dinheiro a agradar a Deus. Eles ignoraram a proibição e inventaram os depósitos bancários. Os investidores venezianos podiam deixar seu dinheiro com um banco, voltar um ano depois e recuperar mais do que depositaram. Os depósitos davam aos bancos uma nova maneira de crescer e davam aos clientes uma maneira fácil de colocar seu dinheiro para trabalhar. Todos estavam felizes, exceto a Igreja. O resto da Itália reconheceu o brilho das contas de poupança e ofereceu as suas próprias. Os germânicos respeitavam mais a lei canônica do que os italianos, e observavam a proibição da usura com mais fidelidade, mas também acabaram cedendo.

Ambrose Hochstetter, banqueiro de Augsburgo e contemporâneo de Fugger, tomou a rota do varejo para angariar depósitos. Ele aceitou dinheiro de trabalhadores rurais, empregadas domésticas e qualquer outra pessoa com algo de sobra. Foi preciso trabalho para alcançar todas essas pessoas, mas ele conseguiu levantar um milhão de florins. Fugger seguiu um caminho mais rápido, mas mais arriscado, de receber dinheiro de grandes depositantes. Se um camponês fizesse uma retirada do Banco de Hochstetter, o próprio Hochstetter não notaria. Se um duque deixasse o Banco de Fugger, Fugger poderia ser arruinado, a menos que tivesse dinheiro pronto para cobrir a retirada. Os dois homens teriam achado curioso o nosso sistema bancário moderno. Eles perceberiam que um banqueiro poderia falir e ainda manter sua casa, além de sua liberdade. Eles ficariam confusos sobre o seguro de depósito, embora provavelmente gostassem da ideia de alguém pagar a conta de comportamento imprudente. Eles ficariam ainda mais curiosos sobre o nosso sistema monetário, onde nada além de fé no governo, ao invés de ouro e prata, garante o valor do dinheiro. Fugger e Hochstetter já tinham dificuldade para acreditar que suas moedas não eram adulteradas. Mas a moeda apoiada por nada além de uma promessa? Eles talvez dissessem que a fé era para a Igreja, não para o dinheiro. Para eles, o setor bancário era como qualquer outro negócio. Um banqueiro colocou seu próprio dinheiro na linha e os depositantes colocaram os seus. Ambos os lados aceitaram a possibilidade de perda catastrófica. Fugger prometeu pagar a seus investidores 5% de juros por ano. O retorno era convincente, certamente mais atraente do que comprar terras ou chapas de prata para guardar em um armário. Fugger mirava um retorno de 20% para si mesmo. Sua fortuna veio do *spread* de 15 pontos percentuais entre o que ele ganhava em investimentos e o que ele pagava para seus credores.

As contas de poupança financiaram o maior empréstimo que Fugger já havia feito para Maximiliano. Depois da farsa da coroação do Trento e do tratado de paz com Veneza, arranjado por Fugger, Maximiliano aproveitou uma briga entre Veneza e Roma (Veneza reivindicou um território papal, Júlio excomungou Veneza) para renunciar ao tratado. Queria tentar novamente chegar até Roma. Em seu desespero, ele considerou o impensável: uma aliança com a França.

Antes que a busca por uma coroação papal o consumisse, a França tinha sido a obsessão de Maximiliano. Sua falecida esposa, Maria da Borgonha, morreu em um acidente de equitação em 1482. Ela foi a única mulher que ele amou e seu romance foi um dos maiores e mais trágicos da história. Ele escreveu cartas tocantes descrevendo sua beleza. Ele deixava ela ter falcões caçadores em seu quarto, e deixava os pássaros irem com eles para a igreja. Antes de se casarem, ele cortejou-a com um anel de diamante, uma oferta agora descrita no site da De Beers como o primeiro anel de noivado do mundo. Depois que ela morreu, ele contratou um mago para invocá-la de volta e, depois que a França conquistou a Borgonha, ele foi para a guerra e tentou reconquistar o território em sua memória. Mas agora ele queria a coroa imperial mais do que a Borgonha e, para obtê-la, precisava passar por Veneza. O único jeito de ter sucesso era se a França e seu grande exército se juntassem a ele. Contra o conselho de sua filha mais prudente, Margaret, que advertiu sobre a traição francesa, ele fez um acordo com seus inimigos de longa data. Eles concordaram em partilhar o interior veneziano. A França ficaria com Brescia e Cremona enquanto Maximiliano ficaria com Verona, Pádua e o que ele mais queria: acesso livre a Roma. O papa e o rei Fernando de Aragão, ansiosos por tomar território veneziano no sul da Itália, juntaram-se a eles.

Fugger gostou do plano porque a vitória parecia garantida. Como poderia uma grande aliança como essa perder? Ele contribuiu com seu maior empréstimo até então; concordou em dar ao imperador 300 mil florins, uma quantia grande o suficiente para pagar 25 mil trabalhadores comuns por um ano. Em troca, Fugger recebeu vários anos a mais de produção de metal tirolês. Todos os negócios de Fugger eram arriscados, mas esse o deixava com a corda no pescoço, pois o deixaria com pouquíssimo dinheiro. A falta de liquidez era perigosa, especialmente para um banqueiro. Se um grande depositante pedisse a retirada de seu dinheiro, Fugger poderia ter que vender seus feudos, as joias da Borgonha e até sua casa para satisfazer a demanda. Se as coisas ficassem realmente feias, ele poderia acabar como seu falecido primo Lucas e ter que fugir para a aldeia de seu avô. Teria que morar em uma cabana, desgraçado e vivendo à base de mingau. Mas Fugger não se abalou com a possibilidade de ruína. Ele tinha uma guerra para financiar.

Através de seus escritórios na Antuérpia e em Lyon, Fugger lidou com as transferências de dinheiro da França com tal rapidez que melhorou sua reputação como milagreiro financeiro. Tudo estava no lugar para repartir Veneza. A república percebeu que não poderia lutar contra quatro oponentes de uma só vez e imediatamente entregou território ao papa e a Fernando, para se concentrar em Maximiliano e nos franceses. Os franceses derrotaram os venezianos perto de Milão e tomaram a cidade. Maximiliano também ganhou todos os territórios que alvejou. Veneza apenas se salvou invocando a versão do século XVI da opção nuclear: ameaçaram deixar os turcos invadirem a Itália para que eles entrassem na briga. Ninguém queria isso. Quando a paz voltou, os franceses, como Margaret previu, perderam o interesse por Maximiliano e não fizeram nada para ajudá-lo a chegar a Roma. Sem o apoio francês, ele perdeu Pádua e todas as outras conquistas para os venezianos, exceto Verona. Suas dívidas com Fugger permaneceram.

◆

Assim que a guerra com Veneza acabou, Fugger recebeu notícias alarmantes: o cardeal Melchior von Meckau havia morrido. A notícia não poderia ter sido pior. Meckau foi o maior depositante de Fugger. Ele dera a Fugger 200 mil florins e, com os juros, Fugger agora devia ao patrimônio de Meckau 300 mil florins. O problema era que a maior parte de seu dinheiro estava nas mãos dos mercenários de Maximiliano. Ele tinha o suficiente para se segurar, mas não por muito tempo.

Meckau, um oportunista suspeito, veio de uma família nobre na cidade saxônica de Meissen. Depois de completar seus estudos em Leipzig e Bolonha, se tornou padre e pagou a taxa necessária para se tornar bispo de Brixen no que hoje é a parte italiana de Tirol. Ele brilhou no mundo secular. Maximiliano estava ocupado demais para ele mesmo administrar Tirol, então atribuiu o trabalho a Meckau.

Como Schwaz, Brixen tinha minas de prata. Sua produção empalideceu ao lado de Schwaz, mas ainda tinham muito minério. Os depósitos pertenciam à diocese. Eles também poderiam ter pertencido a Meckau pessoalmente. Como bispo, poderia vender o minério e, se escolhesse enganar paroquianos, depositar o dinheiro em suas contas pessoais. E foi exatamente isso que fez, mantendo duas contas pessoais, uma em Veneza e outra em Nuremberg. Ele mudou suas contas para Fugger depois que o conheceu e descobriu quanto de juros ele pagava e como movimentava dinheiro com eficiência.

Meckau e Fugger ajudaram-se mutuamente. Pouco antes da morte do papa Alexandre VI – dois papas antes de Júlio II – em 1503, Alexandre promoveu vários bispos a cardeais. Meckau era o único alemão. Sua promoção veio depois de o agente de Fugger em Roma, Johannes Zink, de quem ouviremos mais em breve, subornar o papa com 20 mil florins. Por sua parte, Meckau ajudou a reputação de Fugger em Roma e atraiu um número de altos funcionários da Igreja a, assim como ele próprio, tonarem-se depositantes. Meckau também o tirou de enrascadas. Durante o incidente, anos antes, em que Maximiliano se enfureceu com Fugger e ameaçou tomar o Fuggerau, Meckau foi fundamental para que o imperador cedesse. Fugger tornou-se dependente de Meckau. Sempre que precisava de dinheiro com pressa, era a Meckau que ele recorria. O relacionamento com Meckau estava entre os fatores que diferenciavam Fugger de seus concorrentes bancários, cujos patrocinadores não eram tão ricos quanto Meckau.

 A morte de Meckau provocou uma caça ao tesouro. Seus assistentes sabiam que as minas geravam pilhas de dinheiro, que desapareceram em um piscar de olhos. O dinheiro tinha que estar em algum lugar. Dois dias depois da morte de Meckau, alguns monges vasculhando seus pertences no palácio de Brixen encontraram um recibo. Lá estava registrado que, com juros, Meckau tinha 300 mil florins em depósito com Fugger. A soma era inimaginável para os monges.

 Eles também encontraram um testamento. Nele, Meckau entregava suas posses ao Hospício de Santa Anima, uma ordem clerical em Roma à qual ele pertencia. O testamento não fazia menção de quantias, mas o recibo era tudo que os monges precisavam. O hospício exigiu que Fugger pagasse os 300 mil florins de uma só vez. Enquanto isso, no Vaticano, o papa Júlio também ouviu falar do tesouro e teve outra ideia: Fugger deveria lhe dar o dinheiro. Como Júlio viu, o testamento não tinha validade sob a lei clerical. Qualquer coisa pertencente a um cardeal pertencia à Igreja, e Júlio, como papa, era a Igreja.

 Fugger tinha poucas opções. Ele poderia tentar levantar o dinheiro para pagar o papa, com seus outros investidores. Mas isso o afundaria ainda mais perigosamente em dívidas. Ele também poderia vender ativos. Mas isso levaria tempo demais. E se ele começasse a vender ativos, os rumores se espalhariam que ele estava com problemas. Seria suicídio. Os rumores causariam pânico em seus outros depositantes e eles também exigiriam o pagamento. Ele estaria acabado. Mesmo que pudesse encontrar uma maneira de pagar Júlio, não poderia pagar todos os seus credores de uma só vez. Fugger estava frente a frente com a possibilidade de uma corrida bancária. A cabana do vovô pode não ser tão ruim, pelo menos em comparação com a prisão dos devedores.

Fugger afirmava que o estresse nunca o incomodava. "Quando vou para a cama", ele disse uma vez, "não enfrento obstáculos para dormir. Eu removo com minha camisa todas as preocupações e batalhas dos negócios." Durante a crise de Meckau, ele manteve a calma. Claro, não disse nada sobre sua situação. Mas se preocupava com os rumores, então mantive as aparências fazendo empréstimos a concorrentes e fazendo sua visita com presentes a Schmiechen. Ele tinha dinheiro para queimar, ou pelo menos era o que queria que todos pensassem.

Mas não poderia ficar parado por tanto tempo. Sem tempo e sem opções, ele se voltou para seu homem em Roma, Johannes Zink, com quem ele sabia que podia contar. Como Fugger, Zink era de Augsburgo. Estava ganhando a vida com trabalho burocrático em um monastério quando Fugger o contratou para executar sua operação em Roma em 1501. Zink trabalhou de forma espetacular, mas a forma como obteve sucesso deixou uma mancha permanente na reputação de Fugger e fez de Fugger um alvo fácil para os reformadores, incluindo Martinho Lutero. Fugger vinha tentando arrebentar o monopólio italiano do banco do Vaticano durante anos, mas só conseguiu depois que Zink chegou. Zink adotou uma abordagem diferente de seus predecessores para conquistar negócios. Ele parou de falar sobre vantagens de custo e serviço superior. Em vez disso, se aproximou das autoridades do Vaticano com subornos e presentes. Foi direto ao topo, contribuindo para campanhas eleitorais papais e fazendo trabalhos suspeitos, como ser o capanga de Meckau. Fugger tornou-se o principal banqueiro do

Vaticano poucos anos após a chegada de Zink a Roma. Não foi coincidência. Foi Zink quem fez isso acontecer.

No processo de trabalhar bem para Fugger, Zink conseguiu vantagens para si mesmo. Entre as muitas práticas corruptas da Igreja renascentista estava a compra e venda de cargos. Os empregos eram vitalícios e vinham com rendimentos confortáveis e isentos de impostos. A alta demanda transformou as vendas em leilões em que o dinheiro superava as qualificações. O Vaticano ficou viciado na fortuna, e observadores indignados chamaram as vendas de "simonia", nome originário de Simão, o Mago, um cristão primitivo que tentou comprar bênçãos. Zink foi quem mais comprou cargos. Ele pesou o fluxo de renda contra o custo inicial, gostou dos retornos e comprou o máximo que pôde. No fim das contas, comprou cinquenta e seis cargos. Estendiam-se de Colônia, a oeste, até Bamberg, no leste. Ele era um escriba em uma cidade, um notário em outro e um cavaleiro papal em um terceiro. Delegou o trabalho para os subordinados e ele mesmo raramente – ou nunca – estava nesses lugares. Teve cinco empregos só em Augsburgo.

Fugger nunca comprou um cargo para si mesmo, mas, através de Zink, comprou para outras pessoas. Quando uma abertura surgiu na cidade de Speyer, um padre chamado Eberhard von Neuenhausen ofereceu a Fugger, que supervisionou os leilões na Alemanha, quarenta e oito florins. Neuenhausen era um padre da catedral de Augsburgo. Vinha de uma família nobre e tinha amigos influentes. Ele tinha o direito ao cargo, em teoria, e aguardava o dinheiro e o respeito que o acompanhavam. Para sua surpresa, Fugger deu o emprego a um seminarista de treze anos de idade. Isso foi escandaloso. Não só o vencedor foi surpreendentemente jovem, também era tecnicamente inelegível pois não tinha diploma.

Neuenhausen entendeu por que ele perdeu quando ouviu o nome do vencedor. O seminarista foi Markus Fugger, sobrinho de Jacob. Quando Neuenhausen reclamou, Jacob disse-lhe que a taxa em Roma para o cargo era de 780 florins. Os quarenta e oito florins que Neuenhausen ofereceu não estavam nem perto. Jacob não apenas dispensou Neuenhausen quando este se ofereceu para pagar mais. Ele obrigou Roma a emitir o equivalente a uma ordem restritiva. Neuenhausen reagiu acusando Jacob de simonia perante Maximiliano e o conselho da cidade de Augsburgo. Eles o ignoraram.

De seus muitos trabalhos, o único que Zink levou a sério foi o de Fugger. Ele estava em Roma para Fugger quando Meckau morreu e tornou-se sua responsabilidade salvar Fugger de uma corrida bancária. O papa era poderoso, mas até ele teve que seguir o procedimento e esclarecer a questão do testamento antes que pudesse pegar o dinheiro. Tentando ganhar tempo, Zink deliberadamente confundiu os assuntos, espalhando rumores sobre múltiplos testamentos. Então ele e Fugger produziram outro pretendente na forma de Maximiliano. O território de Meckau em Brixen, como todo o território da Igreja, estava sob a lei da Igreja. Mas também estava dentro dos limites geográficos do império. Por que o imperador não deveria ganhar uma parte? Maximiliano apresentou uma queixa e ordenou que nenhum dinheiro mudasse de mãos até que a reivindicação fosse resolvida. A essa altura, um exasperado Júlio percebeu que levaria uma eternidade antes que ele conseguisse algo. Zink ofereceu a Júlio 36.680 florins para que ele desistisse de sua demanda. Ele prometeu depositar o dinheiro na conta pessoal do papa em vez de em uma conta da Igreja. Júlio aceitou. Fugger foi salvo. Como Fugger sabia, todo papa tinha seu preço.

5
OS MARES DO NORTE

Em novembro de 1510, um navio holandês partiu de Danzig com 200 toneladas de cobre húngaro pertencentes a Fugger. O navio estava navegando perto da Península de Hel quando uma tripulação de outro navio embarcou e pegou a carga. O ataque foi trabalho da Liga Hanseática, a organização comercial mais poderosa do mundo. A liga controlava o Mar Báltico e o Mar do Norte e desafiava qualquer um que ousasse navegar por suas águas. Esse ataque contra Fugger desencadeou uma longa luta que revelou Fugger em seu melhor momento estratégico e sua disposição em enfrentar todos os adversários. Para combater a Hansa, ele empregou manobras táticas, diplomacia de alto nível e muita tenacidade. Ele foi implacável. Quando a poeira baixou, a Era da Hansa, na qual comerciantes aventureiros dominavam os mares e negociavam com os punhos, deu lugar ao que o historiador Richard Ehrenberg chama de Era de

Fugger, quando os homens por trás das escrivaninhas conquistavam o mundo. Vários fatores conspiraram contra a Hansa, mas foi Fugger, indiferente à enormidade da tarefa, que deu à liga o impulso final para a destruição.

As cidades alemãs de Lübeck, Hamburgo, Bremen e Colônia criaram a liga com o objetivo de obter lucros e proteção. Elas eram pequenas em comparação com Veneza. Ninguém poderia se dar ao luxo de proteger um litoral inteiro por conta própria. Elas agruparam recursos e deram privilégios de negociação umas às outras. Danzig e Bruges juntaram-se ao grupo, assim como todas as cidades portuárias do norte da Alemanha. Londres, longe no Tâmisa, deixou a Hansa montar um complexo murado perto da London Bridge, com armazéns, barracas e um jardim de cerveja que competia com as tavernas locais com sua cerveja Hamburgo e o vinho renano. A lei da Hansa influenciou o direito marítimo inglês. A moeda das cidades da Hansa, o Easterling, inspirou a palavra inglesa "sterling" (esterlina) e a palavra *hansa* inspirou o nome da companhia aérea alemã Lufthansa.

No seu auge, noventa cidades pertenciam à liga. Era tão poderosa que nem os reis conseguiam controlá-la. Com sua capital não oficial em Lübeck, na confluência dos mares do Norte e Báltico, a Hansa protegeu seu monopólio à força. Quando o rei da Suécia prendeu comerciantes alemães por ficarem muito arrogantes, a Hansa capturarou a frota sueca. Quando a Noruega se tornou amigável demais com os comerciantes ingleses, a Hansa enviou piratas para saquear Bergen, tomou o porto da cidade e construiu um complexo como o de Londres. A disciplina era primordial. A Hansa de Bergen organizou-se em pequenos grupos com "husbonds" (proprietários de casa) para manter a ordem e garantir que os comerciantes hanseáticos observassem o requisito do celibato. Quando a Hansa começou a pescar na Scania, derrotou a Dinamarca e conquistou o monopólio do arenque. Isso importava porque o arenque formava um alimento básico das dietas europeias. "Dias de peixe" cobriam o calendário da Igreja. Sem o arenque dos estreitos dinamarqueses, a Europa teria morrido de fome. A Hansa comemorou a vitória sobre a Dinamarca ao adotar três peixes secos como símbolo.

Os mercadores da Hansa tinham que ser duros. Para eliminar os recrutas fracos e construir o espírito de equipe, os capitães arrastavam os candidatos através de chaminés fumegantes ou jogavam-nos no mar e os espancavam quando tentavam voltar. Esticavam outros nos altares e os chicoteavam quase até a morte com varas de madeira. Assim era o treinamento da Hansa, o que destacava a natureza militar da organização. A Hansa era mais dura com pessoas de fora. Comerciantes estrangeiros, incluindo comerciantes do sul da Alemanha, podiam economizar dinheiro usando navios não pertencentes à Hansa. Mas eles se arriscavam a ter sua carga afundada ou roubada. Em 1399, a Hansa enviou um aviso a Nuremberg, quando a cidade transportou cobre para Flandres sem o envolvimento da liga: "Se esta prática continuar, vocês sofrerão perdas pelas quais nós sentiríamos muito". Outros nem recebeiam um aviso, apenas viam seus navios destruídos.

Fugger manteve em segredo suas atividades nos domínios da Hansa. Isso era necessário porque a liga certamente iria retaliar se soubesse o que ele estava fazendo. Jacob Fugger era uma ameaça muito grande para ser ignorado. A Hansa poderia ditar os preços para caçadores de peles e pescadores, que não tinham outro lugar onde vender, senão o porto mais próximo. Era diferente com Fugger. A demanda por prata e cobre fez dele um parceiro de negócios tão atraente que poderia tentar jogar as cidades da Hansa umas contra as outras. Algumas cidades poderiam até preferir deixar a liga, se isso fosse o necessário para comprar os metais de Fugger. Mas a hora não era certa para ir à guerra. A Hansa ainda era muito poderosa, então Fugger trabalhou através de testas de ferro. A artimanha funcionou durante anos. Até onde a liga sabia, a única atividade de Fugger no norte envolvia a Igreja e as transferências de dinheiro. Mal sabiam que, só em um ano, 1503, quarenta e um cargueiros com cobre húngaro – cobre de Fugger – viajaram de Danzig para Antuérpia. A Hansa o atacou quando descobriu suas atividades.

O fato de que Fugger chegou a pensar em desafiar a Hansa diz muito sobre sua audácia e sobre o poder decrescente da organização. O declínio começou em 1425, quando o arenque abandonou misteriosamente os estreitos dinamarqueses para outro terreno de desova, perto da costa da Holanda, onde a Hansa tinha menos influência. Então o rio Zwin, em Flandres, assoreou, minando o poder da liga em Bruges e possibilitando a ascensão da independente Antuérpia. Na Rússia, Ivan III, pai de Ivan, o Terrível, estava cansado da Hansa. No mesmo dia de 1494 em que os irmãos Fugger aceitaram Jacob como parceiro, Ivan expulsou a liga de Novgorod, onde a Hansa havia sido suprema. Novgorod continuou vendendo para os mercadores Hansa, mas agora estava livre para vender suas peles e cera para outros, incluindo Fugger.

Depois que a Hansa confiscou seu cobre, Fugger respondeu com um furioso ataque diplomático que indicava sua alta consideração pela rota comercial do norte e sua crença inflada, pelo menos por enquanto, em sua própria capacidade de ditar a política econômica europeia de um escritório em

Augsburgo. Por meio de Zink, ele instigou o papa Júlio a retaliar, argumentando que a agressividade da liga havia perturbado a capacidade de Fugger de coletar e enviar dinheiro para Roma. Júlio havia excomungado Veneza em uma recente disputa. Talvez ele pudesse fazer o mesmo com Lübeck? Fugger então disse a Maximiliano que a Hansa estava atrapalhando sua capacidade de emprestar. A menos que Fugger pudesse vender seu metal para o norte, ele não teria dinheiro para bancar o imperador. Que tal um boicote do império inteiro aos produtos da liga?

A Hansa não havia chegado ao topo curvando-se à autoridade, e ela tinha amigos poderosos, assim como Fugger. Com certeza, o papa não tomou nenhuma ação contra a liga e Maximiliano deu apenas um esforço desanimado. Ele ordenou o confisco de produtos da liga, mas nunca aplicou a ordem. Mesmo em Augsburgo, os comerciantes continuaram a comprar e vender com a liga. No que lhes dizia respeito, isso era problema de Fugger, não deles.

A Hansa lutou com tudo o que tinha. O norte da Alemanha era tão importante quanto o sul para império, e a própria Lübeck era uma cidade imperial; tinha acesso ao sistema legal imperial e à representação nas dietas imperiais. Em uma nota ao promotor imperial em Nuremberg, o governo da cidade argumentou que Fugger era um perigoso monopolista e citou um aumento nos preços da pimenta e seu controle da prata tirolesa como prova. Maximiliano liderou a defesa de Fugger. Ele disparou uma carta para Nuremberg e argumentou que as atividades de Fugger eram "válidas, razoáveis, honestas e não monopolistas". Sem responder diretamente à acusação de monopólio, ele observou que Fugger arriscou seu próprio dinheiro e que ele merecia seus lucros porque uma aposta ruim poderia levá-lo à falência. Maximiliano argumentou ainda que os críticos não tinham a informação correta. Eles estavam confundindo Jacob Fugger com todos os outros Fuggers que estavam lá fazendo negócios. Jacob tinha vários tios, primos e sobrinhos. O próprio Jacob Fugger teria feito apenas uma parte do negócio que lhe fora atribuído. A defesa final de Maximiliano abordou o controle de Fugger sobre a mineração tirolesa. Talvez supondo que ninguém ousaria desconfiar dele, negou que Fugger vendesse qualquer minério tirolês, e alegou falsamente que a coroa usava todo o próprio minério: "Dessas minas não há comércio com ninguém no mundo".

O Hansa continuou o ataque. Havia uma dieta imperial chegando em Colônia, e a liga trabalhou com o promotor público para exigir que a dieta investigasse Fugger e redigisse leis para reduzir os grandes negócios. Isso estava ficando perigoso demais para Fugger. Mesmo que Maximiliano vetasse a legislação, uma investigação poderia prejudicá-lo com acusações inflamatórias e publicidade indesejada. Ele precisava encerrar isso, e resolveu a questão do jeito que ele resolveia todas as questões – ou seja, com dinheiro. Para acalmar a Hansa, ele pagou a Lübeck para recomprar o cobre roubado. Ninguém chamou isso de suborno, mas era um suborno. Lübeck desistiu das acusações.

Fugger deixou a Hansa vencer essa batalha, mas continuou a guerra explorando as tensões dentro do grupo. Seu contemporâneo Maquiavel aconselhava a lutar contra oponentes fortes dividindo-os: "Um capitão deve se empenhar com todas as artes para dividir as forças do inimigo." Fugger nunca conheceu Maquiavel, mas ele instintivamente conhecia o conceito. Danzig era a maior cidade da liga e todo o grão do rico interior polonês passava pela cidade. Com a ajuda de príncipes poloneses que odiavam a liga, Fugger fechou um acordo com Danzig para transportar bens livremente através de seu porto. As cidades estonianas de Riga e Dorpat logo seguiram o exemplo. A Rússia era o parceiro comercial mais importante de Danzig. Sem o metal de Fugger para vender para a Rússia, a cidade ficaria em situação ruim. Até mesmo Hamburgo, um membro fundador da liga, deu privilégios a Fugger. A Hansa ainda existia em nome depois disso, mas apenas Lübeck manteve a luta. Comemoraram em 1513 quando piratas capturaram um par de navios de Fugger com trezentas toneladas de cobre. Mas isso não importava mais. Arenque, assoreamento de rios e Ivan III enfraqueceram a liga. Fugger deu o golpe final. Anos mais tarde, Fugger investiu em uma viagem comercial espanhola às Ilhas das Especiarias, na Indonésia, e enviou navios de Danzig para a Espanha para iniciar a jornada. O sucessor de Maximiliano, o imperador Carlos V, alertou Lübeck para não interferir em sua passagem. Deixem os navios em paz, senão...

♦

Entre os muitos serviços que Fugger realizou para Maximiliano estava salvar o imperador de si mesmo. Foi o interesse próprio, não a lealdade, que o motivou. Ele queria manter seu cliente no jogo e criar novas possibilidades para ganhar mais dinheiro e favores. Um desses episódios aconteceu em 1511, quando a febre atingiu o papa Júlio. O papa tinha quase setenta anos. Enquanto a doença se arrastava, a morte parecia próxima. Isso deu a Maximiliano uma ideia. Ele elegantemente resolveria a questão da coroação imperial se elegendo papa. Sendo papa e imperador, ele poderia erguer a coroa imperial a sua própria cabeça e, com isso, o poder, ele acreditava, para comandar toda a cristandade.

Em uma carta para sua filha Margaret, então regente da Holanda, Maximiliano delineou o esquema. Ele convenceria o papa doente a nomeá-lo seu herdeiro "para que, em sua morte, tenhamos certeza de ter o papado e me tornar celibatário e depois santo, para que, depois de minha morte, você seja obrigada a me adorar, de onde eu ganharei muita glória." Ele lamentou que nunca mais "veria uma mulher nua", mas se alegrou porque morreria como um homem santo. Ele assinou a carta: "Seu bom pai, o futuro papa".

Era uma ideia maluca. França, Veneza e as outras potências nunca deixariam Maximiliano ser imperador e papa. De fato, o imperador tinha poder limitado e a autoridade secular do papado parava em Roma e nos estados papais. Mas, no mínimo, um papa-imperador poderia tentar pegar toda a Itália. Também havia a autoridade espiritual do papado. Quem sabe qual travessura Maximiliano poderia provocar com isso?

Maximiliano ignorou os desafios. Ensaiando seus temas de campanha com Margaret, ele prometeu dar um exemplo melhor do que o lascivo Alexandre, que hospedava prostitutas no Vaticano e celebremente realizou uma orgia enorme, e o belicoso Júlio, que usava armaduras e liderava tropas em batalha. Eles mereciam o chicote por seus comportamentos não cristãos, disse Maximiliano. Ele imaginou que, se levantasse dinheiro suficiente, poderia subornar os cardeais e o trono seria dele. Não era com dinheiro que os bispos conseguiram seus empregos? O próprio Júlio, em parte com o dinheiro de Fugger, não pagou os cardeais para garantir sua própria eleição? Maximiliano estimou um custo de 300 mil ducados. Enviou Liechtenstein para Fugger, dizendo-lhe para fazer o que fosse preciso. "Embora Fugger te negue mais de uma vez, ainda assim você deve tentar de novo", disse ele.

Liechtenstein devia estar cansado disso. Era sempre a mesma coisa com Maximiliano. O imperador sonhou com uma aventura e Liechtenstein tinha que encontrar uma maneira de pagar por isso. Maximiliano já havia prometido os próximos anos de produção de mineração, bem como as receitas de uma mina de sal e outros ativos diversos para Fugger. E ele já havia vendido cidades suficientes para fazer de Fugger um dos maiores latifundiários do sul da Alemanha. Com quase nada a oferecer, Liechtenstein ofereceu os intocáveis: as receitas fiscais de vários territórios dos Habsburgo e as joias reais da família. A menos que oferecesse Viena e Innsbruck, Liechtenstein não tinha mais nada. As joias talvez valessem mais do que as receitas fiscais. Ao longo dos anos, os Habsburgo adquiriram a coroa de joias da Hungria, um manto cravejado de diamantes de Carlos, o Audaz, e outros objetos de valor que mantinham em uma coleção de baús trancados. Liechtenstein disse a Fugger que tudo poderia ser dele.

Liechtenstein lançou um bônus. Se Maximiliano se tornasse papa, ele nomearia Fugger tesoureiro papal. Ele já era o principal banqueiro do Vaticano, mas o tesoureiro era uma tarefa desejável, porque vinha com um benefício extra: um monopólio nas minas de alume ao redor de Roma. A indústria têxtil precisava de alume para fazer pigmentos. Roma tinha quase todo o alume na Europa. Agostino Chigi, o tesoureiro papal de Júlio, construiu a maior fortuna de Roma com alume. Somando tudo – as receitas fiscais, as joias da coroa e o contrato das minas –, Liechtenstein estava fazendo uma oferta fantástica. Fugger deve ter ficado tentado. Mas ele entendeu a política e se recusou a se comprometer. Quando ele hesitou,

Júlio se recuperou. Maximiliano havia mudado para outros projetos quando Júlio morreu no ano seguinte.

♦

Quando Fugger chegou nos seus cinquenta anos, começou a pensar sobre seus arranjos de vida. Ele nasceu em uma família rica. Mesmo como um jovem que vivia na casa de sua mãe na Colina dos Judeus, tinha as aparências de uma pessoa de posses. Ele usava uma boina dourada e colares de pele que testavam as leis suntuárias. Viajava de carruagem. Entrava no Salão de Bebidas dos Cavalheiros sem que um guarda o parasse na porta. A distância entre ele e o resto da sociedade tornava-se mais aparente à medida que ele enriquecia. Ele viajava com uma comitiva e dava festas que impressionavam pela extravagância. Mas ele e sua esposa não tinham lugar próprio. Moravam na bela casa de enxaimel no Mercado de Vinhos, que pertencia à sogra de Fugger. Ele ficava lá porque gostava. No mínimo, o salvava de impostos sobre propriedade. Ele também poderia estar pensando nas aparências. Jacob era o coração da empresa Ulrich Fugger & Irmãos. Era ele quem tinha os contatos em Innsbruck e Roma, mas era o nome de Ulrich que ainda estava na porta. Não pareceria certo morar em uma casa maior do que a de seu irmão mais velho.

Mas depois que Ulrich morreu, nada mais o impedia. Jacob comprou a casa onde Ulrich morava, juntamente com dois prédios vizinhos, e os demoliu. Em seu lugar, ergueu um enorme prédio de quatro andares com arcos ao longo do térreo, barras de ferro sobre as janelas e murais de Burgkmair para animar o exterior. O Palácio Fugger, como veio a ser chamado, era a maior casa da cidade e ocupava uma área que rivalizava com a Catedral de Augsburgo. Servia como uma residência, um armazém e a sede da maior empresa da Europa.

O palácio tinha sua própria capela, um estábulo para cavalos e uma conveniência que surpreendia os visitantes: água corrente. "Há fontes, mesmo dentro dos quartos, com água transportada por um dispositivo", escreveu um visitante. Enquanto os prédios vizinhos tinham telhados baixos feitos de ardósia, Fugger tinha um de cobre caro de suas próprias minas. Enquanto outros cobriam suas janelas com pergaminho oleado, ele tinha vidro de seus parceiros comerciais em Veneza. E numa época em que era quase impossível manter-se aquecido no inverno, ele tinha calor – calor glorioso de lareiras e fornos – em quase todos os cômodos. Uma equipe de servos os mantinha queimando. O destaque era o Damenhof, um pátio com uma fonte no meio e colunas nas laterais. Foi a primeira estrutura renascentista ao norte dos Alpes. Com seus azulejos, arcos e afrescos, poderia ter sido construída em Florença. Clemens Sender, o cronista de Augsburgo, afirmou que Fugger abriu uma parte da casa para os mendigos. Com certeza era uma necessidade. Havia pobreza em toda parte. Mas sem dúvidas o objetivo do prédio era comercial. Carregamentos de mercadorias atravessavam portas de carruagens quase tão largas quanto os portões da cidade.

Meio século depois, dois convidados do sobrinho-neto de Jacob, Markus Fugger, fizeram relatos detalhados. "Na residência dos Fugger, a refeição ocorreu em um salão em que se via mais ouro do que cor", escreveu o mordomo de um duque visitante. "O piso de mármore estava escorregadio como vidro. Uma mesa que preenchia o salão era revestida com um vidro veneziano, no valor de mais de uma tonelada de ouro. O Sr. Fugger mostrou a casa a meu mestre, e ela é tão grande que o imperador romano encontraria espaço para toda a sua corte." O humanista francês Michel de Montaigne ficou ainda mais entusiasmado. "Fomos autorizados a ver dois quartos no palácio", escreveu ele, "um deles grande, alto e com piso de mármore, o outro cheio de medalhões antigos e modernos, com um pequeno armário no fundo. Estes são os quartos mais magníficos que já vi".

Quando Jacob Fugger entrava e olhava pela janela, devia sentir uma pontada de satisfação. Ele morava na maior casa de uma cidade que se tornara a capital financeira da Europa graças a ele. Ele podia ver as bancas do mercado onde o povo de Augsburgo, aglomerado longe da zona rural da Suábia, podia encontrar brocado da França, pimenta da Índia e sedas da China, todos produtos nos quais ele participava da importação. Ele podia espiar os menos afortunados; os soldados bêbados que se provocavam com espadas; e os artesãos, monges e mendigos que dividiam a rua com porcos, cabras e galinhas. Desfiles marchavam sob ele nos dias de festa. À sua direita, Fugger podia vislumbrar os pináculos de Santo Ulrico e Santa Afra, uma obra-prima gótica onde, três séculos depois, Mozart se apresentou. À sua esquerda, ele podia ver uma estrutura ainda mais alta, a Torre Perlach, a torre do relógio cuja altura declarava que os homens de negócios, e não a Igreja, controlavam a cidade.

E as pessoas nas ruas podiam olhar para ele e se perguntar por que Fugger tinha tanto e eles tinham tão pouco.

♦

Quando o ano de 1512 chegou ao fim, Fugger reuniu sua família ao seu redor. O Natal era um momento feliz em Augsburgo, onde as pessoas celebravam com festas, música e peças de teatro baseadas nas vidas dos santos. Mas Fugger não estava interessado na alegria do feriado. Ele tinha negócios em mente. Seu irmão Ulrich morrera três anos antes e seu irmão George já estava morto há seis anos. O próprio Fugger não tinha filhos, mas seus irmãos tinham famílias numerosas. Quando os parentes se reuniram logo após o dia de Natal, Fugger informou que queria trazer seus sobrinhos para o empreendimento familiar. A maneira como ele fez isso revela Fugger como um valentão. Como os muitos plutocratas que seguiram seus passos, deixou de lado considerações de justiça em busca de ganhos.

Ele começara os planos dez anos antes, quando reescreveu o acordo de parceria original que tinha com seus irmãos. Esse acordo, de 1494, permitia que os herdeiros tomassem o lugar de qualquer irmão que morresse. Os herdeiros teriam o direito de sacar sua parte em dinheiro ou, se ficassem, ter um papel na tomada de decisões. Fugger forçou uma mudança em 1502. Ele proibiu os herdeiros de liquidar suas partes e também os despojou de qualquer poder de decisão no negócio. Todo o poder ficaria com o último irmão vivo. Jacob era o mais novo, então era o mais provável a ser o último. De fato, ele viveu após as mortes de George e Ulrich. Com a morte de Ulrich, ele assumiu o controle total. Mas em 1512, os filhos de seus irmãos estavam crescendo e Fugger viu a necessidade de trazê-los e planejar a sucessão.

Fugger informou na reunião que a empresa seria dali em diante chamada "Jacob Fugger & Sobrinhos". Mas eles não deveriam se enganar. Jacob manteria o poder todo em suas próprias mãos. Ele mostrou-lhes o novo acordo de parceria. Estava cheio de referências a "eu" e "meu ofício". Os sobrinhos eram impotentes. "Eles não farão nada além do que eu ordenar e lhes der permissão de fazer", dizia o documento. "Se eu pedir a um deles que faça algo e depois mudar de ideia, eles não me contestarão." Ordenava ainda que os sobrinhos sempre fossem honestos com ele, revelassem a ele todas as despesas e conduzissem os negócios de Jacob "em completo sigilo e sem contar a ninguém." Também proibia que se envolvessem em qualquer negócio por conta própria ou assinassem qualquer coisa sem o seu consentimento. Lhe dava o direito de demitir qualquer um deles, por qualquer motivo, a qualquer momento. Os sobrinhos e os outros ainda tinham direitos sobre o dinheiro – Jacob não roubou deles –, mas tinha que ficar investido.

A parte mais extraordinária do acordo o permitia alterar arbitrariamente os termos sem ter que consultar ninguém: "Caso eu altere um ou mais dos pontos ou artigos acima, e faça de forma diferente, ou acrescente qualquer coisa que diga respeito a este negócio... será rigorosamente cumprido por meus sobrinhos e seus herdeiros ". Fugger encerrou o processo apresentando uma Bíblia. Ele fez com que todos pusessem as mãos na Bíblia e jurassem honrar o novo contrato.

6
USURA

Fugger passou a primeira metade de sua carreira ganhando dinheiro. Ele passou a segunda metade lutando para mantê-lo.

Na primeira fase, teve suas maiores vitórias comerciais. Ganhou os contratos de prata para o Tyrol, criou uma gigante da mineração na Hungria e montou uma rede de distribuição para vender sua produção a um grupo diversificado de clientes em todo o continente. Ele investiu os lucros de Tirol e da Hungria em novas oportunidades. Ao fazê-lo, criou uma formidável máquina de geração de caixa que, ano após ano, fazia crescer seu patrimônio líquido. Isso foi tudo que sempre quis. Nunca aspirou juntar seus feudos e se tornar duque da Suábia, nem queria ser o prefeito de Augsburgo. O desejo dos Médici de transformar riqueza em poder político não estava na personalidade de Fugger. Mas ele também não queria diminuir a velocidade. Ao que tudo indicava, ficava mais feliz ao fechar negócios ou examinar seus livros contábeis. Nada lhe dava maior alegria do que as tarefas necessárias para torná-lo mais rico.

Fugger gostaria que o resto de sua vida prosseguisse da mesma maneira linear. Em termos gerais, foi o que aconteceu. Ele aumentou sua fortuna a cada ano e deixou de ser apenas rico para se tornar o homem mais rico do mundo. Mas ele também passou grande parte desse período aguentando ataques de um povo ressentido e daqueles que defendiam os interesses das pessoas comuns. Ele lutou contra esses adversários com o mesmo vigor que usou contra seus rivais comerciais. Não houve hesitação nem ambivalência, mesmo quando o sangue foi derramado. Ele tinha uma convicção notável na justiça de suas ações. Era assim que Fugger agia. Em sua visão, Deus o havia colocado na terra para ganhar dinheiro. Ele não deixou nada atrapalhar o que ele entendia como a vontade de Deus.

Fugger era então uma pessoa diferente do empresário ousado que fora na juventude, que arriscou tudo em um empréstimo para o duque Sigismundo, que se colocou em uma perigosa posição de baixa liquidez para costurar um contrato de mineração de longo prazo, e que viajou a cavalo para supervisionar as operações e garantir que sua aposta na Hungria compensasse. Agora com cinquenta e poucos anos, parte de seus ganhos vinham de investimentos imobiliários seguros de baixo rendimento. Mas isso foi apenas uma mudança de estilo. Não havia nada – envelhecer, ser casado por vinte e cinco anos, a perda de seus irmãos – que o impediria de ganhar dinheiro. A maior mudança foi, gostando ou não, que ele havia se tornado um político tanto quanto um homem de negócios. A escala de seus negócios e o alcance de suas atividades inevitavelmente o entrelaçaram nos grandes eventos da época e o tornaram figura importante em assuntos políticos. Por mais que tenha gostado de jogar o jogo no mais alto nível, e embora alegasse dormir bem à noite, as exigências de administrar a maior empresa comercial da Europa devem ter sido um tremendo esforço. Credores, clientes e fornecedores exigiam sua atenção. Reis e bispos de toda a Europa procuraram seu dinheiro. Apenas o imperador tinha mais problemas com os quais lidar. Jörg Breu, o Velho, artista de Augsburgo, pintou seu retrato nessa época. Fugger parecia frágil e seu olhar apontava para o céu. É fácil ler isso como a chegada de um senso de mortalidade, como se esse mestre em vencer as adversidades soubesse que não poderia vencer tudo.

Foi durante esta segunda fase de sua carreira que ele deixou sua marca na história. Quando Thomas Carlyle apresentou sua teoria do grande homem, criou categorias para reis, profetas e poetas, mas nenhuma para os homens de negócios. Por que ele deveria? Eles são facilitadores. Empresários encontram dinheiro para que outros busquem a grandeza. Eles não mudam o mundo. Fugger pode não ter passado no teste de Carlyle, mas mudou o mundo o suficiente para se tornar o empresário mais influente da história. Nenhum Rockefeller ou Rothschild teve mais influência nos eventos políticos do seu tempo.

Suas maiores contribuições envolveram os Habsburgo. Como veremos, a primeira veio em 1514, quando ele forçou Maximiliano a criar o Império Austro-Húngaro, uma entidade política que durou quatrocentos anos e desempenhou um papel proeminente na história europeia até seu último alento na Primeira Guerra Mundial. A segunda contribuição veio em 1519, quando Fugger financiou o rei adolescente Carlos V e manteve a Europa germânica nas mãos da família, colocando o império dos Habsburgo – um império que se espalhou pelo globo – em bases firmes. O sobre Fugger é que suas conquistas – comerciais e políticas – ocorreram há tanto tempo que parecem ter pouca influência na vida moderna. A destruição do cartel de cobre e o chute que deu na Liga Hanseática só importam hoje por causa das lições que nos ensinam. A importância de entender as vulnerabilidades dos concorrentes e as motivações dos clientes; os benefícios de ser indispensável; a necessidade de permanecer firme em face do ataque: são lições que se aplicam em qualquer idade. Quanto às conquistas políticas, elas ainda importavam na época de Napoleão e até mesmo de Bismarck e Woodrow Wilson, mas ainda menos hoje. A União Europeia é quem liga a Espanha e a Alemanha, não uma família real. A Espanha perdeu o controle sobre a América Latina e a Áustria perdeu a Hungria. A influência dos Habsburgo nesses lugares permanece, mais significativamente, no fato de que quase 400 milhões de latino-americanos falam espanhol, mas as linhas em um mapa que Fugger ajudou a desenhar foram apagadas.

Outro dos feitos de Fugger mudou o mundo de uma forma altamente relevante: sua influência no fim da proibição da Igreja à usura – a cobrança de juros sobre o dinheiro emprestado. Se podemos agradecer alguém por nossa capacidade de pedir dinheiro emprestado para comprar uma casa ou um carro, ou ganhar juros sobre nossas economias, esse alguém é Jacob Fugger.

♦

O movimento anti-Fugger que começou com os protestos da Liga Hanseática se expandiu proporcionalmente à visibilidade crescente de Fugger. Ele não escondia sua riqueza. Assim como o brasão de armas lhe dava credibilidade, os carregamentos de ouro que ele exibira em Constance atraíam os clientes numa época em que o boca-a-boca definia as relações públicas. Mas a fama também trouxe escrutínio e difamação. Em 1513, o sucesso de Fugger chamou a atenção de um grupo de intelectuais de Nuremberg. Indignados com sua riqueza e seus métodos, eles usaram a proibição da usura da Igreja para atacá-lo, com uma agenda mais ampla de acabar com o que hoje chamamos de capitalismo. Um clérigo chamado Bernard Adelmann, que odiava Fugger por bloquear sua tentativa de se tornar bispo de Augsburgo, liderou o grupo. O estudioso humanista Willibald Pirckheimer se juntou a ele. Pirckheimer era amigo de Dürer e acadêmico de tal excelência que Erasmo o chamava de "a principal glória da Alemanha". Hoje em dia nos parece inevitável que, à medida que o comércio e a tecnologia se desenvolvem, o feudalismo, com seus senhores, servos e fazendas autossuficientes, dá lugar a um modelo baseado no mercado – isto é, uma economia que divide recursos com base no que uma pessoa pode pagar, em vez do que ela precisa. Fugger argumentou que isso era melhor para todos os envolvidos. Os mercados livres criariam empregos e o crescimento beneficiaria a todos. Mas os intelectuais no tempo de Fugger não estavam comprando a ideia. Eles só viam homens espertos como Fugger pegando tudo o que podiam.

O único obstáculo formal para Fugger era a Igreja ou, de forma mais geral, o cristianismo. Jesus havia repetidamente condenado os ricos. Fugger poderia rejeitar um golpe vago como "Você não pode servir tanto a Deus quanto ao dinheiro". Mas não podia descartar "Empreste e não espere nada em troca" (Lucas 6:35) porque Roma tinha consagrado o comentário com a proibição da usura. Os dicionários definem a usura como a cobrança de taxas de juros excessivamente altas. A Igreja tomou as palavras de Jesus literalmente. Considerou qualquer demanda por juros, independentemente da taxa, como usurária. Condenou quem cobrava juros como usurário. Ameaçou usurários com tudo em seu arsenal, exceto execução: excomunhão, a retenção de absolvição e a negação do enterro cristão. Qualquer uma dessas opções tornava o transgressor um pária. A dureza das punições lembrou aos cristãos que o Senhor agia mesmo que a Igreja não agisse. Deus era onisciente. Ele encontraria os usurários e os mandaria para o fogo.

Fugger não tinha medo de excomunhão. Se a Igreja o excomungasse, teria que excomungar todos os outros agiotas cristãos. Isso era inconcebível; havia muitos deles. Ele também não temia a condenação eterna pela usura. Um dos pontos fortes de Fugger foi uma absoluta convicção em tudo o que fazia. E nada parecia mais justo para ele do que receber uma compensação pelos riscos que assumia. Para ele, Jesus não quis dizer literalmente "emprestar e não esperar nada em troca". O Salvador estava simplesmente fazendo uma chamada geral para a caridade.

Mas Fugger não podia ignorar a proibição da usura. Ele teve que levar a sério porque seus depositantes levaram a sério. Toda vez que um depositante dava dinheiro a Fugger, eles, como banqueiros, esperavam ganhar juros. Pegavam seus 5%, mas sentiam-se sujos depois. O grupo de Nuremberg distribuía panfletos sobre a usura depois da Dieta de Colônia, na esperança de acabar com os depósitos bancários e destruir a máquina de coleta de fundos de Fugger. O ataque surtiu efeito. Se Fugger não pudesse levantar dinheiro, não poderia satisfazer a demanda dos clientes por empréstimos. E se não pudesse fazer empréstimos, seu negócio encolheria e sua influência desapareceria. Conforme os ataques cresciam, Fugger decidiu que não era mais suficiente que a Igreja fizesse vista grossa. Ele queria que a igreja legalizasse expressamente os juros. Queria que Roma dissesse: esqueça o que Jesus disse, ele não quis de fato dizer isso. Ele não quis dizer que os juros eram criminosos em todos os casos. Se feita do jeito certo, a cobrança de juros está em conformidade com os valores cristãos. Fugger talvez tenha sido o único forte o suficiente para se juntar à luta. A batalha que estava prestes a levar manteve a transição da economia feudal para a moderna.

O debate da usura remonta há séculos. Começou com Aristóteles. Ele disse que era justo cobrar alguém por uma vaca porque uma vaca produzia leite. Mas o dinheiro era estéril, não produzia nada. Portanto, era injusto cobrar alguém por dinheiro. O argumento de Aristóteles parece mais uma racionalização para uma reação emocional do que um argumento fundamentado. Ele odiava as dívidas e o poder destrutivo que elas tinham. Ele chamou o ofício de emprestar dinheiro de uma "profissão sórdida" e comparou os credores com cafetões.

Ninguém se importava com o debate sobre a usura na Idade das Trevas, quando a atividade comercial era apenas uma gota no oceano. Mas, à medida que o comércio ganhava vida no século XI e os empréstimos o impulsionavam, as vítimas de práticas usurárias se multiplicaram. A Igreja atacava os praticantes dizendo ser pelo próprio bem deles. Suas almas estavam em jogo. A Igreja tinha que salvá-los. O Segundo Concílio de Latrão, em 1139, condenou a usura, mas não chegou a chamá-la de crime. O papa Urbano III foi mais longe.

Ele citou Lucas 6:35 e declarou a usura um pecado mortal em 1187. No entanto, os empréstimos continuaram a crescer, financiando o comércio, ao mesmo tempo em que mais devedores faliam. Na *Divina Comédia*, um indignado Dante foi além de Aristóteles. Comparar os credores com cafetões não era forte o suficiente. Dante os comparou a sodomitas. Tomás de Aquino, o grande teólogo, ignorou os benefícios comerciais. Fazia perfeito sentido para ele trocar dinheiro por trigo ou cavalo. O comprador recebeu algo de valor justo em troca. Mas por que uma pessoa deveria pagar um valor maior do que pegara emprestado? Era uma transação desequilibrada e, portanto, injusta. Tomás de Aquino pediu uma aplicação mais rigorosa da lei da Igreja e ficou tão irritado com a coisa toda que foi além de Aristóteles e Dante. Ele comparou os usurários aos assassinos. As pessoas, ou pelo menos algumas delas, viram da mesma maneira. Em 1310, um conselho em Mainz forçou cemitérios a exumar usurários recentemente enterrados. Os corpos em decomposição cheiravam a podridão e estavam cobertos de sanguessugas, vermes, aranhas e outros supostos ajudantes do demônio. Sua condição "provava" que o falecido havia pecado. No ano seguinte, o papa Clemente V, influenciado por Aquino, reiterou a proibição da usura e derrubou as leis seculares que a legalizavam. O braço de fiscalização da Igreja ficou ocupado. Os tribunais diocesanos – eram centenas deles – tiveram uma média de três processos por ano no século XIV. Ainda mais casos eram resolvidos fora do tribunal.

Os processos só conseguiam embaralhar os participantes. Os cristãos foram postos de lado e os judeus preencheram o vazio. A Igreja tinha um relacionamento complicado com os judeus. Eles eram proibidos de trabalhar na agricultura e em diversos ofícios, mas lhes era permitido emprestar dinheiro. Por um lado, a Igreja impedia os judeus de competirem com os cristãos por "bons" empregos. Por outro, permitia o monopólio de uma profissão que podia ser ainda mais lucrativa. Enquanto as pessoas que não fossem cristãs fizessem empréstimos, a Igreja não interferiria. Nem mesmo contra o outro lado da transação; os cristãos ainda estavam livres para pegar emprestado o que quisessem. A abordagem era contraditória, mas permitiu que Roma cumprisse seu mandato de salvar almas. Além disso, quem se importava se um vendedor ambulante judeu chegasse a uma aldeia e emprestasse alguns centavos a um fazendeiro? Qual foi o mal nisso?

Mas no século XV, os empréstimos não eram mais sobre centavos e fazendeiros. A economia estava crescendo e os empréstimos se tornaram grandes negócios. Invejosos do monopólio dos judeus, os cristãos voltaram ao ofício e se tornaram os maiores credores de todos. Os ricos venezianos e florentinos faziam declarações contrárias às regras da usura – e diminuíam sua culpa – chamando juros por outros nomes: multas, taxas de processamento, presentes, taxas de perdas. Não importava o que eles chamavam, desde que eles não o chamassem de juro. Outro truque era disfarçar os juros por transações cambiais complicadas. Mas os resultados eram os mesmos: eles davam dinheiro esperando obter mais dinheiro de volta. Poderiam chamar do que quisesem, mas os "a mais" eram juros. Os banqueiros mais famosos eram os Médici. Outros italianos eram igualmente ativos. Os italianos emprestavam uns para os outros, emprestavam a seus soberanos e cruzavam o canal para emprestar aos reis ingleses. Emprestaram a papas, cardeais e bispos. Emprestaram como se a proibição da usura não existisse.

A mudança chegou à Alemanha um século depois. Ansiosos por pegar os italianos e atraídos por taxas de juros de até 43%, as cidades germânicas se livraram dos concorrentes. Augsburgo expulsou seus judeus em 1438 e usou as lápides do cemitério judeu para construir uma nova prefeitura. Um comerciante têxtil chamado Hans Meuthing se tornou o primeiro cidadão de Augsburgo a trabalhar no mercado financeiro em larga escala. Fez um grande empréstimo ao arquiduque Sigismundo, de Tirol, que foi garantido, assim como o empréstimo posterior de Fugger ao duque, pela produção da mina de prata de Schwaz. Outros entraram, substituindo os credores judeus em transações, grandes e pequenas. O satirista alemão Sebastian Brant observou o desenvolvimento em seu livro *A nau dos insensatos* (1494): "Você pega emprestado dez, onze é devido. Eles são mais usurários que os judeus. Mas agora os judeus podem perder seu negócio, pois é feito por judeus cristãos." Fugger emprestou mais do que ninguém, mas até ele, como os italianos, usava esquivas para mascarar os juros. Ele levou prata em vez de dinheiro pelas atividades tirolesas, fazendo com que os pagamentos parecessem mais com compras do que com empréstimos.

O círculo de Nuremberg, de forma inteligente, via o combate à agiotagem como forma de conter Fugger e a nova economia que ele estava ajudando a criar. Eles sabiam que não havia maneira mais rápida de detê-lo do que desligando a fonte de dinheiro. Nuremberg fica a pouco menos de 150 quilômetros a nordeste de Augsburgo. Como Augsburgo, era uma cidade comercial que não se reportava a ninguém além do imperador. Nuremberg tinha Dürer e produziu o inventor do relógio de bolso, Peter Henlein, e Martin Behaim, inventor do globo terrestre. Mas Augsburgo tinha Fugger, assim como

Welser e Hochstetter, e estava vencendo Nuremberg no jogo capitalista. Nuremberg via a situação com inveja. A rivalidade cívica pode explicar em parte por que o diretor da escola de Nuremberg, Anton Kress, pouco depois de Fugger pagar a Liga Hanseática para deixá-lo em paz, escreveu um ensaio condenando a usura. Usando as palavras que Fugger ouvira antes, Kress chamava o empréstimo de dinheiro de não cristão e antifraternal. Adelmann apoiou o discurso e alegou que pessoalmente ouvira Fugger se gabar de que "tinha o papa e o imperador no bolso". A pedido de Adelmann, Pirckheimer atacou Fugger traduzindo a condenação de Plutarco da usura do grego para o latim. "Usurários miseráveis", escreveu Plutarco, "se aproveitando pobres e sugando-os [...] até os ossos." No caso de alguém ainda não ter entendido a mensagem, ele citou Homero, comparando os tomadores de empréstimos a deuses gregos vulneráveis, e os usurários a abutres "perfurando suas entranhas com bicos afiados".

A tradução de Pirckheimer, com apenas algumas páginas, pode parecer mais um tapa do que um golpe certeiro. Ele estava apenas traduzindo um texto obscuro de uma língua que ninguém falava para uma que poucos falavam. Mas no século XVI sua tradução foi explosiva. Os intelectuais e outros formadores de opinião adoravam tudo o que era antigo e acolhiam qualquer forma de estímulo mental em um mundo com muito pouco material para se ler. Eles começaram a espalhar a mensagem. Fugger teve que responder. Com seu apoio, o professor Sebastian Illsung, de Augsburgo, escreveu uma defesa dos empréstimos, concentrando-se no assunto do Contrato de Augsburgo – o acordo legal assinado por Fugger com os depositantes, que lhes prometia 5%. Illsung argumentou que o contrato era válido se o credor, como o mutuário, arriscasse a bancarrota. Então, um jovem teólogo chamado Johannes Eck chamou a atenção de Fugger ao repetir os argumentos de Illsung em uma palestra na universidade. Fugger pediu a Eck que escrevesse uma dissertação sobre o contrato de Augsburgo e entrasse em um debate – um confronto público com acadêmicos no papel de juízes – para validá-lo.

Fugger estava assumindo um risco. Sob a lei da Igreja, o contrato de Augsburgo pode ou não ter sido legal. Mas era de uso amplo e Fugger precisava dele para levantar dinheiro. Se Eck perdesse o debate e os juízes declarassem o contrato usurário, os depositantes de Fugger se recusariam a lhe dar dinheiro. Isso seria letal. Uma coisa era operar em uma área cinza. Mas se envolver em uma prática especificamente declarada como heresia era diferente. Fugger deve ter se sentido extremamente confiante, porque buscou nada menos que um julgamento de Scopes, com tudo em jogo, um embate entre tradição e modernidade, mas com dinheiro em vez de macacos no centro. Ele tinha pelo menos um precedente do seu lado. Depois que os teólogos se opuseram ao tema das anuidades – os esquemas de pensão que as cidades vendiam para levantar dinheiro –, o papa os havia sancionado. Talvez o papa Leão, que havia substituído o "papa guerreiro" Júlio II no começo daquele ano, fizesse o mesmo com o contrato de Augsburgo. Houve também o fato de que Leão era um membro da família Médici, também banqueiros. A legalização serviria a seus interesses pessoais. Para completar, o próprio Leão era um mutuário de Fugger. Nem é preciso dizer que o papa estaria favoravelmente inclinado a alguém que lhe dava dinheiro.

Eck lecionou na Universidade de Ingolstadt. Mais tarde, ele se tornou notório por relatar as heresias de Lutero a Roma e provocar sua excomunhão. Ele poderia avançar sua carreira se vencesse, mas enfrentaria o ridículo se perdesse. Quando Eck terminou seu trabalho, o submeteu à universidade e a pediu para sediar o debate. Universidades geralmente aprovavam tais solicitações automaticamente, particularmente quando vinham de um acadêmico. Mas o círculo de Nuremberg temia que Eck vencesse. Eles pressionaram a universidade a recusar. Depois que Adelmann acusou Eck de ser um fantoche de Fugger, o bispo com jurisdição sobre Ingolstadt matou o debate. Outras universidades alemãs recusaram também. O assunto era muito polêmico. Ninguém queria fazer parte de uma discussão sobre visões potencialmente heréticas.

Fugger recusou-se a desistir. Quando Eck redigiu uma carta pedindo a Leão para forçar Ingolstadt a realizar o debate, Fugger assinou. Depois de não receber nenhuma resposta, Fugger e Eck se voltaram para a Itália, onde, graças a Veneza e Florença, as universidades tinham a mente aberta sobre empréstimos. Eles encontraram um participante voluntário na Universidade de Bolonha, a universidade mais antiga da Europa e uma das mais prestigiadas. Thomas Becket, Erasmo, Copérnico e Mirandola estudaram lá. A caminho de Bolonha, Eck passou por Augsburgo. Fugger atribuiu-lhe um tradutor e outros assistentes. Outro cidadão de Augsburgo, o padre dominicano Johannes Fabri, foi até Bolonha para defender o outro lado. Pelo que sabemos, Fugger pode ter escolhido Fabri. Teria sido uma maneira de armar o resultado. Mas Fabri parece ter ido por iniciativa própria.

Em 12 de julho de 1515, Eck e Fabri se encontraram em São Petrônio, a gigantesca basílica do século XIV da cidade. As portas se abriram às quatro da tarde. Ansiosos por um bom espetáculo, estudantes e professores vieram observar, passando por uma enorme pintura de um hediondo Lúcifer de duas bocas – uma lembrança do que aguardava os hereges – quando se sentaram nos bancos. Os organizadores projetavam essas coisas para entreter. Eles permitiam interpelações e incentivaram a plateia a torcer. Eck e Fabri debateram por cinco horas. Eck evitou referências bíblicas e focou na intenção. Apenas intenções maléficas poderiam tornar uma transação usurária, declarou ele. Um credor cometia usura se ele pretendesse prejudicar o mutuário, mas agia legalmente se tivesse um interesse comercial legítimo. Quando chegou sua vez, Fabri repetiu os velhos argumentos; Aristóteles, Aquino e o resto. Eck pensou que havia acabado com Fabri. Três professores na plateia concordaram com ele. Mas os juízes viram méritos de ambos os lados. Eles se recusaram a decretar um vencedor e o debate terminou em um empate insatisfatório.

Fugger pode ter ficado desapontado, mas poderia se consolar. Os juízes haviam se recusado a considerar o contrato de Augsburgo como heresia. Eck e Fabri apresentaram um caso de cobrança de juros sobre o dinheiro emprestado e deram aos juízes uma oportunidade perfeita para confirmar Lucas 6:35. Mas os juízes se recusaram tomar uma decisão, uma decisão que poderia ter tirado Fugger dos negócios. Isso foi uma aprovação tácita. Além disso, a carta de Fugger para o papa Leão foi aprovada e causou impacto. Leão ignorou a questão sobre os locais de debate, mas, em um decreto emitido naquele mesmo ano, foi ao cerne da questão e assinou uma bula papal que, em contradição direta com Aristóteles e outros comentaristas antigos, reconheceu a legitimidade da cobrança de juros. "Usura significa nada mais do que ganho ou lucro extraído de algo que é, por natureza, estéril, um lucro que é adquirido sem trabalho, custo ou risco." Não importava que o dinheiro não fosse como uma vaca e não desse leite. Trabalho, custo e risco eram suficientes para torná-lo fértil e tornar os juros legais. Isso mudou tudo. Usura era um pecado. Mas o que definiu usura? De acordo com a nova doutrina da Igreja, a usura já não era estritamente sobre o que Jesus disse sobre a cobrança de juros. Tratava-se de cobrar juros sem trabalho, custo ou risco. E qual empréstimo não envolveu um dos três? Enquanto um empréstimo passasse nesse teste fácil, o credor estaria livre. O lobby de Fugger havia sido recompensado de maneira espetacular. Ele e outros agora estavam livres para cobrar dos tomadores de empréstimos e pagar aos depositantes os rendimentos com a plena bênção da Igreja. O decreto de Leão, emitido em conjunto com o Quinto Concílio de Latrão, foi um avanço para o capitalismo. O financiamento de dívidas seria acelerado. A economia moderna estava avançando.

Fugger e Eck mantiveram contato após o debate, e, como veremos, Fugger mais tarde tentou levá-lo a Augsburgo como pregador. Eck também ganhou uma vaga na história indo a Roma e conseguindo persuadir o papa a excomungar Lutero e emitir o mandado de prisão – uma prisão que, se tivesse sido realizada, resultaria em retratação ou a morte de Lutero na fogueira. Contemporâneos sussurraram que Eck foi a Roma sob as ordens de Fugger. Falta evidência, mas o registro mostra que Fugger foi um dos primeiros opositores de Lutero e queria proteger o papado e seus negócios em Roma. Frequentemente despachava Eck para fazer seu trabalho sujo.

♦

Depois do debate sobre a usura, Fugger encontrou-se novamente sob ataque, só que desta vez na Hungria. Fugger tinha obtido sucesso na Hungria porque lá não tinha concorrência. Outros comerciantes germânicos acharam Fugger um tolo quando ele comprou sua primeira mina de cobre húngara. Disseram que se os nacionalistas húngaros não o pegassem, os turcos o pegariam. Para eles, a Hungria – onde o conde Drácula da Transilvânia empalava os turcos uma geração antes e exibia suas cabeça em lanças – era selvagem e imprevisível demais para investimentos. Mas os céticos estiveram errados por vinte anos e Fugger fez uma fortuna explorando o cobre húngaro e exportando-o para todo o mundo. O que ele não exportou na forma bruta, foi transformado em armas para venda aos príncipes e papas.

Fugger possuía várias minas em território húngaro. O maior dele era em Neusohl, na Eslováquia, pouco mais de 200 quilômetros a nordeste de Bratislava. Nenhuma das minas húngaras era individualmente tão produtiva quanto Schwaz, mas juntas elas produziram lucros de 1,5 milhão de florins ao longo dos anos em que Fugger as possuiu. E isso foi apenas de cobre. Fugger pode ter ganhado tanto quanto com a prata, mas esses números foram perdidos. Mais lucros vieram das armas produzidas em suas fundições húngaras. O dinheiro deu-lhe uma fonte essencial de fundos para emprestar a Maximiliano e outros. Ao longo de sua carreira, Fugger ganhou mais dinheiro na Hungria do que em qualquer outro investimento.

A perspectiva ficou ruim na Hungria em 1514, quando os turcos intensificaram seus ataques. Eles estavam saqueando mais cidades do que nunca e capturando garotas para vender como escravas. Para deter os turcos, a Hungria nomeou um guerreiro romeno, Gyorgy Dozsa, para criar um exército de camponeses e revidar. Os turcos aterrorizavam os camponeses e Dozsa encontrou recrutas com facilidade. Assim que conseguiu um exército, ele esqueceu os turcos e voltou suas forças para a nobreza húngara, com o objetivo de ele próprio se tornar rei. Os camponeses odiavam ainda mais os nobres do que odiavam os turcos. Eles aproveitaram a oportunidade para atacar os ricos. Em uma vitória inicial, Dozsa capturou a fortaleza de Cenad e fez uma reverência a Drácula ao empalar o bispo. Parecia que Dozsa conquistaria o país.

De Augsburgo, Fugger tentava proteger seus ativos húngaros. Ordenou que Zink subornasse os padres húngaros para acalmar os camponeses. Enviou presentes para a elite húngara para ganhar sua simpatia. Mas não podia fazer mais do que isso. A ajuda finalmente chegou quando John Zápolya, o maior proprietário de terras da Hungria, levantou um exército. Ele capturou Dozsa e o usou como um exemplo horrível do que acontecia com rebeldes. Refletindo as práticas sádicas da época, encenou uma cerimônia torturante de entronização, onde forçou Dozsa a sentar-se em um ferro em brasa, usar uma coroa derretida e segurar um cetro fundido. Em seguida, queimou Dozsa na fogueira e deu aos seus partidários uma escolha: morrer ou comer do corpo de seu líder ainda vivo, que se contorcia nas chamas. "Cães", gritou Dozsa, enquanto arrancavam sua carne queimada e o consumiam.

Zápolya venceu, mas a Hungria permaneceu volátil. Com os turcos à solta e os camponeses em busca de uma briga, os investimentos de Fugger continuaram em risco. Conflitos entre a nobreza húngara complicaram ainda mais as coisas e uma guerra entre facções nobres rivais parecia próxima. Fugger precisava de uma paz permanente. A família real húngara concordou. Durante anos, eles conversavam com Maximiliano sobre uma aliança matrimonial que faria dos Habsburgo seus protetores. Mas Maximiliano estava muito ocupado na Itália para se concentrar. Agora, com seu tesouro ameaçado, Fugger fez algo novo. Ele deu um ultimato a Maximiliano: ou faça um acordo com a Hungria ou esqueça mais empréstimos. Fugger nunca havia tentado manipular Maximiliano tão abertamente. No passado, se Fugger gostava de um dos esquemas do imperador, como a falsa coroação imperial, ele era generoso. Se ele se opusesse a um projeto, como o empreendimento papal de Maximiliano, ele demorava até que o pedido fosse embora. Mas ele nunca iniciava nada. Desta vez foi diferente. Havia muita coisa em jogo.

A ameaça funcionou. Para apaziguar Fugger, Maximiliano enviou um embaixador para a Hungria para negociar uma aliança matrimonial – uma aliança que prometia a eventual entrega da Hungria aos Habsburgo. Não importava que o povo húngaro pudesse se opor ao domínio dos Habsburgo. Não importava que estavam redesenhando o mapa da Europa, criando o gigantesco barril de pólvora político conhecido como o Império Austro-Húngaro. Fugger precisava que os Habsburgo capturassem a Hungria para proteger suas propriedades.

Para discutir detalhes, Maximiliano concordou em ver o rei Ladislau da Hungria e seu irmão mais velho, Sigismundo, o rei da Polônia. Os monarcas originalmente planejavam se encontrar em Lübeck, porque Lübeck estava perto da Polônia, que desempenhou um papel fundamental. Como crianças trocando figurinhas, Maximiliano planejava dar a Sigismundo a posse imperial da Prússia, lar da ordem religiosa germânica dos Cavaleiros Teutônicos, em troca da Hungria.

Fugger odiava a ideia de uma reunião em Lübeck porque a Liga Hanseática estava lá. Preocupado que a liga poderia difamá-lo enquanto os reis estivessem na cidade, sugeriu Viena como uma alternativa. Além disso, ele queria participar e Viena era de fácil acesso de barco pelo Danúbio. Eles acataram a sugestão. Em 1815, exatamente trezentos anos depois, as grandes potências europeias reuniram-se na mesma cidade para elaborar um tratado de paz que conquistou décadas de tranquilidade europeia e tornou famoso o termo "equilíbrio de poderes". O encontro foi chamado de Congresso de Viena. Na verdade era o segundo congresso de Viena. O primeiro ocorreu quando os três reis – Maximiliano, Ladislau e Sigismundo – se reuniram na cidade para decidir sobre o futuro da Hungria e, como consequência, das minas de cobre de Fugger.

O resultado dependia da química pessoal e, para o deleite de Fugger, Maximiliano e Sigismundo gostavam um do outro. Maximiliano chamou Sigismundo de grande príncipe e Sigismundo o convidou para caçar na Polônia. Eles fizeram um acordo que deu a Fugger tudo que ele queria. A Hungria se tornaria imediatamente um estado fantoche da Áustria e os Habsburgo assumiriam formalmente a Hungria depois que a linhagem de Ladislau morresse. A Polônia ficaria com a Prússia e, como um bônus, Maximiliano prometeu não se aliar à Rússia, que estava em guerra com a Polônia. Os reis selaram o acordo com planos para não um, mas dois casamentos. O neto de Maximiliano, Fernando, casaria com Anne, a filha de Ladislau, e a neta de Maximiliano, Maria, casaria com Luís, o filho de Ladislau.

Casamentos são caros – especialmente casamentos duplos entre famílias reais. Fugger deu a Maximiliano o que ele precisava para pagar por isso. Em uma carta escrita em Augsburgo ao conselho tirolês, Maximiliano explicou em termos honestos por que ele teve que colocar a si mesmo – e, portanto, o Estado – em mais dívidas:

Não podemos fazer isso [a aquisição húngara] a menos que o empréstimo de Fugger seja realizado. Pois sem isso nós não podemos continuar, mas teremos que abandonar todas as relações citadas com os dois reis e abandonar o plano para nossos filhos e os deles, e cancelar todos os arranjos, e isso provavelmente trará as desvantagens e problemas sugeridos acima se nós abandonarmos nosso encontro com eles. Se soubéssemos de qualquer outro método de financiamento, teríamos ficado muito contentes em poupá-los disso, mas não sabemos de outra maneira.

Depois de liquidar o financiamento, Fugger e outros dez mil convidados do casamento chegaram a Viena. Fugger fez como Carlos, o Audaz, quando foi para a Suíça, e trouxe suas joias. Os Habsburgo queriam se vestir como borgonheses e precisavam das joias de Fugger para criar a ilusão de riquezas familiares. Maximiliano não tinha nem perto das posses do seu sogro Carlos, mas podia parecer-se com ele por um dia graças a Fugger. Com Fugger nos bancos da catedral de Santo Estêvão, o organista de Maximiliano tocou um trovejante *Te Deum* e músicos húngaros jogaram marchas de batalha. O secretário de Maximiliano se ofendeu com a postura militar dos húngaros e os descartou como "comedores de cavalo".

As letras miúdas do contrato de casamento destacavam a complexidade – se não o grotesco absurdo – dos casamentos reais do século XVI. O príncipe Fernando era jovem demais para se casar com Anne, mas o casamento deles era vital para o acordo. Para manter tudo nos conformes, Maximiliano, que era viúvo, casou-se com ela por procuração e concordou em tomá-la como sua esposa se Fernando morresse antes de atingir a maioridade. Maximiliano tinha cinquenta e cinco anos – exatamente cinco vezes a idade dela – e parecia mais velho devido aos estragos de uma doença nova na Europa: a sífilis. Cortez a trouxe do Novo Mundo em 1504 e logo Maximiliano, Erasmo e outros tiveram o que chamaram de "doença francesa". A doença afetou César Borgia de maneira tão severa que ele começou a usar uma máscara em público. Lutero reclamava de surtos em mosteiros. Temendo a morte a qualquer momento, Maximiliano viajava com seu caixão por precaução. "Peça a Deus pela minha saúde", Maximiliano disse a Anne no altar. Ele colocou uma coroa na cabeça dela e declarou-a rainha do império. Luís e Maria se casaram em segundo plano. Fugger viu o valor de seu investimento húngaro crescer mais seguro a cada voto.

Enquanto estava em Viena, Fugger prospectava negócios. Em vez de presentear novos depositantes com torradeiras, ele distribuía diamantes, rubis e safiras. Deu colares para as mulheres e anéis de ouro para os homens. Os presentes eram um custo para fazer negócios. Seus registros mostram que ele gastou 9.496 florins, 18 xelins e 5 hellers renanos na viagem a Viena, incluindo as despesas de viagem. O esforço valeu a pena quando George Szath Mary, o arcebispo de Gran, um dos homens mais ricos da Hungria, transferiu suas contas para Fugger.

Do ponto de vista da *Hausmachtpolitik*, o congresso foi uma vitória para todos. Para o rei Ladislau, fraco demais para manter sua família no trono húngaro sem ajuda, o acordo o manteve no poder e lhe deu um amigo na luta contra os turcos. O rei Sigismundo da Polônia salvou-se de uma guerra de duas frentes com o império e a Rússia. Maximiliano, mantendo Anne em Viena até o casamento com seu neto, conquistou a Hungria como um satélite da Áustria.

O poeta romano Ovídio descreveu o herói da Guerra de Tróia, Protesilau, como mais merecedor de amor do que de guerra. Matias Corvino, o rei húngaro que havia tomado Viena do imperador Frederico, reformulou as palavras de Ovídio e aplicou-as aos Habsburgo. *Bella gerant alii, tu felix Austria nube* (Outros fazem guerra mas você, feliz Áustria, casou). As palavras se tornaram um lema da família. Fugger tinha agora desempenhado um papel em quatro casamentos dos Habsburgo. Ele e seus irmãos haviam vestido Frederico para o encontro com Carlos, o Audaz, que levou ao casamento de Maximiliano e Maria da Borgonha, e deu aos Habsburgo os Países Baixos. Mais tarde, os empréstimos de Fugger fortaleceram Maximiliano e fizeram de seu filho Filipe um pretendente mais atraente para Joana de Castela – o casamento que deu aos Habsburgo a Espanha. Agora, os estímulos de Fugger provocaram um casamento duplo e o controle Habsburgo da Hungria.

O triunfo dos Habsburgo em Viena foi igualmente um triunfo de Fugger. A Hungria poderia nunca abraçar completamente Fugger, mas pelo menos ele ganhou mais apoio do alto. Deve ter se sentido como um herói enquanto confabulava com os ricos e poderosos em Viena. Seus esforços haviam unido dois reinos e endurecido as linhas de frente da cristandade contra os turcos. Com suas joias brilhando nos pescoços dos Habsburgo, ele pode ter visto os convidados admirando seus diamantes e os ouviu conversando sobre o que ele e seu dinheiro poderiam realizar.

◆

Depois do casamento, Fugger fechou um acordo com Maximiliano que aponta para um fator por trás da ascensão de

Fugger: o capitalismo estava se movendo mais rápido do que a capacidade da sociedade de contê-lo. Enquanto o comércio avançava, as instituições democráticas que poderiam conter os excessos estavam evoluindo lentamente, permitindo que homens bem conectados, como Fugger, pudessem conseguir o que quisessem sem se importar com nada. Depois de voltar de Viena, Fugger deu ao imperador cem mil florins para alugar uma operação de fundição. Foi uma transação direta, exceto por uma coisa: Maximiliano já havia concedido a fundição à Hochstetter, pioneiro germânico no varejo bancário.

O conselho tirolês, o grupo de nobres que assessorou Maximiliano em Innsbruck, ficou indignado quando soube do acordo. Reclamavam que o cancelamento do contrato de Hochstetter traria "desvantagem, insultos e ridicularização". Com Maximiliano já perigosamente sobrecarregado, o conselho queria que ele tivesse boas relações com Hochstetter, salvando sua reputação com outros credores e reduzindo sua dependência de Fugger. Maximiliano, ao pedir permissão para o financiamento do casamento duplo, pediu ao conselho que lhe desse o que queria. "Não nos deixe com tanta necessidade", escreveu ele. "Nosso bem-estar está em jogo." Seu pedido não passava de uma maneira educada de dar uma ordem. Nesse caso, o conselho fez o que foi dito.

O conselho sempre desempenhou o papel de carimbo na crença de que um governante forte era melhor que um fraco. A busca de Sigismundo por sexo e luxo, financiada por dívidas, deixara o ducado vulnerável, enquanto a política externa agressiva de Maximiliano o tornara uma potência. Os nobres só tinham uma opção se quisessem se opor. Eles poderiam pegar em armas e tentar expulsar Maximiliano. Mas ainda acreditavam nele. E a fundição de Hochstetter dificilmente valeria uma rebelião. Eles desistiram da luta e deram a fundição para Fugger.

♦

Fugger estava de volta ao seu palácio quando um grupo de assessores de Maximiliano apareceu em sua porta. Uma nova crise obrigara o imperador a pedir mais dinheiro. Enquanto Fugger e Maximiliano dançavam em Viena, Luís XII da França morrera e seu primo, Francisco I, agora rei, havia levado um exército para a Itália e tomado Milão de volta dos suíços. Francisco corria atrás de mulheres, bebia muito e tinha uma imprudência que quase o matou. Maquiavel havia chamado os suíços de melhores lutadores do mundo. Ao derrotá-los, Francisco fez sua reputação ao mesmo tempo que destruiu a dos suíços. Não mais invencível, a Suíça adotou uma posição de neutralidade política mantida até os dias atuais. A perda de Milão também preparou o terreno para o empréstimo final de Fugger para Maximiliano. As discussões sobre o acordo oferecem uma visão das táticas de negociação do Fugger.

Após a conquista de Milão, Maximiliano quis correr para a cidade e expulsar Francisco. Ele enviou os homens para Augsburgo para encontrar o dinheiro para pagar a campanha. Fugger disse aos visitantes que ele não tinha interesse, mas que os veria como cortesia. Quando começaram falar de negócios, Fugger ofereceu uma desculpa atrás da outra: Maximiliano já estava muito endividado, sua garantia era pequena e, em uma objeção que poderia ter gerado desconfiança entre os negociadores, Fugger chamou a própria ideia de emprestar dinheiro de ofensiva, porque seria usura. Mesmo quando Maximiliano ofereceu contratos de cobre adicionais, Fugger negou. Ele disse que já tinha mais cobre do que precisava. Acrescentou que se sentia velho e cansado. Disse aos negociadores que poderia morrer a qualquer momento e não sobreviver à guerra. Além disso, disse a eles que não tinha filhos. Ele estava pensando em vender seus ativos e parar com as empreitadas.

Liechtenstein, após anos de serviço fiel ao imperador e seu banqueiro, morrera antes do Congresso de Viena. Em seu lugar, surgiu uma nova safra de conselheiros não familiarizados com Fugger e suas táticas de negociação. Eles nunca ouviram o voto de Fugger de ganhar dinheiro "até quando pudesse". Eles não perceberam que estavam assistindo a uma reprise da época do *Gemeiner Pfennig* quando Fugger, depois de reclamar que o empréstimo não valia a pena, virou para o lado e seguiu emprestando com mais vigor do que antes. Liechtenstein teria reconhecido os sinais. A queixa sobre fadiga era o código para querer mais garantias. A ameaça de liquidação era uma demanda por uma taxa de juros mais alta. Talvez Fugger estivesse mesmo cansado. Mas cansado demais para ganhar dinheiro? Nunca.

Fugger também tinha dúvidas sobre a campanha de Milão. Achou uma tolice enfrentar os franceses depois do que eles conseguiram contra os temíveis suíços. Questionou se Maximiliano e seus mercenários estavam à altura da tarefa. Os homens de Maximiliano registraram as palavras de Fugger. Ele chamou o plano do imperador, de um ataque direto, de "estranho e difícil de aceitar". Quando Maximiliano ofereceu um plano revisado, Fugger o chamou de "ainda pior".

Os ouvidos de Fugger se animaram somente depois que Henrique VIII da Inglaterra se interessou. A vitória francesa feriu Henrique. O que o incomodava era que embaixadores estrangeiros saudassem Francisco como um gênio militar. Henrique ansiava por uma grande vitória, mas ainda não tinha feito nada significativo em seus seis anos no trono. Ansioso para provar a si mesmo e reverter os ganhos franceses, Henrique enviou assessores para o continente com uma oferta para financiar um ataque dos Habsburgo. Eles fizeram duas paradas. Uma em Innsbruck, para informar Maximiliano. A outra em Augsburgo, para ver Fugger. Henrique temia que o imperador atacasse Veneza em vez de Francisco, se lhe desse dinheiro diretamente, por isso entregou-o a Fugger. O rei sabia que Fugger lidava com esses assuntos de forma profissional e que ele podia confiar nele para distribuir o dinheiro conforme as instruções. Henrique transferiu cem mil coroas para a filial de Fugger na Antuérpia e Fugger pagou as contas para a guerra de lá.

Fugger também investiu seu próprio dinheiro. Maximiliano o pagou de volta com um favor. Deixou que Fugger e o abusado Hochstetter criassem uma variação do antigo sindicato do cobre. Fugger sabotou o primeiro sindicato vinte anos antes porque queria esmagar seus concorrentes. Desta vez, Fugger estava comprometido com o arranjo porque podia controlá-lo. Ao unir-se a seu único concorrente no comércio de cobre, ele poderia inflacionar os preços.

Quando a primavera chegou, Maximiliano marchou para a Itália à frente de 30 mil soldados sob a bandeira da águia de Habsburgo. Foi o maior exército que ele já comandou e aquele que sempre quis comandar. Ele desejou que fosse um sinal do que ele queria ter, um dia, para marchar sobre Jerusalém. Os franceses e os venezianos estavam sitiando Brescia. Maximiliano os perseguiu de volta a seus acampamentos. Com sua vantagem numérica, ele parecia pronto para a vitória. Os ingleses esperavam derrotar os franceses e obter o retorno de seu investimento de 100 mil coroas. Então Maximiliano, um homem normalmente ansioso por lutar, inexplicavelmente desistiu. Os ingleses estavam enfurecidos e suspeitavam de subornos franceses. Maximiliano culpou a incapacidade de alimentar seu exército, a chegada do inverno e a cavalaria inferior. As razões não fizeram diferença para Fugger. Ele recolheu sua comissão de Henrique e seguiu em frente.

7
A MOEDA NO COFRE

Em 1514, Fugger fez um empréstimo para Albrecht de Hohenzollern, herdeiro da família que governava a área em torno de Berlim. O esquema para pagar o empréstimo desencadeou um dos eventos mais importantes da história, a Reforma Protestante. A Reforma teve muitas causas – a corrupção no Vaticano, os sacerdotes lascivos e a intromissão nos assuntos seculares alimentaram a rebelião contra a Igreja Católica. Mas Fugger acendeu o pavio. Ele fez parte da famosa indulgência de São Pedro, o esquema de arrecadação de fundos da Igreja que prometia a salvação por dinheiro e levou Martinho Lutero a escrever suas Noventa e Cinco Teses.

Fugger emprestou a Albrecht para financiar a venda de outro cargo clerical. Desta vez, o trabalho em questão não era pároco ou diácono da igreja, mas sim uma das posições mais poderosas na Alemanha, arcebispo de Mainz. Entre os sete eleitores do Sacro Império Romano, o bispo de Mainz era o mais poderoso porque dirigia as dietas imperiais. Ele tinha um só voto – igual aos outros – mas era ele quem decidia a agenda. Isso lhe dava mais autoridade do que qualquer outro na Alemanha, exceto o imperador. Seu equivalente na Inglaterra seria o Lorde Chanceler. Mas o rei Henrique poderia remover o cardeal Wolsey a hora que quisesse. Já o imperador não podia tocar no eleitor de Mainz. Mainz era a única cidade além de Roma que se podia chamar de Santa Sé. Em 1514, Uriel von Gemmingen tornou-se o terceiro eleitor de Mainz a morrer no espaço de dez anos. A cidade tinha emprestado uma quantia enorme para comprar o cargo de Gemmingen. A carga da dívida esgotou seu crédito. Quem assumisse no lugar de Gemmingen precisava encontrar outra maneira de pagar.

Três candidatos a bispo apareceram. O eleitor do Palatinado sugeriu seu irmão mais novo. Maximiliano sugeriu seu próprio sobrinho. Albrecht de Hohenzollern sugeriu a si mesmo. Apesar de estar abaixo da idade mínima (ele tinha 24 anos), ser pouco qualificado (sem diploma universitário) e tecnicamente inelegível (ele já tinha dois assentos como bispo – Magdeburgo e Halberstadt –, quando o limite era um por cliente) Albrecht tinha as melhores chances. Por quê? Ele tinha o apoio de Fugger. Albrecht podia pagar o que fosse preciso.

O papa Leão X, que sancionou a cobrança de juros por empréstimos, decidiria a disputa. Ele era um papa corrupto em uma época corrupta. Nascido Giovanni de Médici, Leão foi o segundo filho de Lorenzo, o Magnífico. Lorenzo teve três meninos. Ele dizia que um deles era bom, um era tolo e o terceiro era astuto. Giovanni era o astuto. Lorenzo criou Giovanni para se tornar papa, pagando para fazer dele um padre aos sete anos e um cardeal aos quatorze anos. Oferecendo alguns conselhos paternos, Lorenzo instruiu Giovanni a poupar seu dinheiro e cuidar de sua saúde. Giovanni observou o segundo conselho, dedicando-se aos benefícios do ar fresco. Mas adorava gastar dinheiro e, ao se tornar Leão X, desperdiçou o tesouro papal na coroação mais extravagante que Roma já vira. Deu dinheiro a estranhos por capricho e organizou festas em que prostitutas cuidavam dos cardeais e criados serviam comida em pratos de ouro. Ele escreveu ao seu irmão: "Deus nos deu o papado. Agora vamos aproveitar." Para ele, a busca de Mainz por Albrecht oferecia um pagamento irresistível.

Albrecht tomou emprestados 20 mil florins de Fugger para cobrir as taxas. Depois de parar em Augsburgo para obter os documentos do empréstimo, os homens de Albrecht foram a Roma para recolher o dinheiro do escritório de Fugger no Vaticano e obter a aprovação de Leão para a nomeação. O Dr. Johannes Blankenfeld comandou a delegação de Albrecht. Além de representar Albrecht em Roma, ele e os outros passavam o tempo vagando pelos corredores do Vaticano comprando cargos para si mesmos.

A missão transcorreu sem problemas até que Matthaus Lang, o bispo de Salzburgo, se opôs ao acúmulo de cargos de Albrecht. Lang foi um dos principais conselheiros de Maximiliano e o bispo que o coroou em Trento. O protesto de Lang deu a Leão uma desculpa para aumentar o preço. Aqui a história deu uma reviravolta estranha. Blankenfeld depois contou como uma figura não identificada o abordou nos corredores do Vaticano e soletrou os termos de Leão. O papa queria dez mil ducados (um ducado equivalia a 1,4 florins) por sua bênção. E ele queria que o dinheiro fosse depositado em sua própria conta bancária, não na do Vaticano.

O misterioso intermediário era provavelmente Zink, o homem de Fugger, porque só Zink, dentre todas as pessoas em Roma, sabia o suficiente sobre a política alemã e a administração papal para ser um elo entre eles. Zink pode ter pedido a Blankenfeld para manter seu nome fora dos registros por causa da natureza sórdida do assunto. Em todo caso, Blankenfeld confessou surpresa com o tamanho da demanda, mas não com o pedido em si.

Em uma reunião posterior, a figura desconhecida aumentou a demanda para doze mil ducados porque, ele brincou, havia doze apóstolos. Pensando rapidamente, Blankenfeld ofereceu sete mil, argumentando que havia apenas sete sacramentos. Eles fecharam o acordo nos dez mil originais. Isso elevou o total para 34 mil florins, ou exatamente o dobro do que Mainz pagou para instalar o antecessor de Albrecht, Gemmingen. Fugger transferiu o dinheiro para a conta do papa. Com isso fora do caminho, Albrecht precisava encontrar uma maneira de pagar Fugger. Seus homens tiveram uma ideia. Eles sugeriram um dispositivo de financiamento da Igreja chamado indulgência.

♦

Os fiéis consideravam o papa como herdeiro de São Pedro e representante de Deus na terra. Como tal, ele tinha o poder de lavar os pecados. O papa poderia tomar o pior pecador e, com uma bênção, garantir-lhe um lugar no céu e salvá-lo do purgatório. A fé na capacidade redentora do papa dava a ele este poder. Urbano II, papa do século XI, explorou essa fé como uma ferramenta de recrutamento na Primeira Cruzada. Ele ofereceu aos soldados perdão na forma de cartas escritas em latim e marcadas com um selo papal. As cartas eram chamadas de indulgências porque Roma as usava para saciar a maldade. O papa Urbano expandiu o programa para incluir doadores à cruzada, não apenas aos combatentes. Ansioso para escapar da condenação, o povo doou generosamente. A ideia pegou. Bispos vendiam indulgências para construir catedrais. Frederico, o Sábio, o eleitor da Saxônia, uniu-se à Igreja com uma indulgência para reconstruir uma ponte sobre o rio Elba.

Leão gostou da ideia da indulgência de Albrecht porque entendia melhor que ninguém a capacidade de enganar os fiéis. Ele resumiu a situação com outra de suas declarações ultrajantes: "Quão proveitosa tem sido essa fábula de Cristo". Mas ele e Albrecht tinham que tomar cuidado. Enquanto fiéis poderiam apoiar uma cruzada ou um projeto de construção, até mesmo os mais ingênuos questionariam o resgate de um banqueiro. Os conspiradores precisavam de uma desculpa. Eles encontraram um na Basílica de São Pedro.

O papa Constantino construiu a Basílica de São Pedro original no século IV, escolhendo o local então ocupado pelo Circo de Nero. Carlos Magno se ajoelhou no chão no ano 800 por sua coroa. No século XVI, a velha estrutura de madeira estava perto do colapso. Júlio II deu início a uma substituição feita de mármore, planejada para ser uma estrutura tão grandiosa quanto qualquer outra coisa no mundo. Ele ficou sem dinheiro antes que pudesse terminar. Leão assumiu o projeto e reconheceu a basílica como perfeita para o financiamento da indulgência. Pedro foi um mártir por Cristo, um dos apóstolos e fundador da Igreja. Quem poderia recusar-lhe um lugar de descanso apropriado? Publicamente, Leão declararia uma indulgência para São Pedro. Mas era também uma indulgência para Fugger. Por trás das paredes do Palácio Fugger, o papa e Fugger dividiriam o dinheiro. A Basílica de São Pedro teria metade. Fugger pegaria a outra metade.

◆

Uma vez que Fugger e Roma chegaram a um preço e engrenaram o plano, um padre saxão rechonchudo vestido de preto conduziu um desfile solene na cidade mineira de Annaberg, perto da fronteira tcheca. O nome do padre era Johannes Tetzel, e ele era o maior dos vendedores de indulgência. Ele e sua equipe carregavam Bíblias, cruzes e uma grande caixa de madeira com fechaduras na lateral e uma foto de Satã no topo. Um padre segurava uma almofada de veludo com uma trança dourada. A almofada levava a ordem de indulgência do papa. Auditores de Fugger seguiam o padre. Os notáveis da cidade recebiam o desfile com velas acesas. Enquanto o grupo marchava em direção à igreja da cidade, a solenidade dava lugar à excitação. Os sinos tocavam no campanário. Os habitantes da cidade, dos idosos às crianças, abandonaram o que estavam fazendo. Não acontecia muita coisa em Annaberg e eles teriam ficado felizes em ver alguém. Acharam esses visitantes particularmente emocionantes porque sabiam que traziam consigo o maior presente de Deus: o dom da salvação. A excitação se transformou em um frenesi dentro da igreja. O órgão tocava alto e as pessoas cantaram hinos a plenos pulmões. Os visitantes ergueram uma cruz vermelha gigante, afixada com a bandeira papal. "O próprio Deus não poderia ter recebido uma recepção mais magnífica", escreveu uma testemunha.

Depois de silenciar a multidão, Tetzel falou. Ele começou devagar, lançando as bases para o seu discurso, explicando as indulgências. Ele veio para levantar dinheiro, disse. O papa – o agente de Deus na terra – estava construindo uma magnífica igreja para honrar São Pedro. Ele precisava deles, o bom povo de Annaberg, para ajudar comprando seus certificados. Tetzel disse que essas cartas mágicas cancelavam todos os pecados. Roubar de uma viúva? Matar um bebê? Deflorar a Virgem Maria? As indulgências absolviam todos eles. Ele prestativamente ofereceu um cronograma de taxas progressivas. Reis, rainhas e bispos deveriam pagar vinte e cinco florins. Condes, barões e diretores da catedral devem pagar vinte florins; comerciantes, três; trabalhadores, um. A oração era suficiente para aqueles que não tinham meios. Ele disse à plateia que um cliente poderia comprar uma indulgência para si mesmo, sua esposa e até mesmo parentes mortos. Ele usou a culpa como argumento tanto quanto o interesse próprio. "Abra seus ouvidos", disse ele. "Ouve o pai dizer a seu filho, a mãe a sua filha: 'Nós te demos à luz, te nutrimos, te criamos, te deixamos nossas fortunas, e você é tão cruel e duro que agora você não está disposto a tão pouco para nos libertar. Você vai nos deixar morrer aqui nas chamas?" Ele resumiu tudo em um jingle: "Quando a moeda no cofre toca, a alma do purgatório escapa".

    Tetzel disse muito naquele dia. Ele foi além da oferta de salvação e prometeu riquezas. As minas de Annaberg, disse ele, se encheriam de prata se o povo desse seu apoio. Mas uma coisa que ele não mencionou foi Albrecht e Fugger. Até onde os ouvintes sabiam, Tetzel trabalhava apenas em prol da Basílica de São Pedro e nada mais. Os agentes de Fugger, que montavam uma mesa feita de um barril de vinho, estavam mais informados. Um deles destrancou a caixa com Satã no topo e preparou-se para receber o dinheiro, enquanto mantinha a caixa perto de seus pés para guardá-la.

Tetzel e os auditores viajaram pelo interior durante meses, levando o ato para Berlim, Braunschweig, Görlitz, Jüterbog e outras cidades. Nenhum lugar estava seguro. Lauingen, uma pequena cidade perto de Augsburgo, recebeu duas visitas. Tetzel encontrou resistência na Saxônia. Quando tentou retornar ao seu estado natal, os guardas o detiveram na fronteira. O duque saxão, Frederico, o Sábio, considerou a indulgência de São Pedro uma competição por seu próprio esquema de arrecadação de fundos. O negócio de Frederico eram as relíquias. Ele manteve a maior coleção do mundo em um palácio em Wittenberg. Os 19 mil itens incluíam o que era supostamente um dente de São Jerônimo, um ramo da sarça ardente e uma crosta de pão da Última Ceia. A Igreja prometia perdão àqueles que viam os itens. Os peregrinos viajavam para Wittenberg e pagavam para dar uma olhada. As relíquias eram valiosas e as falsificações estavam por toda parte. Fugger por vezes traficou falsificações feitas em oficinas italianas. Se Frederick tinha itens falsos, não importava. A Igreja certificou seus espinhos, dentes e ossos como reais. Isso era suficiente para os peregrinos que vinham vê-los.

♦

Na Saxônia, vivia um estudioso de trinta e três anos, de uma família da mineração, que certa vez estudara para advogar. Alguns mais tarde comentaram sobre suas habilidades de debate e o chamaram de filósofo. Outros comentaram a clareza de seu estilo de falar e o chamaram de Rouxinol de Wittenberg. No século XIX, Carlyle colocou-o ao lado de Napoleão e Shakespeare e declarou-o um "Grande Homem". Mas, por enquanto, ele era apenas um humilde acadêmico conhecido em torno de Wittenberg como Martinho Lutero.

Lutero ouviu falar de Tetzel por meio dos saxões que tinham feito grandes esforços para comprar indulgências. Barrado do ducado, Tetzel as colocou a venda do lado de fora da fronteira de Jüterborg, no estado da Turíngia. Relatos sobre a venda chegaram a Lutero. A campanha o deixou ultrajado, e as consequências desse ultraje balançaram as estruturas da Europa. Lutero viu através da farsa das indulgências – um golpe que Roma inventou para lucrar com o medo das pessoas de irem para o inferno. Lutero via a indulgência de São Pedro como mais ofensiva ainda, porque seu alvo eram os germânicos. Os vendedores de indulgências deixavam França, Espanha e outros países em paz, porque esses lugares tinham governantes com força suficiente para enfrentar Roma, que se recusavam a deixar pessoas como Tetzel entrar em seus reinos, especialmente se estivessem enviando os rendimentos de indulgências para fora do país. A Alemanha era fragmentada demais para resistir, e por isso Roma tinha o caminho livre. Havia muito tempo que as terras germânicas eram o palco de alguns dos piores abusos de Roma, e Lutero resolveu se levantar contra essa situação. Enraivecido pelo que ouvira falar sobre Tetzel, ele compôs noventa e cinco argumentos contra indulgências, suas famosas Noventa e Cinco Teses. O item 67 era bem direto: "As indulgências, que os comerciantes exaltam como o maior dos favores, na verdade são um de seus meios favoritos de ganhar dinheiro".

Lutero escolheu o Dia de Todos os Santos para publicar suas teses, o único dia no ano em que Frederico abria sua coleção de relíquias para o público. Wittenberg estaria cheia de peregrinos ansiosos por ver dentes, ossos e espinhos sagrados. Querendo causar impacto, Lutero pregou uma cópia da sua lista de teses na porta da Catedral de Wittenberg, no Dia das

Bruxas, a noite anterior ao dia santo. Todos os peregrinos a veriam. Ele também mandou cópias para indivíduos importantes, incluindo o próprio arcebispo Abrecht de Mainz. Lutero não sabia do papel de Albrecht no esquema e esperava persuadi-lo a parar Tetzel. A carta mostrava a ingenuidade de Lutero. Sua linguagem notavelmente bajuladora deixa em evidência a etiqueta prevalente da época e a sua baixa posição social.

"Padre em Cristo e Mais Ilustre Príncipe", ele começou, "perdoe a mim, escória da terra, me aproximar de Vossa Sublimidade. O Senhor Jesus é testemunha de que tenho conhecimento de minha insignificância e minha indignidade. Que possa Vossa Alteza olhar sobre esse grão de poeira e ouvir meu clamor." Depois de mencionar a "confusão de indulgências", ele encontrou coragem. Disse a Albrecht, "Já é tempo que o senhor olhe para este assunto," e pediu que ele "suprimisse completamente" a campanha de indulgência. Albrecht nunca respondeu. Mas enviou uma cópia ao papa.

8
A ELEIÇÃO

Quando Fugger se sentou em seu banco da primeira fila da igreja de São Maurício, a igreja da elite de Augsburgo, ela fervilhava. Ofendeu-se quando os sacerdotes resmungaram as Escrituras e proferiram sermões mal preparados. Em cartas a amigos, queixou-se de que os sacerdotes leram poucas missas e acenderam poucas velas. Reclamou que os dias de alguns santos não foram observados.

Para Fugger, o trabalho de padre era importante demais para ser deixado para amadores. Ele e seus contemporâneos consideravam os padres como agentes da redenção, capazes de transformar a vida na terra em vida após a morte. Acreditavam que os sacerdotes, rezando missas, confessando e recitando orações, podiam entregá-los ao céu. Mas os padres eram humanos e muitos se desviavam. Eles comiam e bebiam demais, mantinham amantes e, no que mais ofendia os paroquianos, negligenciavam seus deveres como intermediários divinos.

Uma coisa era um padre decepcionar um ferreiro ou um camponês. Outra coisa era desapontar Fugger. Ele tinha os meios para revidar. Com o objetivo de melhorar a qualidade da pregação local, lançou uma mini-Reforma em sua igreja que o colocou em desacordo com seu bispo, envolveu o papa e, se alguém acredita na teoria de um de seus empregados, quase o matou.

A batalha por São Maurício não era apenas um homem rico batendo o pé até conseguir o que queria. Mais do que tudo, era sobre alguém tentando salvar sua alma. Sim, Fugger é uma figura reconhecível para os observadores modernos. Ele fabricava produtos, emprestava dinheiro, assinava contratos e lutava com concorrentes. Além da tecnologia primitiva, Fugger poderia ter sido um oligarca russo, um bilionário das telecomunicações latino-americano ou um barão ferroviário americano do século XIX. Mas essa impressão de Fugger ignora o fato de que ele viveu em uma época em que as pessoas construíam suas vidas ao redor da igreja e a missão do homem era servir ao Senhor e lutar pela salvação. Fugger e seus contemporâneos não só acreditavam que Deus criou o homem, que Cristo é o Senhor ressuscitado e que os pecadores queimarão no inferno. Também acreditavam em uma abordagem formulaica da salvação. Se fizessem suas orações, confessassem seus pecados e, sim, ganhassem crédito extra pagando indulgências, evitariam as chamas. Por isso, o interesse de Fugger em São Maurício. Ele queria se salvar.

Fugger se envolveu primeiramente nos assuntos da igreja local em diferentes circunstâncias. Enquanto seus irmãos ainda viviam, o padre chefe da igreja de Santa Ana, outra igreja de Augsburgo, reclamou das instalações apertadas. Não seria ótimo adicionar uma capela bonita o suficiente para dar crédito ao Senhor, e grande o suficiente para acomodar uma multidão? A ideia cativou os irmãos Fugger, e Jacob fez isso depois que Ulrich e George morreram, quando construiu uma capela fúnebre para honrar suas memórias.

A capela deu-lhe a chance de declarar publicamente sua grandeza de uma maneira socialmente aceitável. Com ambições de imortalidade, contratou um famoso organeiro, um renomado ferreiro e, para o mais importante aspecto – o desenho das criptas –, se voltou para o favorito de Maximiliano, Dürer. Para a capela Fugger, Dürer contribuiu com três projetos: um da ressurreição de Cristo e dois de Sansão. Fugger queria proteger as criações de Dürer e insistiu em um portão de ferro que abrisse durante a missa, mas permanecesse fechado no resto do tempo. Só ele e os sacerdotes tinham as chaves.

A disputa em São Maurício começou em 1511, por causa de um local de armazenamento de objetos sagrados. Fugger e outros líderes da comunidade construíram um atrás da igreja. Por algum motivo, a fundação que dirigia São Maurício – um grupo composto inteiramente por padres – se opôs. Fugger e os outros se sentiram insultados e desviaram doações para outras igrejas. As tensões aumentaram quando o padre que administrava a fundação se aposentou e criou uma chance de melhorar a equipe e o serviço de adoração. Fugger queria um teólogo em vez de um amador e fez campanha por Johannes Eck, seu campeão no debate da usura. A fundação odiava a ideia. Eck tinha uma mente brilhante, mas era arrogante. Eles também se irritaram com Fugger dizendo-lhes o que fazer. Como não queria tanto assim o emprego de qualquer maneira, Eck se retirou e Fugger pediu a outro teólogo, Johannes Speiser, para se candidatar. Speiser recusou-se a princípio e só concordou depois que Fugger disse que iria dobrar o pagamento que Speiser recebesse da Igreja, com seu próprio dinheiro. Encontrar um candidato foi a parte fácil. Agora Fugger tinha que convencer a fundação. Essa parte foi um desafio pois a fundação não precisava do seu dinheiro e, ao contrário do imperador, poderia sobreviver sem ele, graças a grandes propriedades, que a proporcionavam independência financeira. Em vez de deixar Fugger assumir, preferia ficar sem uma nova sacristia, uma nova capela ou qualquer outra coisa que ele pudesse oferecer. A fundação comprometeu-se em deixar que Speiser pregasse, mas apenas à tarde. Isso foi um insulto; quase ninguém ia à igreja de tarde. Fugger ficou furioso e dobrou seus esforços para fazer de Speiser o sacerdote principal.

No meio da controvérsia, Fugger sentou-se em uma carruagem e viajou 32 quilômetros a oeste até Dillingen, na margem norte do Danúbio. Ele jantaria com Christoph von Stadion, o bispo de Augsburgo. Stadion morava em um castelo de dez andares com uma abóbada construída no século XI. Depois do jantar, Fugger ficou gravemente doente – tão doente que os assessores que viajavam com ele pensaram que ele morreria. Eles também ficaram doentes, mas um deles estava forte o suficiente para colocar Fugger na carruagem e levá-lo de volta a Augsburgo. Os médicos cuidaram de Fugger durante a noite e ele se recuperou no dia seguinte. Anos depois, um dos criados que acompanhara Fugger na visita anotou a história e atribuiu a doença a um suposto envenenamento. Stadion deveria ser um aliado, porque Fugger o apoiara quando ele conseguiu sua cadeira de bispo. Mas Stadion ficou do lado dos padres, levando Fugger a condenar sua "ingratidão e traição".

Se isso foi uma tentativa de assassinato ou não, importa menos do que o que simboliza esse episódio. Fugger tinha inimigos e alguns desses inimigos poderiam tê-lo odiado o suficiente para tentar matá-lo. Tudo o que sabemos com certeza é que Fugger nunca mais teve uma palavra gentil para Stadion. Ele continuou lutando por Speiser e ordenou a Zink que levasse o assunto ao papa.

Leão estava tendo um ano agitado. Estava em campanha por uma cruzada, selecionando um registro de 31 novos cardeais e mantendo um olho no julgamento de alguns conspiradores que tentaram matá-lo. Mas como o político que faz favores para um colaborador, queria manter Fugger feliz. Ordenou que a fundação deixasse Fugger seguir seu caminho. A fundação recorreu a um tribunal clerical mas, também lá, Fugger prevaleceu. Speiser tornou-se o padre principal em São Maurício. De volta ao seu banco na primeira fileira, Fugger podia agora sentar tranquilo e ouvir enquanto um verdadeiro teólogo proferia sermões eruditos e recitava todas as orações. Ele deve ter sorrido. Obtendo o que queria, podia se sentir mais confiante sobre sua própria salvação e menos preocupado com o fogo do purgatório.

◆

Mais ou menos nessa época, Fugger contratou em Augsburgo um contador de dezenove anos chamado Matthaus Schwarz. Schwarz ficou com Fugger e seus sucessores toda a sua carreira. Embora tenha se tornado uma parte importantíssima da organização, o interessante sobre ele não são suas próprias realizações, mas sim os vislumbres que deixou de Fugger. Nós sabemos muito sobre Schwarz porque ele encomendou uma série de retratos que o capturam durante todas as fases de sua vida. Um mostra-o nu, outro vestindo uma armadura e outro com ele na Sala de Contagem de Ouro de Fugger, pena em mãos. Ele está sentado em sua mesa de trabalho enquanto Fugger se aproxima dele dando instruções. As gavetas de arquivo com os nomes das filiais da Fugger ocupam o plano de fundo. Schwarz, que amava moda, usa um gibão verde com barras cortadas nas mangas. Ele oferece um contraste vivo com Fugger em sua túnica preta. O único pedaço de cor em Fugger é sua boina dourada. A imagem é grosseiramente feita e tem um efeito caricatural que teria horrorizado Dürer. Mas a pintura de Schwarz é importante porque é a única de Fugger praticando seu ofício.

Os esforços literários de Schwarz abrangem dois gêneros – moda e administração. Além de seu livro de retratos, ele escreveu um livro sobre contabilidade que mostra a ênfase dada por Fugger a registros precisos. Schwarz, como Fugger, fora aprendiz em Veneza. Lá, estudou contabilidade, mas escreveu que entendia "pouco mais do que nada" sobre finanças antes de entrar para a empresa. Depois de passar um tempo com Fugger, reconheceu a tolice dos competidores de seu patrão, que acreditavam que poderiam viver sem números detalhados: "Esses homenzinhos escrevem seus tratos em álbuns de recortes mal conservados ou em pedaços de papel, colam-nos na parede e fazem seus cálculos no peitoril da janela." Fugger, por outro lado, tinha funcionários em cada um de seus escritórios. Eles monitoravam todas as transações e não deixavam passar nada. Os escritórios tinham que atualizar os números toda semana e fechar os livros no final do ano, sem exceções. Depois disso, os gerentes enviavam cópias para Augsburgo, onde a equipe de Fugger traduzia os números para florins renanos e, em outra inovação, os números consolidados de todas as filiais em um único balanço. Os bancos italianos tinham declarações para cada ramo, mas nunca se preocuparam com a consolidação. Fugger podia ver o panorama completo como ninguém. Sabendo exatamente onde ele estava a cada momento, sempre sabia o quanto tinha que emprestar ou se precisava recuar. Ele sabia se estava carregando muito estoque ou pouco dinheiro. Sabia o quanto poderia conseguir vendendo suas joias ou fábricas. E sabia exatamente, até o último kreuzer, o seu valor total. Schwarz observou com desdém como os outros perdiam a noção dos números e como expressavam choque quando iam à falência. Eles mereciam o seu destino, era o que Schwarz parecia dizer. Eles eram idiotas.

Schwarz descreveu o uso pioneiro de auditores – algo que os italianos copiaram mais tarde – e a insistência em envolver três pessoas na preparação de declarações como uma ferramenta para impedir fraudes. "Raramente três pessoas compartilham os mesmos pontos de vista quando se trata de más intenções", escreveu Schwarz. "Dessa forma, o mestre não será enganado e os servidores permanecerão honestos contra a vontade deles." Fugger era o auditor-chefe. Enquanto revisava os registros de Neusohl, sua grande mina eslovaca, se irritou quando viu que um gerente geral gastava demais com comida e alojamento. "Eu não sei o que está acontecendo aqui", Fugger rabiscou na margem.

Schwarz pretendia que seu trabalho servisse como um livro-guia para jovens alemães interessados em negócios, e deu a seus leitores conselhos sobre investimentos que provavelmente vieram do próprio Fugger. Uma pessoa de negócios, disse ele, deve manter um terço de seus ativos em dinheiro, um terço em investimentos e um terço em mercadorias, e se preparar para perdas íngremes a qualquer momento; também nem é preciso dizer que deve-se possuir imóveis e terras: os investimentos fracassam e o dinheiro diminui com a inflação, mas a terra perdura.

◆

Em *A riqueza das nações*, Adam Smith argumentou que o capitalismo fornece para todos, ou pelo menos faz o que se pode esperar. É bem-sucedido por causa do que Smith chamou de "a mão invisível". Um indivíduo que busca o primeiro lugar é "conduzido por uma mão invisível para promover um fim que não fazia parte de sua intenção", escreveu ele. "Ao buscar seu próprio interesse, ele promove com frequência o da sociedade mais efetivamente do que quando ele realmente pretende promovê-lo." Em outras palavras, os indivíduos em busca de lucro fariam mais pelo bem comum do que os esforços deliberados do Estado para fazer o mesmo. Essa é a teoria. A realidade é que a busca do interesse próprio, se não for controlada, leva ao capitalismo de compadrio, onde os que estão no poder conspiram com alguns poucos empresários poderosos para obterem seus próprios interesses e minar os outros. Particulares, não o Estado, ainda possuem a propriedade. Mas a riqueza está concentrada nas mãos de poucos. E a falta de competição trava a mão invisível e seus efeitos benéficos.

Fugger não se via como um adversário do bem comum. Ele apontou para os milhares de trabalhadores que ele empregava em suas minas, armazéns e fábricas. Também poderia apontar para seus pagamentos a fornecedores que lhes permitiam empregar milhares mais. Sem esses empregos, muitos, se não a maioria, dos trabalhadores seriam camponeses sem terra ou até pedintes. É por isso que Fugger se referiu aos negócios como uma "joia maravilhosa". Cuidava das pessoas. Além disso, Fugger certamente não tinha objeções à prosperidade para todos. Estava simplesmente fazendo o que os empresários fazem. Como qualquer outra pessoa em sua situação, ele usou todas as vantagens que tinha para ganhar dinheiro. Fugger teria sido um tolo em não explorar seu relacionamento especial com o imperador, particularmente quando não havia outro caminho para riquezas extraordinárias senão através de conexões com a realeza. Em sua visão, ele não estava sendo corrupto, estava apenas sendo prático.

Mas o conselho tirolês, depois da onerosa aventura do imperador na Itália, viu o contrário. Estava convencido de que o relacionamento confortável de Fugger com o imperador impediu o desenvolvimento econômico e, mais importante, ameaçou o ducado com a falência e tornou-o vulnerável a uma invasão estrangeira. Tentando calcular o dano, eles acumularam números no último contrato de Fugger com o imperador e chegaram a uma conclusão contundente: o acordo foi escandalosamente desequilibrado. Fugger havia emprestado ao imperador 130 mil florins e, em troca, teria um lucro de 466 mil. Como nos acordos anteriores, o imperador pagaria com prata e cobre de suas minas. Mas o valor do que Maximiliano deu nesse negócio era muito menor do que o que seria obtido por Fugger. Uma vez que vendesse o metal no mercado aberto, ele ganharia várias vezes o que emprestou. As circunstâncias exigiam uma dieta para investigar os resultados e derrubar o acordo.

O conselho inspecionou os livros porque as finanças do estado estavam esgotadas. A saída da mina de prata de

Schwaz, a maior mina de prata do mundo, deveria ter aliviado os encargos financeiros do Tirol. Mas, em vez disso, permitiu que Maximiliano hipotecasse a renda futura e assumisse obrigações enormes. Maximiliano assumiu o cargo com uma promessa de disciplina fiscal. Agora estava claro que Maximiliano era tão ruim quanto Sigismundo. A única diferença era que Sigismundo gastava seu dinheiro em amor e Maximiliano gastava o seu em guerra. Sigismundo teve várias amantes e dezenas de crianças ilegítimas para apoiar. Maximiliano pediu emprestado para pagar tropas e comprar armas para lutar contra Veneza. Mas a diferença em como eles gastaram não importava. O Estado estava quebrado de qualquer jeito e, como nos dias de Sigismundo, não tinha dinheiro para drenar pântanos ou construir pontes, muito menos para os tribunais da filha de Maximiliano, Maria, a futura rainha da Hungria, ou de Ana da Hungria, a esposa de seu neto Fernando.

Fugger e Maximiliano não inventaram a dívida soberana, mas esticaram-na para um novo extremo. Por meio de sua parceria, o Tirol tornou-se um experimento sobre os limites do endividamento público. Hoje em dia, os governos emprestam rotineiramente por até trinta anos. Os investidores assumem que os contribuintes estarão lá para pagar quando as contas vencerem. Mas os empréstimos eram quase sempre de curto prazo nessa época. Fugger foi além de seus antecessores, fazendo empréstimos que chegaram a oito anos. Ele confiava que Schwaz e sua prata estariam lá para ele no futuro. Sua aposta valeu a pena, mas investidores posteriores, incluindo os herdeiros of Fugger, tiveram uma dura lição sobre as finanças reais no final do século, quando o bisneto de Maximiliano, Filipe II da Espanha, deu calote nos empréstimos usados para financiar a Armada e suas guerras com a Inglaterra.

Ao combater o conselho, Fugger poderia argumentar que merecia um alto retorno porque o imperador era um crédito arriscado. Como soberano, Maximiliano estava acima da lei. Nada além da ameaça da revolução e do desejo de preservar seu bom nome obrigava-o a pagar. Um contemporâneo de Fugger acertou em cheio quando disse: "Os líderes agem como bem entenderem". Outro risco era o preço da prata. Muita coisa poderia acontecer em oito anos. Se os preços da prata caíssem, Fugger poderia ficar com perdas em vez de lucros. Mas há lucros justos e lucros ridículos, e o conselho alegou que os lucros de Fugger eram ridículos. Os auditores fizeram investigações e descobriram que outros banqueiros teriam emprestado ao imperador a juros de 10%. Os juros de Fugger excediam 50%. Maximiliano podia não ser bom com números, mas os termos terríveis sugeriam algo além de aritmética defeituosa. Sugeriam fraude. O conselho não podia acreditar que alguém, quanto mais o imperador e seus especialistas, poderiam ter feito acordos tão horríveis se soubessem dos detalhes. Fugger devia ter mentido para eles.

O relatório continha outras bombas. Descobriu-se que Fugger às vezes pagava ao imperador menos pelo cobre do que o imperador pagava para que o cobre fosse produzido. Em outras palavras, Maximiliano estava perdendo dinheiro em cada pá de minério. Outra descoberta notou que Fugger e outros mercadores emprestavam ao imperador dinheiro em moedas diluídas ou em lã ou seda que os empregados de Maximiliano não sabiam valorizar. Maximiliano pode ter pensado que ele estava recebendo 40 mil florins em moedas ou bens. A verdade era que ele recebia muito menos.

Nem tudo no relatório era verdade. Estava cheio de erros e alegações exageradas. Mas, ainda assim, colocou Fugger em uma posição perigosa. Se Maximiliano concordasse com o conselho e se voltasse contra ele, Fugger estaira acabado. Ninguém havia mencionado Jacques Coeur, outrora o principal banqueiro de Carlos V da França. Mas Coeur poderia estar na mente de Fugger. Coeur era o homem mais rico da França. Seu palácio em Bourges rivalizava com o do rei e fazia dele um alvo para a invejosa nobreza. O rei gostava de Coeur – Coeur financiou suas guerras e possibilitou suas vitórias –, mas precisava mais dos nobres do que do banqueiro. Cedendo à pressão, Carlos jogou Coeur na prisão e confiscou suas posses. Coeur escapou subornando seus carcereiros, mas nunca recuperou o favor do rei, e morreu no exílio na Itália. Alguns membros do conselho tirolês queriam o mesmo para Fugger.

O conselho argumentou que os contratos de Fugger eram inválidos porque ele havia abusado da confiança do imperador. Além disso, Fugger havia corrompido funcionários tiroleses e manipulado os preços do cobre, inundando o mercado com cobre de sua fundição, o Fuggerau. Os oficiais ofereceram a Maximiliano 400 mil florins do próprio dinheiro deles – um montante equivalente a vários anos da produção de Schwaz – para romper com o banqueiro.

Infelizmente para eles, Fugger valia mais do que isso para o imperador. O conselho poderia manter seu dinheiro, Maximiliano os disse. Ele fechou a dieta e voltou aos seus negócios. Estava disposto a arriscar uma rebelião porque estava prestes a embarcar no projeto mais importante de sua vida. O projeto cimentaria a hegemonia dos Habsburgo na Europa, se bem-sucedido. Para ter certeza, ele precisava de Fugger.

◆

Se a história da eleição imperial tivesse uma verdade universal, seria esta: deixados por sua própria conta, muitos políticos aproveitarão uma oportunidade financeira até onde for possível. Por que não deveriam? Afinal, uma vez no poder, o objetivo é permanecer no poder. Quanto mais dinheiro um político tem, mais ele pode gastar em exércitos privados, comerciais de televisão, fraude de urnas ou qualquer outra coisa que tenha que fazer.

A campanha eleitoral começou em 1517, quando Maximiliano arrastou seu caixão e corpo cansado para a Holanda para pedir ao seu neto Carlos que o sucedesse. Maximiliano considerava ser imperador como o melhor trabalho da terra. Ele acreditava que o possuidor da coroa de Carlos Magno poderia governar toda a Europa. Mas o tempo dele estava acabando. Agora tinha cinquenta e oito anos, a sífilis o estava comendo vivo e um acidente de cavalgada danificara gravemente uma de suas pernas e o deixara com dores terríveis. Ele precisava preparar o terreno para o futuro antes que fosse tarde demais. Carlos, com dezessete anos, era um adolescente confuso ainda aprendendo a ser rei. Mas como monarca da Espanha e Holanda, ele já conhecia os fardos da coroa. A perspectiva de acrescentar a Alemanha aos seus deveres o intimidava. Carlos não compartilhava nenhuma das ideias românticas de seu avô sobre o trabalho. Ele hesitou, e Maximiliano teve que apelar à honra da família para que ele mudasse de ideia.

A Bula Dourada, a constituição do Sacro Império Romano-Germânico, exigia uma eleição, mas a inércia tornara os eventos sem sentido. Assim como Frederico passara a coroa para Maximiliano, Maximiliano acreditava que passaria para Carlos. Além disso, antes de Maximiliano revitalizar o cargo de imperador com sua determinação, astúcia e o dinheiro de

Fugger, ninguém o queria. Uma geração antes, os eleitores tiveram que pedir ao pai de Maximiliano, Frederico, que ficasse com a coroa imperial. Frederico hesitou por meses antes de concordar, porque o posto tinha poucos poderes e poderia ser mais fardo do que benefício.

Essa eleição seria diferente porque, pela primeira vez, seria disputada. O rei francês, Francisco, o aventureiro arrojado que surpreendeu a Europa ao derrotar os poderosos suíços, temia Carlos. Ele sabia que se Carlos se tornasse imperador, ele estaria cercado. Carlos usaria sua influência na Alemanha para atacá-lo na Itália e depois na França. Francisco poderia impedi-lo, tornando-se ele próprio o imperador. Com a autopreservação em mente, anunciou sua candidatura. "A razão que me move a buscar o império", ele disse, "é impedir que o rei espanhol o faça".

Francisco era o melhor qualificado dos candidatos. Vários anos mais velho que seu rival, era considerado por Maquiavel e outros como o rei mais forte e mais capaz da Europa e, se o dia chegasse, eles queriam que ele liderasse a luta contra os turcos. O fato de ele ser francês e o império ser germânico não era um obstáculo. As regras não diziam nada sobre nacionalidade e, além disso, Carlos não era mais germânico que ele. Carlos podia falar alemão com seu cavalo, como os bobos da corte diziam, mas na corte ele falava francês.

Como os competidores sabiam, a ganância movia os eleitores, e a disputa seria um leilão. E por que não? Uma eleição entre o rico rei da Espanha e o rico rei da França oferecia aos eleitores uma oportunidade espetacular de faturar uma quantia única na vida. Maximiliano advertiu Carlos contra a frugalidade. "Se você deseja ganhar a humanidade, deve apostar alto", disse ele. "Seria lamentável se, depois de tanta dor e trabalho para engrandecer nossa casa e nossa posteridade, perdêssemos tudo por causa de alguma omissão ou negligência digna de pena." Francisco falou da mesma maneira. Quando um conselheiro sugeria a persuasão como uma alternativa de baixo custo, Francisco rejeitou sua ingenuidade: "Se eu tivesse que lidar apenas com os virtuosos, seu conselho seria conveniente. Mas em tempos como o presente, quando um homem coloca seus olhos no papado, no império ou em qualquer outra coisa, ele não tem meios de obter seu objeto, exceto pela força ou pela corrupção".

Para pagar as contas, os candidatos precisavam de financiamento. Fugger era o banqueiro mais óbvio de Carlos. Ele servia há muito tempo aos Habsburgo e possuía recursos insuperáveis. Mas não fez suposições. Carlos nunca estivera na Alemanha, nunca conhecera Fugger, presumivelmente lera o relatório contundente do Conselho de Tirol e já tinha seu próprio grupo de banqueiros na Espanha. Esses banqueiros incluíam vários italianos, bem como os rivais de Fugger em Augsburgo, os Welser, que tinham operações na Espanha por causa de seu trabalho no comércio de especiarias em Portugal. Carlos poderia ir a qualquer um deles. Mas Fugger não tinha intenção de deixar qualquer outro, muito menos os Welser, ganhar o acordo.

Assim que a eleição começou, Fugger preparou uma campanha de marketing. Luís de Aragão, um cardeal italiano, estava indo para Augsburgo como parte de uma exaustiva excursão que, ao longo de nove meses, o levaria a quarenta e oito cidades em oito países e incluiria uma visita a Leonardo da Vinci. Luís planejou terminar encontrando Carlos na Holanda. Confiante de que Luís relataria tudo o que ouvira ao jovem Habsburgo, Fugger tratou-o como se fosse da realeza. Depois que o cardeal chegou, fez uma visita ao Palácio Fugger. O anfitrião mostrou-lhe a capela Fugger na igreja de Santa Ana e deu-lhe uma festa. O cardeal se divertiu. "Os Fugger entretinham meu mestre com a dança e a companhia de muitas moças bonitas em seu jardim", escreveu Antonio de Beatis, um escritor que Luís levou consigo para fazer relatos. Fugger se vangloriou ao cardeal de que a capela funerária lhe custara 23 mil florins e que ele emprestara dinheiro a todos os bispos da Alemanha.

O ataque publicitário de Fugger funcionou e fez Beatis soltar a língua: "Os Fugger estão entre os maiores comerciantes da cristandade, pois sem nenhuma ajuda externa, podem pôr as mãos em 300 mil ducados em dinheiro pronto e ainda não tocar um cabelo de sua propriedade, que não é de forma alguma pequena". Ele elogiou os Welser, mas acrescentou que "eles não podem ser comparados com os Fugger".

♦

Como esperado, a dieta imperial se reuniria em Augsburgo naquele ano. Os turcos eram o principal assunto oficial; o papa Leão queria que os eleitores financiassem uma cruzada e enviou o legado papal à Alemanha para defender a causa. Ele estava em pânico desde que os turcos capturaram Belgrado em 1521 e criaram um caminho para a Hungria e, de lá, para o resto da Europa. Temia que Roma caísse como Constantinopla e, se isso acontecesse, a própria cristandade pereceria. Mas os eleitores não davam a mínima para os turcos. A eleição e os pagamentos os consumiram. Três dos eleitores – Boêmia, Palatinado e Frederico da Saxônia – inclinaram-se para Carlos. Enquanto Carlos os pagasse de maneira justa, ele poderia ter seus votos. Três outros – Trier, Colônia e Albrecht de Mainz, o cliente de Fugger – inclinaram-se para Francisco. Se ele os pagasse, eles eram dele. Nada era certo até que os eleitores realmente votassem. Mas à medida que a Dieta de Augsburgo começava, parecia um empate com cada candidato confiante em pelo menos três votos.

O sétimo eleitor era Joaquim de Brandemburgo. Ele liderou a Casa de Hohenzollern, que produziu Albrecht de Mainz e mais tarde produziu o Kaiser Guilherme I, que com Bismarck unificou a Alemanha, e o Kaiser Guilherme II, que liderou a Alemanha na Primeira Guerra Mundial. Joaquim brincou dizendo que só se importava com falcões, mas fundou uma universidade e reformou a justiça e os sistemas administrativos de seu território. Inteligente com dinheiro, ele trabalhou com Fugger no esquema de indulgência para Albrecht. Agora empregava seus talentos para extrair tudo o que podia de Maximiliano e Francisco. O negociador dos Habsburgo em Augsburgo, Max von Berges, chamou-o de "um homem diabólico em relação a questões financeiras". Seu equivalente na França dizia que Joaquim estava "cego pela ganância".

Francisco tentou antecipar a licitação com uma oferta espetacular. Além de dinheiro, ele ofereceu sua sobrinha, a princesa Renée. Isso provocou Joaquim porque os Hohenzollern – jogadores de segunda classe no jogo da *Hausmachtpolitik* – historicamente não tinham conseguido nada além de casamentos locais. Um Hohenzollern poderia casar com uma duquesa da Pomerânia ou com uma condessa de Mecklenburg, mas nunca com alguém de uma casa poderosa como os Valois. Mas, como a ascensão de Albrecht mostrou, os Hohenzollern estavam crescendo em importância. Um casamento com os

Valois seria outro impulso. Renée, no entanto, frustrou seus sonhos. Ela desafiou Francisco e fugiu para se casar com um duque francês.

Antes que Francisco pudesse entregar outra princesa, Carlos ofereceu uma de suas próprias – sua irmã, a princesa espanhola Catarina. Ele jogou um dote de 300 mil florins. Joaquim gostou da oferta – os Habsburgo eram agora tão prestigiados quanto os Valois – e aceitou. Mas insistiu que Carlos pagasse um terço do dinheiro adiantado. Como Fugger suspeitava, Carlos não tinha dinheiro. Apenas Fugger poderia arranjar esses fundos rapidamente, então Carlos o procurou. Fugger insistiu que os negociadores elaborassem primeiro um contrato de matrimônio.

As famílias realizaram um casamento provisório na dieta, com apenas o noivo presente. Um casamento sem a noiva pode parecer um evento oco. Mas Augsburgo comemorou por três dias de qualquer maneira. A cidade considerava a união Habsburgo-Hohenzollern boa para os negócios e a segurança. Fugger, sempre disposto a dar uma festa, organizou um baile de fantasias.

Depois que Joaquim se aproximou de Carlos, o apoio a Francisco evaporou-se. Os outros eleitores viram o que Joaquim recebera e exigiram seus próprios pagamentos em troca de votos. Enquanto o legado papal se irritava com a incapacidade dos eleitores de se preocuparem com os turcos, Maximiliano os encurralou em uma sala para negociar os subornos. Maximiliano trouxe um convidado especial para a reunião: Fugger. Desde a Dieta de Constance, onde Fugger produziu as carroças de ouro, seu nome era mágico. Ninguém duvidava que ele pudesse pagar o que Carlos prometesse. Não há registro do que Fugger disse aos eleitores. Talvez ele não tenha dito nada e sua mera presença fosse suficiente. De qualquer forma, todos os sete eleitores assinaram um compromisso por Carlos.

♦

A Bula Dourada decretava que a eleição deveria ocorrer em Frankfurt. Ao votar na cidade dos francos, o império honrava a memória de Carlos Magno, que era o rei dos francos antes de se tornar imperador. Os eleitores queriam dinheiro e Fugger ficou ocupado com a logística. Ele precisava de cavalos, carroças e guardas armados para transportar carregamentos de ouro para Frankfurt. Precisava de presentes para subornar todos os senhores feudais cujas fronteiras ele cruzava. E precisava de mais um item essencial. Apesar de se gabar de ser capaz de conjurar 300 mil ducados em um instante, ele não tinha o dinheiro. Teve que levantá-lo. Mas é aí que ele se destacou. Como já havia ficado evidente em suas relações com o duque Sigismundo, quando convenceu amigos e familiares a emprestar-lhe tudo o que precisava sem o benefício de um histórico, ele sabia como atrair investidores. Agora, trinta anos depois, ele tinha o melhor histórico de qualquer banqueiro na Europa. Se houvesse telefones, poderia ter levantado tudo o que precisava com algumas ligações. Como não havia, ele angariou o dinheiro com conversas cara a cara, na dieta. O maior depósito veio do duque George de Brandemburgo, que tinha 46 anos. era parente de Frederico, o Sábio, e conheceu Fugger pela primeira vez na dieta. Ele possuía depósitos de minério perto da fronteira com a Boêmia e compartilhava o interesse da Fugger na mineração. Depois que George investiu, Fugger se correspondeu com ele pelo resto de sua vida. Essas cartas, que lembram as que os CEOs escrevem todos os anos aos acionistas, estão entre as poucas cartas de Fugger que sobreviveram. Fugger mantém um tom formal, mas mesmo assim revela seus pensamentos sobre religião, inquietação social e os atrasos nos pagamentos dos Habsburgo. As cartas estão entre os documentos mais importantes do registro histórico sobre ele.

Fugger tinha tudo para pagar os subornos quando recebeu notícias chocantes da Espanha: Carlos queria usar outros banqueiros e excluí-lo. Fugger tinha pressionado além da conta por termos favoráveis e fez Carlos optar por uma opção mais barata. Os detalhes se perderam, mas pode ser que Fugger tenha exigido garantias mais valiosas do que os outros. Nenhum dos banqueiros, pelo menos não como indivíduos, poderia emprestar as quantias necessárias, mas poderiam coletivamente. O grupo era todo italiano, exceto pelos rivais de Fugger – os Welser. Os assessores de Maximiliano ficaram horrorizados porque apenas Fugger tinha credibilidade com os eleitores. Os eleitores poderim pular fora se Carlos fosse com os Welser. Um dos assessores condenou os Welser como inúteis: "Nunca conseguimos obter um empréstimo ou um centavo dos Welser, por isso sempre precisávamos ir até os Fugger". O próprio Fugger deve ter ficado furioso. Não foi por um Welser que eles haviam assinado com Carlos. Eles assinaram porque Fugger estava na sala. Carlos tentou apaziguar Fugger jogando-lhe um osso. Ele o designou para lidar com as transferências de dinheiro e manter os documentos necessários em seu cofre. Isso era dinheiro fácil para Fugger. Mas era o empréstimo que ele queria. Os lucros das taxas de transferência não eram nada perto dos do empréstimo. Ele tinha que voltar para o jogo.

♦

Enquanto os eleitores buscavam dinheiro, Albrecht Dürer pegou o cavalete, os pincéis e os blocos de desenho e foi para Augsburgo. Ele foi o maior artista alemão da época e um excelente homem de negócios. Sentindo uma oportunidade para comissões, ele contava com dignitários ricos na dieta fazendo fila para seus retratos. Dürer especializou-se em xilogravuras, porque podiam ser reproduzidas em massa e vendidas várias vezes. Ele carimbava sua marca em cada uma para impedir os falsificadores. Mas sabia que os dignitários não queriam xilogravuras. Eles queriam luminosas pinturas a óleo sobre tela. Isso é certamente o que Fugger queria. Quando chegou sua vez, Dürer fez com que ele se virasse levemente para capturar um pouco de seu perfil. Dürer, com suas mechas douradas debaixo do gorro, começou com um esboço rápido de carvão. Dessa forma, Fugger poderia ir embora rapidamente. Dürer preencheria as cores mais tarde.

Fugger posou para vários retratos em sua vida, mas o que Dürer pintou em Augsburgo foi o melhor. Ele mostra Fugger usando seu boné dourado e uma capa com gola de pele, e oferece um forte contraste com o retrato de Maximiliano pintado ao mesmo tempo. O imperador parece cansado. Suas joias brilhantes são incapazes de esconder o fato de que a morte se aproxima. A filha de Maximiliano, a quem Dürer tentou vender a pintura, odiou e recusou-se a comprá-la. Fugger tinha a mesma idade do imperador, mas parece bem acordado em seu retrato. O olhar é calmo, inteligente e digno – um olhar de confiança. A pintura agora está pendurada no museu da cidade de Augsburgo.

♦

Assim que a dieta terminou, Martinho Lutero apareceu nos portões de Augsburgo. O papa queria que ele se retratasse e mandou-o a Augsburgo para dar uma declaração. O papa prometeu não prendê-lo se ele aparecesse, mas Lutero pensou em Jan Hus, o reformista tcheco queimado na fogueira por heresia em 1415. A Hus, também, havia sido prometida uma passagem segura. Lutero se preparou para o pior. "Agora devo morrer", disse ele.

Em suas Noventa e Cinco Teses, Lutero negou a capacidade do papa de absolver os pecados, atacando assim a base da autoridade e do poder papal. O cardeal Cajetan, um emissário papal na cidade para a dieta, pretendia intimidá-lo a retratar suas declarações. Cajetan era um dominicano que fez sua reputação quando debateu com Pico della Mirandola antes da prisão do padre. Embora Cajetan tenha defendido a autoridade papal até o fim, ele próprio era uma voz de reforma, argumentando contra a extravagância do Vaticano. Ele viu uma forte dose de extravagância em Augsburgo, onde permaneceu como convidado no Palácio Fugger. Lutero encontrou Cajetan no palácio e surpreendeu-o, mantendo-se firme. Em vez de se desculpar, Lutero argumentou as escrituras e, apesar das ameaças, recusou-se a renunciar a qualquer coisa dita nas teses. O terceiro e último encontro entre os dois terminou com um Cajetan raivoso ordenando Lutero fora de sua vista. Lutero estava hospedado com os monges na igreja de Santa Ana, ali perto. Os monges gostavam de Lutero e sua mensagem. Eles temiam que as autoridades pudessem prendê-lo e até matá-lo se ele saísse pelo portão principal, então mostraram a ele uma passagem secreta na muralha da cidade. Um cavalo o esperava do outro lado. Por mais que Lutero não gostasse de cavalos, precisava fazer uma fuga rápida e escapou de Augsburgo sem ser detectado.

Embora Lutero estivesse em sua casa, Fugger poderia não tê-lo visto durante a visita. Lutero ainda era uma figura obscura e Fugger tinha em mente os eleitores, não um monge saxão. De sua parte, Lutero não precisava encontrar Fugger para formar uma impressão. Poderia criar uma ao ver o palácio e ouvir sobre as façanhas de Fugger dos frades de Santa Ana. No entanto, ele formou suas opiniões, isso é claro: deixou Augsburgo com um novo alvo. Nos próximos anos, Lutero não deixaria Fugger em paz.

O encontro com Lutero encerrou uma viagem difícil para o cardeal Cajetan. Quando o legado finalmente conseguiu que a dieta considerasse os turcos, o debate tornou-se um discurso unilateral contra Roma. Os eleitores não eram luteranos, pelo menos não ainda. Mas mesmo antes de Lutero se tornar popular, os germânicos estavam se voltando contra Roma. A campanha de indulgência, a venda de cargos da Igreja e os sacerdotes preguiçosos e lascivos: muitos germânicos, incluindo alguns dos eleitores, perderam a paciência com tudo isso. A ira popular contra Roma logo teria consequências perigosas para Fugger.

♦

Maximiliano levara sua família ao topo, mas não tinha nada para mostrar financeiramente. Foi Fugger quem ganhou todo o dinheiro e Maximiliano só tinha dívidas. Ele reclamou da Dieta de Augsburgo por não ter um centavo em seu nome e ter que pedir emprestado a Fugger para comer. Sentira-se infeliz com a dieta e, assim que ela termiunou, pegou os poucos centavos que tinha e partiu para Innsbruck, a cidade onde queria estar quando morresse. Quando era jovem e cheio de sonhos, construiu o marco mais famoso da cidade, o *Goldenes Dachl*, ou Telhado Dourado. Uma varanda dourada coberta de cobre reluzente que dava vista para a praça da cidade. Era um camarote para assistir torneios e também um monumento para si mesmo. Apresentava os brasões de seus territórios e dois relevos gigantescos. Um mostrava-o rindo com seu bobo da corte e seu chanceler. O outro o mostrava com sua amada Ana da Borgonha. Quando chegou a Innsbruck, descobriu que sua autopromoção não contava para nada. Os proprietários recusaram-se a alojá-lo por causa de contas não pagas. Incapaz de encontrar uma cama, mancou para Wels, a meio caminho entre Innsbruck e Viena. Maximiliano adorava pássaros e atendentes traziam alguns para o seu quarto. Talvez eles o lembrassem de Maria e seus falcões. Ele morreu ouvindo eles cantarem.

A morte de Maximiliano anulou as promessas feitas pelos eleitores a Carlos e lhes deu a chance de absorver mais dinheiro dos competidores. Também libertou Fugger. Com seu protetor e cliente de longa data enterrado, Fugger se tornou um agente livre. O banqueiro mais rico da Europa poderia agora buscar o que funcionasse melhor para ele, mesmo que não incluísse os Habsburgo. Se Carlos não o quisesse, tudo bem. Ele encontraria outro caminho.

9
VITÓRIA

Quando um banqueiro acha que pode perder um acordo, ele às vezes invoca uma tática conhecida como "lance-se". Ele faz com que seu cliente pague um preço tão alto que nenhum outro concorrente pode se dar ao luxo de permanecer no jogo. O lance pode ser tão grande que coloca o cliente em risco de falência. Isso não importa. O que importa é que o banqueiro ganha o negócio e recebe sua taxa. Fugger não inventou o termo "lance-se". Mas a morte de Maximiliano ofereceu-lhe a oportunidade de usá-la.

No momento em que Maximiliano morreu, Fugger ordenou a um mensageiro que corresse a Paris com a notícia. Ele queria agradar o rei Francisco ao ser o primeiro a contar-lhe sobre a morte. Foi a maneira de Fugger sinalizar que ele estava aberto para negócios e pronto para ajudar o rei francês a vencer a eleição. Claro, Fugger preferia Carlos. Ele tornara-

-se o homem mais rico da Europa, financiando os Habsburgo na pequena Áustria. As perspectivas de financiá-los na Espanha e no Novo Mundo o deslumbraram. Mas tinha colocado muita fé em Maximiliano e muito pouco esforço em cortejar Carlos diretamente. Empurrava-se demais por bons termos e despertava muita desconfiança entre a nobreza austríaca. E agora, com a eleição voltando para disputa, ele enfrentava a possibilidade real de ser excluído. Não importava que os eleitores quisessem Fugger no negócio porque ele era o único banqueiro em quem confiavam. O rei adolescente da Espanha queria deixá-lo à margem.

Fugger não podia deixar isso acontecer. Ele era o principal financiador na Europa. Uma perda não só o envergonharia, mas, infinitamente pior, colocaria em risco seu império. Os Habsburgo poderiam cancelar seus acordos se ele apoiasse a França. Carlos poderia rasgar seus contratos de prata e entregá-los aos Welser ou a um dos outros. Isso poderia desencadear o cenário de pesadelo de depositantes ansiosos exigindo retiradas. Como nos dias aterrorizantes após a morte de Meckau, Fugger não podia pagar a todos de uma só vez. O fantasma da prisão dos devedores pairava novamente.

Com tudo na linha, Fugger recorreu a sua maior vantagem: escala. Ele poderia oferecer a um candidato mais dinheiro do que qualquer outro banqueiro. Ao lembrar os eleitores de seus recursos – uma campanha promocional que ele começou com a festa no jardim de Luís de Aragão e continuou até o dia das eleições – ele conseguiu elevar o preço da vitória tão alto que ninguém mais poderia competir. Seus concorrentes desistiriam e ele seria o único banqueiro que restaria. Ele apostou na ambição dos reis rivais, contando com eles para continuarem fazendo lances e subir o preço alto o suficiente para empurrar seus concorrentes bancários para fora do campo.

Para conseguir, Fugger teve que demonstrar a Carlos que ele dava as cartas. Foi aí que Francisco entrou. Fugger queria que Carlos soubesse de uma coisa: que, se Carlos não escolhesse Fugger, ele o esnobaria de volta e colocaria seus recursos – o maior montante de capital livre na Europa – apoiando a França. Foi simples assim. Ele queria que Carlos entendesse que ele, não os eleitores, decidiriam quem se tornaria imperador, e que, se apoiasse Francisco, os Habsburgo perderiam o Sacro Império Romano-Germânico – a maior jurisdição política da Europa – e suas esperanças de dominação global. O apoio de Fugger a Francisco criaria seus próprios problemas. Fugger ainda teria que lidar com os Habsburgo. Mas se Fugger pretendia realmente apoiar Francisco, ou não, não importava. O que importava era se os Habsburgo acreditavam que ele poderia realmente traí-los em favor do rei francês. É por isso que Fugger enviou a mensagem para Paris. É por isso que ele continuou a informar Francisco sobre as últimas notícias nas semanas seguintes. É por isso que ele dirigiu seu sobrinho Anton, que substituiu o idoso Zink no Vaticano, para ficar em contato com os homens de Francisco em Roma. Fugger não poderia ir tão longe a ponto de dar a Francisco um discurso de vendas direto sem enfurecer os Habsburgo. Mas não havia nada que impedisse Francisco de ir até ele. Com suas aberturas inocentes, Fugger estava tentando projetar uma abordagem de Francisco.

Surgiu uma situação que deu a Fugger outra chance de provar seu valor para os Habsburgo. Württemburg era um ducado alemão perto da fronteira francesa. Várias cidades dentro do ducado pertenciam não ao governante local, o duque Ulrich, mas ao império e seus governadores Habsburgo. Isso enfureceu Ulrich porque as cidades pagavam impostos ao império e não a ele. Quando Maximiliano morreu, Ulrich aproveitou o momento. Ele enviou soldados para as cidades e as reivindicou. Mas ele julgara mal a situação. Embora Maximiliano estivesse morto, a estrutura de poder dos Habsburgo permaneceu no lugar, e eles combateriam o duque se pudessem levantar dinheiro para pagar um exército. Fugger usou a oportunidade para se mostrar. Deu 113 mil florins aos Habsburgo para que contratassem mercenários.

Dürer desenhou uma cena na guerra. Mostra a enorme disparidade entre as forças apoiadas pelos Fugger e as do inimigo. Em primeiro plano, uma linha de canhões com barris impossivelmente longos aponta para um castelo. Os soldados dos Habsburgo, que cuidam dos canhões, parecem confiantes em terminar o trabalho a tempo do jantar. Um se compadece dos defensores. Eles não têm para onde ir. A imagem não deixa dúvidas de que os Habsburgo triunfariam, o que eles fizeram. Esta foi uma grande vitória para os Habsburgo, porque lhes deu Stuttgart, uma exploração estratégica, dada a sua proximidade com a França.

O episódio provou mais uma vez que Fugger era um amigo que valia a pena ter. Na sequência, uma exasperada Margaret, tia de Carlos e gerente de campanha, pediu ao sobrinho que deixasse de brincar e pegasse emprestado de Fugger antes que fosse tarde demais. Deixando de lado que Fugger tinha mais recursos do que os outros banqueiros, ela citou uma obrigação ética: "Ele realiza tantos favores e serviços para nós que você tem o dever de reconhecê-lo".

O tempo estava se esgotando para Carlos. Percebendo antes que quem tivesse Fugger venceria, Francisco estendeu a mão para Augsburgo, exatamente como Fugger esperava. Do jeito que Francisco viu, Carlos e ele estavam mesmo na batalha por fundos. Carlos tinha os Welser e os italianos. Francisco tinha os banqueiros de Lyon e alguns italianos, além de dinheiro arrecadado com a venda de terras reais e confiscando, em nome do Estado, a herança de seu diretor orçamentário. Mas Francisco sabia que tinha que fazer mais do que apenas igualar a oferta de Carlos. Ele precisava facilitar a escolha dos eleitores, não apenas passando Carlos, mas ultrapassando imensamente sua oferta. Com esse objetivo, pediu a Fugger 300 mil ecus, o equivalente a 369 mil florins. Francisco tornou a oferta o mais atraente possível para Fugger. Ele prometeu um rápido pagamento das receitas fiscais francesas, mais uma comissão de 30 mil ecus. Se Fugger concordasse, Francisco poderia dobrar o que Carlos havia oferecido. Francisco não podia perder com esse dinheiro. Não importa quantos outros banqueiros Carlos adicionasse ao seu consórcio, ele não poderia igualar Francisco e Fugger. A estratégia de Fugger de lançar para cima tinha surtido efeito. Com alguma sorte, Francisco ganharia todos os sete votos, não apenas uma maioria simples. Ele teria um mandato para unir a França e a Alemanha sob a Casa de Valois.

Fugger vazou para os Habsburgo a notícia da oferta de Francisco. Von Berghes, o homem dos Habsburgo em Augsburgo, implorou a Margaret que conversasse com Carlos. Ele declarou que Carlos tinha que pedir emprestado a Fugger ou tudo estaria perdido. "Com relação a Fugger, Madame, o rei terá que trabalhar mais com ele, quer ele queira ou não", escreveu Von Berghes. "Os eleitores querem ter a palavra de Fugger e de mais ninguém." Ele acrescentou que Carlos deveria ter usado Fugger desde o início: "Se tivéssemos feito isso desde o começo, teria sido ótimo para o lucro do rei e os progresso de seus negócios. Carlos estava pressionado por todos os lados. Os comissários encarregados da eleição escreveram a Carlos para dizer que os eleitores "não têm fé, cartas ou selos de quaisquer outros comerciantes que não os Fugger".

Enquanto isso, os eleitores ficaram mais gananciosos. Um ano antes, em Augsburgo, Joaquim de Brandemburgo ganhara uma noiva dos Habsburgo e um dote de 300 mil florins por sua promessa a Carlos. Agora, com a guerra de ofertas em pleno andamento, ele quebrou sua promessa. Disse a Fugger, a quem ele declarava "confiar particularmente", que apoiaria quem quer que Fugger apoiasse, e perguntou especificamente se a garantia pessoal de Fugger só se aplicava a Carlos ou se também se aplicava a Francisco.

◆

Do outro lado do canal, na Inglaterra, Henrique VIII estava em seu décimo ano como rei e, aos vinte e nove anos, ainda atlético e bonito. Ele se divorciaria de Catarina de Aragão quatorze anos depois e romperia com Roma. Por enquanto, ainda era amigo da Santa Sé. O papa Leão veio a ele com uma ideia. Henrique deveria entrar na corrida e tentar a sorte de se tornar o primeiro inglês desde o conde da Cornualha, em 1256, a vencer uma eleição imperial.

Leão temia Carlos e Francisco como ameaças ao Vaticano. Francisco já ocupara Milão. Se ele se tornasse imperador e não tivesse mais que lidar com os Habsburgo, poderia facilmente varrer a península e agarrar Roma. Carlos era uma ameaça maior. Com grande parte do sul da Itália já sob seu controle, Carlos poderia reunir tropas imperiais em Nápoles e atacar Roma pelo sul.

Leão precisava de um imperador em quem confiasse. Tinha que ser alguém forte e alguém com credibilidade e dinheiro suficientes para competir financeiramente. Ele considerou apoiar Frederico, o Sábio, o eleitor saxão. Os outros eleitores gostavam de Frederico e ele já estava considerando uma candidatura. Mas quando fora finalmente forçado a declarar, ele recusou, dizendo que "preferia ser um duque poderoso do que um rei fraco". Então só sobrava Henrique. Leão podia contar com Henrique, se eleito, como uma segurança entre Roma e qualquer potência continental que tentasse atacar. Mas primeiro precisava convencê-lo a concorrer.

Esta não era a primeira vez que alguém abordava Henrique com a ideia de se tornar imperador. Seis anos antes, quando Maximiliano ainda estava vivo, Maximiliano temia que não vivesse tempo suficiente para ver Carlos amadurecer e se tornar imperador. Ele surpreendeu Henrique, oferecendo-se para adotá-lo como seu filho e persuadir os eleitores a nomeá-lo imperador. Henrique riu, mas levou o pedido do papa a sério. Do isolamento de sua ilha, ele invejava Carlos e Francisco, cobiçava o poder que eles tinham. Poderia conseguir esse poder se tornando imperador. Acreditava que, se os príncipes germânicos o apoiassem com dinheiro e armas, poderia se tornar o soberano mais poderoso da Europa. Entusiasmou-se com a ideia e concordou em concorrer. Leão deu-lhe uma carta descrevendo seu apoio.

Essa era uma grande reviravolta e poderia ser boa ou ruim para Fugger. Se os eleitores gostassem de Henrique, ele poderia ganhar a corrida e deixar Fugger fora do acordo. Por outro lado, mais candidatos significavam mais licitantes para os votos eleitorais. Mais licitantes significavam ofertas mais altas – lances que só Fugger poderia financiar. Um terceiro candidato poderia tornar Fugger ainda mais valioso.

    Henrique enviou seu conselheiro Richard Pace à Alemanha para convencer os eleitores. Pace conhecia o território. Havia negociado com Fugger quando Henrique subsidiou Maximiliano em sua última campanha na Itália. A missão eleitoral foi mais delicada. Henrique queria manter boas relações com os outros candidatos e disse a Pace que oferecesse Henrique como candidato apenas se, no curso da conversa com um eleitor, o próprio eleitor sugerisse isso. Se isso acontecesse, Pace deveria mencionar que Henrique era de "língua alemã", mesmo que não falasse alemão. Ele também deveria prometer subornos. Henrique, sem entender os possíveis custos, presumiu que seus amigos da Liga Hanseática em Lübeck lhe emprestariam tudo o que ele precisava.

    Frankfurt sofreu naquele ano de um verão excepcionalmente quente e Pace ficou doente no caminho. Apenas sua devoção a Henrique o motivou. Em Colônia, conheceu seu primeiro eleitor, o bispo da cidade. Ele deixou a reunião encorajado e escreveu a Henrique para dizer que Colônia poderia se juntar a sua causa. Em Mainz, conheceu Albrecht. Albrecht exigiu sigilo, mas, num momento digno do cinema, escondeu o gerente de campanha de Francisco atrás de uma cortina para espionar. Em seguida, Pace encontrou o astuto e ganancioso Joaquim, que o incentivou ainda mais. O bispo de Trier, um quarto eleitor, ofereceu ainda mais. Pace ficou emocionado. Tudo parecia estar se encaminhando. Enviou a Henrique outra atualização. Prepare-se para vir para a Alemanha, escreveu. Ele tinha os votos.

♦

Conforme os eleitores chegavam a Frankfurt, o acampamento dos Habsburgo ficava ansioso, e espalhou-se um boato de que Francisco invadiria a Alemanha se vencesse. Embora as regras permitissem imperadores estrangeiros, o público, condicionado a odiar a França por séculos de guerra, não toleraria um francês. Multidões saíram às ruas e procuraram franceses para matar. Preocupado com ser confundido com um francês, Pace fugiu de Frankfurt para Mainz. Ao alimentar a turba com rumores de invasão, os Habsburgo se engajaram em um caso renascentista de intimidação de eleitores. Queriam que os eleitores pensassem que a turba iria enforcá-los se votassem do jeito errado.

A votação ocorreu na Catedral de Frankfurt. Feito de arenito vermelho e lar do crânio de São Bartolomeu, fica perto do rio Meno. A localização permitia que os eleitores chegassem de barcaça e evitassem o caos nas ruas. Uma vez lá dentro, eles tinham que caminhar 40 passos em direção ao altar, virar à direita e atravessar uma antecâmara que levava a uma porta de madeira. A porta era tão pequena e escondida que os não iniciados nunca a encontrariam. Ela dava para a capela eleitoral. Apenas os eleitores podiam entrar, abaixando as cabeças e manobrando seus corpos gordos, bem alimentados por carnes de caça, através de uma estrutura estreita. Então desciam um degrau até uma capela com um teto abobadado, um chão de pedra e uma pequena janela acima de uma cruz. Os eleitores tinham mais poder, os maiores egos e os mais grandiosos estilos de vida da Alemanha. Eles viviam em palácios do tamanho de shoppings. Para a eleição, se reuniam em uma sala do tamanho de uma pastelaria, e lá tinham que ficar até chegarem a um veredicto, mesmo que demorasse semanas. Tinham que dormir em esteiras de palha, se aliviar em baldes e viver de qualquer comida e vinho que seus servos trouxessem. As regras cortavam rações para pão e água se não conseguissem decidir depois de treze dias. Quando a campainha tocou, os eleitores, vestidos com túnicas escarlates, ocuparam seus lugares na capela para votar. Eles realizaram uma missa e Albrecht administrou um juramento. Quando os eleitores pensaram em como votar, juraram tomar suas decisões livres de influência e corrupção. "Minha voz e voto, sobre esta eleição, vou dar sem qualquer pacto, pagamento, preço ou promessa ou quaisquer outros nomes que tais coisas possam ter", disseram eles. "Então me ajudem, Deus e todos os santos". Lá fora, a multidão crescia. Por segurança, no caso de Francisco atacar, o pessoal de Carlos contratou um exército liderado pelo cavaleiro Franz von Sickingen para proteção. Sickingen era o cavaleiro mais poderoso da Alemanha. Ele poderia criar um exército tão facilmente quanto Fugger poderia levantar dinheiro. Ao colocá-lo na folha de pagamento antes de Francisco, os Habsburgo garantiram que ele não causaria problemas.

Os eleitores negociaram até o fim. Embora Albert tenha dado esperanças a Pace, ele seguiu seu irmão Joaquim recusando-se a aceitar promessas de qualquer pessoa além de Fugger. O eleitor Luís do Palatinado pediu a Fugger que assinasse pessoalmente uma promessa. Com os eleitores insistindo em Fugger, Carlos foi incapaz de resistir por mais tempo. Ele concordou em pedir emprestado ao banqueiro de Augsburgo. Isso selou o resultado. Qualquer coisa poderia acontecer na capela eleitoral, mas se os eleitores quisessem Fugger, teriam que votar no rei espanhol. Duas semanas depois de os eleitores chegarem a Frankfurt, saíram da igreja, apertaram os olhos à luz do dia e anunciaram o resultado. Eles deram a coroa a Carlos em uma decisão unânime.

Os aopiadores de Carlos receberam as notícias de diferentes maneiras. A turba em Frankfurt ficou bêbada e revoltada. Antuérpia realizou uma justa. Em Augsburgo, Fugger se ofereceu para realizar uma celebração de vários dias. Os governantes da cidade negaram a permissão. Queriam controlar a euforia e deram à cidade um modesto show de fogos de artifício. Henrique se alegrou apesar de sua perda – qualquer coisa era melhor que uma vitória para os franceses! Ele realizou uma missa em Londres e, depois de ouvir o quanto Carlos gastou em propinas, disse ao duque de Suffolk que comemorou sua derrota:

> Quando a alteza do rei havia percebido e ponderado as grandes acusações e a profusão de dinheiro gasto pelo dito rei dos romanos para a obtenção dessa dignidade, sua majestade surpreendeu-se e disse que ele estava aliviado por não ter obtido o mesmo.

Quando Fugger completou o cálculo final, ele também poderia ter desejado que outra pessoa tivesse pagado a conta. A "profusão de dinheiro gasto" em subornos chegou a 852 mil florins, incluindo, curiosamente, 600 florins para Lamparter, o reitor da universidade que havia se casado com a filha ilegítima de Fugger, Mechtild. Os italianos contribuíram com um quinto do total. Os Welser, apenas um sexto. A parte de Fugger chegou a 544 mil florins, um montante consideravelmente maior do que o solicitado por Francisco. Ele acabara de fazer o maior empréstimo que o mundo já vira. E desta vez, não havia direitos de mineração por trás do empréstimo, apenas uma promessa de pagamento de Carlos. O empréstimo não tinha garantia.

Fugger sempre fizera empréstimos garantidos por colaterais sólidos – uma mina de prata aqui, ou uma cidade e seus impostos ali. Era o que o mantinha solvente. Ele baixou seu padrão para a eleição imperial porque tinha que vencer. Mas reconhecia que Carlos, ao contrário de seu avô pobre, era incrivelmente rico. Vinte e sete anos se passaram desde que Colombo desembarcou na América. O ouro e a prata do Novo Mundo – um mundo controlado pelos Habsburgo – já estavam chegando à Europa. Mais perto de casa, os domínios dos Habsburgo na Espanha e na Holanda eram duas das partes mais ricas da Europa. Ainda assim, uma coisa era ser rico em teoria e outra coisa ter dinheiro na mão. Seja qual fosse o caso, Fugger estava agora à mercê de um credor de dezenove anos de idade, a 1.200 quilômetros de distância de Augsburgo, na Espanha.

Para piorar, a dieta imperial imediatamente exigiu que ele traísse Fugger. Os legisladores temiam que Carlos colocasse seus próprios interesses antes dos da Alemanha, e redigiram um contrato de 34 artigos para mantê-lo sob controle. O contrato exigia que Carlos defendesse o império e a Igreja; não entrasse em guerras estrangeiras sem o seu consentimento; usasse somente alemão e latim para negócios oficiais; contratasse apenas falantes de alemão para cargos imperiais. O artigo 19 tinha uma agenda comercial. Demandava que Carlos investigasse Fugger e outros grandes banqueiros. "Devemos considerar", dizia, "como limitar as grandes empresas comerciais que até agora governaram com seu dinheiro e agiram em seu próprio interesse e causaram danos, desvantagens e ônus ao império, seus cidadãos e súditos através de sua alta nos preços."

Os embaixadores dos Habsburgo assinaram o documento em nome de Carlos uma semana depois da votação.

Com isso, Carlos lançou uma investigação sobre o homem que acabara de colocá-lo no cargo.

◆

Carlos parecia mais um lacaio que um rei. Ele era magro, desajeitado e amaldiçoado com uma mandíbula desproporcional – a queixada dos Habsburgo – que dificultava a mastigação. Envergonhado de ser visto enquanto comia, ele jantava sozinho. Era quieto e sóbrio. Cultivava cravos e levava o coro imperial junto quando viajava. Não tinha o talento libertino de Francisco e a energia robusta de Henrique. Maximiliano achava sua aparência repulsiva, mas ficaria impressionado com seu intelecto se tivesse passado mais tempo com ele. "Há mais na cabeça do que o rosto faz parecer", disse um oficial papal. Como Maximiliano, Carlos cometeu o erro de acreditar que a eleição lhe dera poder ditatorial: "É nossa opinião que o império de antigamente não tinha vários mestres, mas apenas um, e é nossa intenção ser esse mestre". Depois da eleição, convocou as *Cortes*, o parlamento castelhano, e exigiu aumentos de impostos para pagar suas dívidas eleitorais a Fugger. O parlamento resistiu. Não via razão para pagar pela conquista imperial de Carlos e suas dívidas com um banqueiro germânico. Não havia nenhuma vantagem nisso para a Espanha, argumentaram os legisladores. A Alemanha não era uma nova posse promissora como Cuba ou México. Não oferecia às pessoas riquezas, apenas problemas na França e na Itália. A contragosto, aprovaram o aumento de impostos, mas somente depois que Carlos fez concessões. Após a votação, Carlos foi para a Alemanha para sua coroação como rei dos germânicos e nomeou seu ex-tutor, o cardeal Adrian de Utrecht, para governar em sua ausência.

Tecelões em Segóvia, indignados com a alta dos impostos, tomaram a prefeitura dez dias depois e capturaram o funcionário municipal. Eles amarraram uma corda em seu pescoço, espancaram-no com bastões de madeira e o penduraram pelos pés para morrer. Este foi o primeiro ato na Revolta dos Comuneros, uma guerra civil espanhola do século XVI incitada pela demanda de Fugger por reembolso. Toledo, Tordesilhas e Valladolid seguiram o exemplo de Segóvia. Em Madri, a milícia se juntou aos rebeldes. Depois de cinco meses, a maior parte da Castela pertencia aos insurgentes. Conversas sobre derrubar o rei começaram a surgir. Agentes de Fugger na Espanha enviaram atualizações para Augsburgo. Um deles era um grande eufemismo: "A Espanha não está bem", dizia.

Carlos ficou na Alemanha e deixou Adrian lidar com a revolta. Treze cidades castelhanas pertenciam a rebeldes quando Carlos se curvou diante dos eleitores na Catedral de Aachen e jurou proteger a Igreja, os fracos e os inocentes. Fugger, agora com 62 anos, ficou em casa. Seu sobrinho Ulrich assistiu em seu lugar quando Carlos recebeu a coroa, a orbe e a espada. Podemos supor que Ulrich falou com Carlos ou seus conselheiros. Podemos também supor que ele delineou as consequências de um calote dos Habsburgo e argumentou como isso arruinaria a reputação do imperador e impossibilitaria futuros empréstimos. Podemos presumir isso porque Carlos ficou ocupado com Fugger imediatamente após a dieta. Ele escreveu para Adrian, da Alemanha, exigindo que ele encontrasse uma maneira de coletar os impostos e encaminhar o dinheiro para Augsburgo.

O pedido deixou Adrian estarrecido. Carlos esquecera que Madri e outras cidades pertenciam aos rebeldes? Ele disse a Carlos para ser realista. "Sua Alteza está cometendo um grande erro se acha que será capaz de coletar e fazer uso deste imposto", escreveu ele. "Não há ninguém no reino, nem em Sevilha, nem em Valladolid ou em qualquer outra cidade que pagaria qualquer coisa." Adrian questionou seu ex-aluno, perguntando: "Todos os notáveis e membros do conselho estão perplexos por Sua Alteza ter agendado pagamentos desses fundos".

Fugger devia estar se perguntando como isso podia estar acontecendo. Ele sempre foi cuidadoso. Agora, arriscava o mesmo fim que seus primos, os Fuggers da Corça, que haviam perdido tudo quando os contribuintes de Leuven se recusaram a pagar as contas de Maximiliano. Fugger se encontrava na mesma posição.

Deixando de lado a repreensão de Adrian, Carlos ordenou que ele mobilizasse o exército e prendesse e executasse os comandantes rebeldes. Adrian, que mais tarde se tornou papa, obedientemente atacou. Os Habsburgo reconquistaram as cidades rebeldes uma a uma e, depois de tomar Toledo, acabaram com a guerra. O perdedor foi Fugger. Para garantir a paz, Carlos assinou um tratado que cancelou os aumentos de impostos. Com isso, Fugger não podia mais contar com o povo espanhol para pagar as dívidas eleitorais. Se já não tivesse, ele poderia ter se questionado por não exigir garantia. No que deveria ter sido seu maior momento, Fugger encontrou-se na posição mais vulnerável de sua vida.

♦

Em algum momento no meio da eleição imperial, trabalhadores pregaram uma placa em uma parede alta de tijolos na extremidade leste de Augsburgo. Palavras em latim cobriam a placa, descrevendo o que se tornou o legado mais duradouro de Fugger – mais memorável até do que colocar Carlos no trono de Carlos Magno. Fugger provavelmente escreveu ele mesmo as palavras. Depois de dar reconhecimentos a seus irmãos, tentou a modéstia antes de cair em autoelogio.

Os irmãos Ulrich, George e Jacob Fugger, de Augsburgo, que estão convencidos de que nasceram para servir a cidade e se sentem obrigados a devolver a propriedade recebida do Deus poderoso e justo, por piedade e como modelo de generosidade franca, concedem e dedicam 106 casas com todas as instalações para os concidadãos diligentes e trabalhadores, mas pobres.

A placa descreveu o Fuggerei, um projeto habitacional para os trabalhadores pobres de Augsburgo. O assentamento continua em funcionamento 500 anos depois, abrigando os pobres como sempre. A única diferença é o ônibus de turismo. É a principal atração de Augsburgo. Visitantes de lugares distantes como o Japão e o Brasil vêm para ver como as pessoas viviam na Era de Fugger. Eles espiam dentro das casas, passeiam pelos jardins ordenadamente arrumados e tiram fotos para capturar a conquista do grande banqueiro e filantropo de Augsburgo.

Fugger começou o projeto comprando quatro pequenas casas no fundo da Colina dos Judeus em um riacho que corria para o rio Lech. Os Welser venderam as casas para ele, mas é improvável que tenham passado muito tempo na área. A vizinhança era rústica, suja e habitada pela classe trabalhadora. Se Augsburgo tinha algum território hostil para os banqueiros, era esse. Equipes limparam a terra para um conjunto de casas geminadas de dois andares com pequenos jardins atrás de cada uma. Foram construídos um hospital nos terrenos para cuidar dos doentes, um muro para garantir a tranquilidade e três portões para a entrada dos residentes. Os documentos oficiais chamavam o desenvolvimento de Casas de Hood Point, mas assim que ele foi inaugurado, ficou conhecido como Fuggerei. Assim como a fábrica de nome semelhante na Áustria, significa Lugar de Fugger.

Não havia nada dessa escala na Europa. Leiden tinha o seu abrigo de Santa Ana e Bruges tinha o *Godshuisen* (Casas de Deus) para os idosos. Augsburgo tinha vários abrigos para sem-teto. Mas nenhum com mais do que doze unidades. O Fuggerei inovou com 106 unidades. Com cinco pessoas por unidade, o Fuggerei poderia abrigar mais de 500 pessoas, ou um em cada 60 habitantes de Augsburgo.

Thomas Krebs construiu o Fuggerei. Foi seu segundo trabalho para Fugger. Ele também construiu a sacristia na igreja de São Maurício. No Fuggerei, ele combinou graciosamente forma e função. O último andar de cada casa tinha uma entrada separada para que uma família que morasse no andar de cima não incomodasse a família abaixo. Cada unidade tinha 42 metros quadrados com quatro cômodos – dois quartos, uma sala de estar e uma cozinha. A cozinha tinha um fogão que funcionava como aquecedor e uma janela para a sala de estar que permitia às mães ficarem de olho nas crianças. Os inquilinos usavam penicos e os esvaziavam no riacho que corria pelo assentamento. Reconhecendo o conforto da vida privada, Krebs, com a aprovação de Fugger, propositadamente omitiu uma praça central do complexo. Ele e Fugger queriam que o assentamento fosse um refúgio da agitação da vida pública, não uma continuação.

Mais tarde na vida, Dürer escreveu livros sobre teoria artística e, depois de ficar deslumbrado com a planta da cidade de Tenochtitlan, no México, pronunciou seus pontos de vista sobre planejamento urbano. Ele rejeitou a aleatoriedade excêntrica das cidades medievais, com seus becos sinuosos e mistura de estilos, em favor da simetria, unidade e proporção. Krebs sentiu o mesmo. Ele fez os telhados no Fuggerei simétricos às paredes ao redor e as ruas retas entre as casas. A mesmice das casas criava um senso de ordem e mantinha os custos baixos, eliminando a necessidade de múltiplos projetos, mas tornava as casas difíceis de distinguir. Krebs resolveu o problema pintando um número em cada casa, dando a cada um o seu próprio endereço. Escrito em fonte gótica, estes foram os primeiros números de casas em Augsburgo. Na mesma linha, deu a cada casa uma campainha de formato exclusivo – algumas curvas, algumas quadradas, outras com forma de âncoras – que permitiam aos moradores identificar suas entradas no escuro. Ele decorou o lugar com acabamentos similares aos as das casas dos ricos de Augsburgo. A elegância simples do Fuggerei atraiu imitadores. Casas de fileiras com proporções similares surgiram em Augsburgo e outras cidades nos anos seguintes.

Se Fugger quisesse um monumento duradouro para si mesmo, havia opções mais brilhantes do que as habitações. Ele poderia ter construído outra capela ou dado um salário a outro sacerdote como ele deu a Speiser em São Maurício. Se quisesse ajudar os pobres, ele poderia ter dado dinheiro para a Igreja e seus programas para alimentar os necessitados. Essas alternativas teriam satisfeito um motivo comum do século XVI para doações de caridade: alívio da culpa. Em sua última vontade e testamento, Johann Rinck, empresário de Colônia, falou para sua classe quando confessou: "O comércio é difícil para a consciência e para a alma". As relações públicas também motivaram doadores e sem dúvida motivaram Fugger. Com inimigos o cercando, ele procurou projetar uma imagem generosa. Queria que as pessoas pensassem, enquanto passavam pelos portões e olhavam para as casas e jardins bem cuidados e viam crianças brincando na fonte, que tinha um coração e que, apesar de sua riqueza, ele se importava.

Fugger nunca disse o que o atraiu para a habitação. Os estatutos do Fuggerei falavam apenas de seu desejo "de honrar e amar a Deus, de ajudar trabalhadores". Isso era clichê. Mas as regras de admissão fornecem algumas pistas e dão um exemplo de como as pessoas ricas – até então e agora – acham que sabem o que é melhor para os pobres. Para começar, Fugger se recusou a deixar as pessoas morarem em suas casas de graça. Um inquilino tinha que pagar um florim por ano para ficar no Fuggerei. Isso era uma barganha; era apenas um quarto da média do mercado. Mas era um fardo suficiente para os inquilinos, dado que um tecelão em seu tear tinha que trabalhar seis semanas para ganhar a quantia necessária. Se alguém quisesse morar no complexo de Fugger, precisava de um emprego para pagar o aluguel.

Outra condição excluía mendigos. Augsburgo estava cheia deles. Alguns cidadãos gostavam de tê-los por perto como uma saída para a generosidade salvadora. Mas Fugger era desconfiado. Para ele, os pobres caíam em dois campos, os dignos e os indignos. Os que viviam de bicos podem ser pobres, mas mereciam simpatia e assistência. Os mendigos correndo em Augsburgo todas as manhãs quando os portões se abriram não eram merecedores. Ao excluí-los do Fuggerei, ele mostrava uma crença central: todos tinham o dever de trabalhar. Era o jeito dele de dizer, "arrumem um emprego".

O conselho da cidade tinha a mesma opinião. Durante a vida de Fugger, o conselho aprovou leis cada vez mais duras contra a mendicância. A primeira lei do tipo proibia a mendicância porta-a-porta e também proibia que as pessoas dormissem nas escadas da igreja. A segunda exigia que pedintes carregassem uma licença na forma de um medalhão de chumbo. A terceira simplesmente proibia a mendicância. Mendigos apareciam todas as manhãs apesar das leis. Uma melhor vigilância os teria mantido afastados, mas a cidade não tinha como rastrear todos. Porém, o Fuggerei, uma cidade dentro de uma cidade, tinha. Seus guardas mantinham mendigos fora.

Uma regra era particularmente impressionante: os inquilinos tinham que fazer orações por Fugger, seus sobrinhos e sua falecida mãe. Orações, mesmo aquelas feitas por terceiros, contavam como pontos de admissão no céu. Fugger queria os pontos. Mas pediu pouco em comparação com os outros. Os moradores do hospital St. Anton de Augsburgo tinham que frequentar a igreja por uma hora por dia e recitar duas orações – o Pai Nosso e a Ave Maria – quinze vezes todas as manhãs e noites. Eles tinham que dizer três outras orações antes e depois das refeições. Se uma missa acontecesse na capela da casa, eles tinham que dizer cinquenta Pai-Nossos e cinquenta Ave-Marias. O não cumprimento significava expulsão. Fugger exigia apenas três orações por dia e, de acordo com sua apreciação da privacidade, acreditava que os moradores rezavam conforme solicitado. Talvez ele pensasse que, com quinhentas pessoas orando por ele, três orações por dia de cada uma eram suficientes.

Fugger criou um fundo patrimonial para o Fuggerei para durar gerações. Na carta que criou o fundo, ordenou que ele existisse "enquanto o nome e a linhagem masculina dos Fugger vivessem". Ao longo dos anos, tecelões, destiladores, fabricantes de brinquedos e artistas chamaram o Fuggerei de casa. Houve pelo menos um açougueiro. Ele manteve uma mesa de abate na frente de casa. O morador mais famoso foi o bisavô de Mozart, Franz. Morou na casa de Mittelere Gasse, número 14, de 1681 até sua morte em 1694.

Dezoito gerações depois, a linha masculina dos Fugger continua, assim como o Fuggerei. Agora é uma residência para católicos idosos. A família Fugger paga pela manutenção com a renda das vendas de madeira do terreno que Maximiliano vendeu a Jacob. Ainda cobra o equivalente a um florim por ano, ou 85 centavos de euro. Se o Fuggerei levantou a imagem de Fugger enquanto ele estava vivo, a melhora pode ter sido limitada a Augsburgo. Mas em termos de um legado duradouro, Fugger não poderia ter feito melhor.

10
VENTO DA LIBERDADE

Em 1891, o presidente da Universidade de Stanford precisava de um lema para sua nova escola. Ele se voltou para as palavras de Ulrich von Hutten, escritor alemão do século XVI. Hutten passou a vida defendendo a justiça social e clamando por revolução. Em Palo Alto, David Starr Jordan encontrou paralelos entre as lutas de Hutten e sua própria luta pela liberdade acadêmica. Houve uma frase de Hutten em especial que ressonou em David. *Die Luft der Freiheit weht* (O vento da liberdade se agita). Desde 1906, essa frase alemã obscura envolveu a Árvore de Stanford no emblema da escola.

Antes da eleição imperial, os inimigos de Fugger eram rivais comerciais, legisladores variados e alguns humanistas incomodados pelo caráter voraz dos grandes negócios. Após a eleição, o público em geral fez coro à condenação. Fugger se tornou um alvo para os trabalhadores cansados das mudanças que varriam a Europa. Como Jordan em Stanford, o povo se inspirou em Hutten. Hutten escreveu uma série de panfletos que atacavam Fugger. Hutten foi para Fugger o que Ida Tarbell foi para John D. Rockefeller. Foi ele quem fez de Fugger um inimigo público.

Hutten escreveu com paixão, poder e coragem. Enquanto outro crítico social, Erasmo, usava sua caneta como um pianista clássico, reservando seu brilhantismo e perfeito latim para a elite, Hutten lançou uma trombeta para todos ouvirem. Ele nasceu em 1488, em um castelo perto de Frankfurt, em uma família de cavaleiros. Seu pai reconheceu que o jovem Ulrich nunca seria um guerreiro e o mandou para a escola para aprender latim e ler os clássicos. Constantemente em fuga dos credores, ele passava por universidades diferentes antes de tomar a estrada como um intelectual itinerante. Ganhou notoriedade com um poema que transformou uma pequena disputa de aluguel em uma luta entre a barbárie e a modernidade. Maximiliano gostou de seu trabalho e fez Hutten seu poeta laureado em 1517. Ele coroou Hutten em uma cerimônia em Augsburgo bem perto do escritório de Fugger. Hutten era um jovem em ascensão. Precisando de alguém com uma mente rápida para enviar em uma missão diplomática, Albrecht de Mainz o contratou como conselheiro.

Hutten, assim como Maximiliano, Erasmo e Cesare Borgia, sofria de sífilis e sua doença provocou sua primeira investida contra Fugger. Veio em um ensaio, considerado o primeiro depoimento médico, no qual Hutten descreveu seus furúnculos como "bolotas de onde emitiam matéria fétida e suja". A cura padrão – o mercúrio – matou tantos quanto salvou. Em Augsburgo, Hutten aprendeu que os nativos das Índias Ocidentais usavam um remédio seguro feito da casca da árvore guaiacum. Ele proclamou uma cura milagrosa e, em uma digressão elogiando a farinha de aveia e denunciando a mania alemã por comida temperada, culpou Fugger pela alta vertiginosa no preço da pimenta. Hutten ficaria furioso ao saber que Fugger mais tarde ganhou o monopólio das importações de guaiacum e usou o trato de Hutten para impulsionar as vendas. O médico pioneiro Paracelso, que estudou com os alquimistas no Fuggerau, desmascarou mais tarde o guaiacum. Os sobrinhos de Fugger reagiram com artigos atacando Paracelso.

Hutten ganhava uma boa vida como conselheiro de um eleitor, mas seu senso de missão era maior que seu desejo de conforto. Ele se juntou a Lutero para atacar o papado e apontou a cumplicidade de Fugger: "Os Fugger ganharam o direito de serem chamados de príncipes das prostitutas. Eles montaram a mesa e compraram do papa o que mais tarde venderam por mais... Não há maneira mais fácil de se tornar padre do que ser amigo dos Fugger. Eles são os únicos que podem conseguir qualquer coisa em Roma".

O ataque mais exaustivo de Hutten a Fugger veio em um diálogo chamado *Os Ladrões* (1519). De acordo com a antiga prática grega de colocar palavras imaginárias na boca de pessoas reais, ele lançou Franz von Sickingen, o cavaleiro que os Habsburgo contrataram para a segurança durante a eleição imperial, como seu herói. Sickingen tinha carisma, habilidades de liderança e a capacidade, baseada em uma série de campanhas bem-sucedidas, de atrair voluntários para aventuras lucrativas e mercenárias. Como o proprietário de vários castelos e propriedades, ele viveu no luxo e, devido à sua curiosidade intelectual, manteve suas casas cheias de poetas, músicos e artistas. Hutten era o seu favorito. Roma queria prender Hutten por chamar o papa de anticristo. Precisando de um lugar para se esconder, Hutten encontrou abrigo com Sickingen.

Sickingen e Hutten, como cavaleiros, pertenciam a uma ordem que estava morrendo. A palavra "cavaleiro" era tanto uma classe social quanto uma descrição de trabalho. Os cavaleiros eram a ordem mais baixa da nobreza, mas ainda eram nobres e tinham privilégios que os plebeus não tinham, como o direito de portar espadas. Um plebeu deveria se afastar quando um cavaleiro aparecia, ou arriscava ser punido por insolência. Embora Sickingen fosse rico e poderoso, os dias dos cavaleiros haviam passado. As armas eram agora de fácil acesso, reduzindo a importância do heroísmo individual no campo de batalha. Os monarcas valorizavam cada vez mais a infantaria em vez de talentos com um cavalo e uma espada.

Sem trabalho e precisando complementar dívidas feudais escassas de suas propriedades, os cavaleiros recoreram aos assaltos nas estradas. Eles não viam nada de imoral nisso. Eram nobres e, como tais, acreditavam ter direito a estilos de vida mais grandiosos do que os plebeus. Se precisavam cortar gargantas para obter seus direitos, que assim fosse. Os cavaleiros até tentaram consagrar suas atividades frequentemente assassinas na lei imperial, embora a tentativa tenha fracassado. Fugger odiava os cavaleiros porque os roubos nas estradas interrompiam o comércio e deixavam seus empregados com medo de viajar. Ele pessoalmente nunca sofrera de tais ataques, mas seus primos, seu genro e outros conhecidos haviam sido vítimas.

Em *Os Ladrões*, Hutten coloca Sickingen em conversa com um gerente de Fugger. Sickingen pergunta o que Fugger já fez por alguém. Ele nunca arou um campo nem construiu uma parede. Nem como agiota ele correu riscos. Um comerciante pode ficar preso com mercadoria empacada e perder tudo. Mas um banqueiro, seguro atrás de uma mesa, está sempre coberto. Se um tomador de empréstimo não pagar, o banqueiro pega a propriedade do tomador e a vende com lucro. O empregado dos Fugger fica indignado. "Nós? Ladrões?" Os cavaleiros são os verdadeiros bandidos, diz ele. Eles são criminosos selvagens. O que mais é um ladrão de estrada se não é isso? Sickingen responde com um argumento que somente um cavaleiro poderia aceitar. Uma coisa é ganhar dinheiro com força física. Isso é "roubo honesto". O que Fugger faz – ganhar dinheiro com truques – é realmente criminoso. "Você não rouba pela força, mas por práticas dissimuladas", diz Sickingen. A raiva de Sickingen se transforma em repulsa quando ele considera como Fugger comprou seu caminho para a nobreza. Cavaleiros ganham status de nobreza arriscando suas vidas por seus senhores. Eles são verdadeiramente nobres. Tudo o que Fugger fez foi enganar os inocentes. Hutten condensou seus sentimentos em uma generalização explosiva: "Os grandes ladrões não são aqueles que penduram na forca. Eles são os sacerdotes e os monges, os chanceleres, os médicos e os grandes comerciantes, especialmente os Fugger."

Hutten foi implacável. Ele seguiu *Os Ladrões* com um panfleto que pedia ao imperador Carlos que "abolisse os monopólios mercantis" e "parasse o escoamento do dinheiro para Roma pelos Fugger". Em outro, ele alegou que Fugger uma vez tentara acalmar sua caneta com subornos: "Fugger, o dinheiro não vai me silenciar, não quando diz respeito à liberdade para a Alemanha." Os ataques de Hutten atingiram a coragem do público e os impressores produziram cópias de suas obras. Devido a Hutten, Fugger tornou-se um símbolo de opressão na imaginação popular.

A solução de Hutten para Fugger e os outros males da Alemanha resumiram-se a uma única palavra: revolução. Ele fez campanha para jogar fora a velha ordem em favor de uma estrutura de poder centralizada com o imperador no topo e cavaleiros substituindo os bispos e duques como administradores regionais. Ele pediu uma Igreja germânica construída sobre os princípios luteranos. Exigiu a liquidação da Jacob Fugger & Sobrinhos e as outras gigantescas casas bancárias. Não querendo parar por aí, ainda pediu a execução de seus líderes. Os banqueiros, ele disse, mereciam "a forca". Ele prometeu fazer a revolução acontecer ou morrer tentando: "Eu vou pagar pra ver, mesmo que custe a minha vida".

Lutero queria mudanças tanto quanto Hutten, mas discordava do chamado à violência. Ele tentou levar Hutten a medidas pacíficas. "Você vê o que Hutten quer", escreveu Lutero a um amigo, comentando o chamado às armas. "Não desejo que nós lutemos pelo evangelho com fogo e espada. Escrevi ao homem nesse sentido." No mesmo ano de *Os Ladrões*, Lutero ofereceu seu próprio ataque às grandes empresas em seu *Tratado Sobre a Usura*. Enquanto Hutten queria matar os mercadores ricos, Lutero, um tecnocrata, sugeriu uma regulamentação sob a forma de controle de preços. Lutero argumentou que um comerciante deveria cobrar não mais do que seus custos e mais um pouco – o salário de um trabalhador – por seus esforços. Para reforçar a regra, defendia a autorregulação porque, como sarcasticamente observou, as autoridades do governo eram inúteis. "Nós, germânicos, temos muitas outras coisas para fazer", escreveu ele. "Estamos muito ocupados bebendo e dançando." Mas o pacifismo de Lutero tinha limites. Se o governo encontrasse um flagrante violador, deveria enforcá-lo.

As prescrições de Lutero mostraram uma profunda falta de conhecimento sobre a motivação humana. Nenhuma pessoa de negócios razoável construiria uma fábrica ou mesmo compraria um tear por não mais que salários de operários. Mas a lista de práticas afiadas de Lutero – manipulação de preços, monopólios, balanças adulteradas – mostrava conhecimento do mundo real. Os comerciantes usavam esses "dispositivos perigosos e perversos" para "esfolar" seus clientes, escreveu ele. Ele não mencionou nenhum nome, mas poderia ter tido Fugger em mente. Um comerciante que derruba preços para quebrar rivais? Fugger. Um comerciante que se esforça para encurralar o mercado? Fugger novamente. Um homem "que não se importa com o próximo"? Fugger negaria isso, mas seus pobres vizinhos, apesar do Fuggerei, poderiam ter tido mais caridade do homem. Mais tarde naquele ano, em sua *Carta Aberta à Nobreza Germânica* (1520), Lutero pede aos príncipes que reprimam os grandes negócios. Desta vez, ele dispensa as generalidades e ataca Fugger diretamente: "Devemos colocar um freio nas bocas dos Fugger".

◆

Mesmo sem os ataques diretos, Lutero já teria chamado a atenção de Fugger por causa de seu uso entusiástico de um dispositivo tecnológico razoavelmente novo: a imprensa. Gutenberg fez sua primeira impressão em 1450. Seu uso só decolou na década de 1520. Isto foi em grande parte devido ao próprio Lutero. Sua popularidade, o volume de sua produção e o fato de escrever em alemão mantinham as impressoras ocupadas. As prensas na Alemanha produziram apenas trinta e cinco obras em alemão em 1513. Em 1520, publicaram 208, das quais 133 foram escritas por Lutero. Quando os sermões, as críticas e os discursos de Lutero chegaram às prensas, ele desenvolveu um grande número de seguidores. Toda a Alemanha parecia apoiá-lo. Como o enviado papal para a Alemanha relatou a Roma, "nove de dez apoiam Lutero e o décimo odeia o papa". Fugger quase teve outra chance de encontrar Lutero em 1521. A dieta naquele ano estava programada para Augsburgo. Mas por causa da logística, os eleitores mudaram para a cidade de Worms, na Renânia. Um político mais experiente poderia ter melhor avaliado o humor do público e feito as pazes com o monge. Mas o imperador Carlos, morando na Espanha e indiferente às indulgências e à venda de cargos clericais, estava naturalmente inclinado a vê-lo como um herege. Além disso, o papa queria a cabeça de Lutero e Carlos queria o papa. Ele precisava dele como um aliado contra a França. Então, Carlos ordenou que Lutero aparecesse diante dele e dos eleitores. Daria a Lutero mais uma chance de se retratar.

Hutten estava sob um mandado de prisão papal quando entrou em Worms para ver Lutero na noite anterior à primeira audiência. Ele implorou a Lutero para liderar uma revolução e prometeu segui-lo até o fim. Agora era a hora de atacar. As pessoas gostavam do imperador, Hutten disse a Lutero. Mas odiavam os príncipes. Elas odiavam Roma. E odiavam os ricos comerciantes. Se os camponeses se unissem aos cavaleiros – uma improvável coalizão, dadas as barreiras da classe e o esnobismo dos últimos –, poderiam tomar a Alemanha e eliminá-la da maldade. Lutero recusou. Ele não queria lutar contra os príncipes. Queria que eles se juntassem a ele contra Roma.

A aparição de Lutero na Dieta de Worms definiu a Reforma. Apesar do risco de ser preso e queimado como um herege, ele apareceu diante de Carlos, seus promotores e uma sala de reuniões lotada. Assim como no Palácio Fugger, quatro anos antes, quando brigou com o cardeal, ele se recusou a se retratar. Sua consciência o proibia de fazer diferente. Ao declarar isso, pronunciou a frase que o tornou imortal. "Aqui estou", disse ele ao imperador. "E não posso fazer de outro modo."

Uma multidão desordenada estava reunida do lado de fora para apoiá-lo. Quando ele saiu do corredor, a multidão o cercou. Frederico, o Sábio, abriu caminho e cumprimentou Lutero com cerveja em uma caneca de prata. Frederico se alegrou com o momento. Seu menino tinha feito bem. Os outros príncipes e Fugger, no entanto, tinham motivos para temer. Rebeldes rabiscaram uma figura de uma bota de couro nas paredes de Worms. Este era o símbolo do *Bundschuh*, um movimento revolucionário camponês. O grafite era um aviso aterrorizante para a elite. Lutero endossava a não violência, mas ao enfrentar o sistema e vencer, ele mostrou que tudo era possível. Lutero havia ignorado Hutten quando Hutten queria que ele liderasse uma revolta armada. Mas para os seguidores do *Bundschuh*, "Aqui estou eu. E não posso fazer de outro modo" não era sobre um acordo negociado. Era uma permissão para atacar.

Ulrich, o sobrinho de Jacob, representou os Fugger em Worms. Comparado ao drama de Lutero, as atividades de Ulrich na dieta pareciam triviais, mas importavam muito para Jacob. Com pouca esperança de colocar as mãos na receita fiscal espanhola, ele ordenara a Ulrich que encontrasse outras formas de pagamento. Ulrich fez um acordo com os Habsburgo, mas conseguiu menos do que seu tio esperava. Carlos reconheceu sua dívida de 600 mil florins da eleição, entre outras dívidas; não negou que devia o dinheiro. Mas, em vez de pagar imediatamente, ele destinou 400 mil florins, ou dois terços da obrigação, a seu irmão de dezenove anos, o arquiduque Fernando. Fernando governava a Áustria e concordou em cumprir a obrigação estendendo as concessões de mineração por mais alguns anos. Carlos não disse nada sobre como pretendia pagar os outros 200 mil florins, só que de alguma forma ele pagaria. O acordo deixou Fugger insatisfeito, mas solvente, e permitiu que ele escapasse do mesmo fim desastroso de seus primos.

Carlos deu a Fugger um emprego como parte do acordo. Particulares possuíam as prensas de Augsburgo. Reconhecendo o perigo da liberdade de expressão, Carlos as confiscou e designou Fugger para administrá-las. O imperador esperava censurar Lutero, Hutten e qualquer outra pessoa que se opusesse a ele ou ao papa, colocando Fugger no comando. Mas, como ele e Fugger descobriram, o controle das prensas não podia conter a oposição.

♦

Inspirado por Worms, Hutten queria fazer mais do que criticar. Queria ação e depois que Lutero recusou, ele concentrou sua energia em recrutar Sickingen, o poderoso cavaleiro, para liderar a revolução. Sickingen tinha uma educação limitada, mas gostava de ideias. Ele e Hutten costumavam jantar à luz de velas enquanto Hutten lia para ele as obras de Lutero ou as suas próprias. Sickingen inicialmente riu da conversa rebelde de Hutten. Mas, pouco a pouco, Hutten fez dele um revolucionário. Suas conversas noturnas já não eram mais sobre lutar ou não, mas sobre como lutar. Sickingen convidou outros cavaleiros para o castelo. Sem o dinheiro e as propriedades de Sickingen, eles se sentiram ainda mais ofendidos do que o anfitrião e assinaram uma promessa de comprometimento com a guerra. Hutten, inimigo de Fugger, finalmente conseguiu o que queria. Ele tinha a chance de entrar em campo.

Os contemporâneos chamaram o conflito iminente de Guerra dos Cavaleiros. Os cavaleiros não lutaram por território ou pela *Hausmachtpolitik*, mas por ideias e sistemas. Foi uma guerra de classes que colocou todo o sistema em risco. Um assessor escreveu ao duque George dizendo que havia séculos desde que ele e outros príncipes germânicos enfrentaram uma ameaça maior. A Guerra dos Cavaleiros anunciou uma nova fase para Fugger. Anteriormente, ele havia financiado campanhas militares para seus clientes. Desta vez, ele financiou soldados para si mesmo tanto quanto para outros. Fugger era a personificação do sistema que Hutten tentava derrubar. Se o sistema caísse, o mesmo aconteceria com Fugger. Ele tinha que defendê-lo.

Os cavaleiros selecionaram Trier como o primeiro alvo. Perto de Luxemburgo, Trier pertencia ao bispo-eleitor Richard von Greiffenklau. Fugger conhecia Greiffenklau da eleição imperial. Greiffenklau estava na sala com ele e Maximiliano quando Fugger garantiu os generosos subornos de Maximiliano para Carlos. Fugger pagou a Greiffenklau 40.700 florins pelo seu voto. Ao atacar um bispo que também era um eleitor, Sickingen poderia atacar a opressão papal e secular de uma só vez. Ele considerou Trier vulnerável. Os outros eleitores eclesiásticos – Albrecht de Mainz e Herman de Colônia – eram aliados naturais de Greiffenklau, mas não estavam inclinados a lutar. Sickingen presumiu que Greiffenklau estaria sozinho.

Sickingen também esperava ajuda de dentro das muralhas. Ele acreditava que o povo de Trier, inspirado por Lutero e Hutten, ficaria do lado dos cavaleiros e ele só teria que acender a faísca. Cheio de confiança, olhou para a frente e planejou levar a guerra ao longo do comprimento do Reno, uma vez que tomou Trier. Ele levaria sua revolução pela Alemanha a partir daí. Precisava de recursos para financiar sua ambição e enviou Hutten para levantar dinheiro na Suíça, onde o sentimento anti-Vaticano era grande.

Os cavaleiros somavam dez mil e facilmente se apoderavam das cidades a caminho de Trier. Mas Trier foi um desafio maior. Como atacante, Sickingen poderia escolher o momento da luta, mas não os termos. Os cavaleiros preferiam enfrentar o inimigo a cavalo em um campo aberto. A festa de Michaelmas estava se aproximando. Nada serviria mais para Sickingen do que desempenhar o papel do arcanjo Miguel, que derrotou Satanás com espada e escudo. Ele idealmente confrontaria Greiffenklau, um contra um, em uma luta dramática até a morte. Então o mundo veria quem merecia viver e quem deveria morrer. Mas Trier seria uma guerra de cerco, não uma luta em campo aberto. O resultado não dependeria dos golpes e bloqueios da espada de Sickingen, mas do poder de suas armas fogo e de seus estoques de munição. Os canhões haviam tornado os cavaleiros obsoletos, mas agora Sickingen dependia deles.

Quando Sickingen chegou à cidade, ele a bombardeou assim como Almeida havia bombardeado Mombaça, mas com menos sucesso. Sickingen descobriu que subestimara Greiffenklau. Como Júlio II, o papa guerreiro, Greiffenklau era mais lutador do que sacerdote. Nos dias que antecederam o cerco, ele inspecionou as torres, muros e armas. Ele deu um discurso empolgante. Trocou as vestes do bispo pela armadura. Quando a batalha começou, disse aos soldados quando atirar. Sickingen atirou cartas por cima das muralhas, exortando o povo de Trier a se rebelar. Eles o ignoraram e se reuniram em torno do bispo. Sickingen logo ficou sem pólvora e correu de volta para Ebernburg para esperar o inverno e reunir forças para outro ataque.

    Fugger e seus aliados trabalharam em um cronograma mais rápido. Fugger deu dinheiro para a Liga da Suábia, uma organização militar que mantinha a paz no sul da Alemanha, para lutar contra os cavaleiros. A liga caçou os rebeldes um a um em suas casas. Com seus amigos mortos ou sob custódia, Sickingen fugiu de Ebernburg para um castelo mais formidável em Landstuhl. Greiffenklau o seguiu e destruiu os muros de arenito com seus canhões. Uma das explosões jogou Sickingen em um suporte de telhado quebrado e abriu uma ferida em seu lado. Sickingen, poeticamente derrubado por um canhão, finalmente conseguiu seu dramático confronto com Greiffenklau, mas apenas quando estava morrendo e Greiffenklau subiu nos escombros para aceitar sua rendição. "O que te impulsionou", perguntou o duque "que foste devastado e prejudicaste a mim e a meu pobre povo?" Sickingen estava sem ar e fazia muito esforço para conversar. "Isso seria muito longo para falar", disse ele, "mas não fiz nada sem motivo. Eu vou agora para ficar diante de um senhor maior."

    Ele morreu no mesmo dia. Sua morte enfraqueceu os cavaleiros como classe política e consignou à história este colorido vestígio da Idade Média. Os príncipes perseguiram os cavaleiros para longe de seus castelos e garantiram que nunca voltassem. Só na Suábia e na Baviera, os senhores se apoderaram de vinte e seis castelos e destruíram os que não queriam para si mesmos. Incendiaram o castelo em Absberg. Colocaram pólvora nas paredes de três metros de altura do castelo de Krugelstein e explodiram o topo. O capitão da guarda de Augsburgo levou seus homens para a floresta para explodir o velho castelo em Waldstein. Para Fugger, o triunfo na Guerra dos Cavaleiros removeu uma ameaça imediata ao acabar com os dias de Hutten como um agitador. Hutten ainda estava na Suíça três meses depois, quando a casca de árvore de Fugger o decepcionou. Ele morreu de sífilis com uma caneta como sua única posse. Mas seu sonho de luta violenta sobreviveu nos corações de uma força maior e menos previsível. Este grupo odiava Fugger e seus amigos tanto quanto ele. Eles eram os possíveis aliados de Hutten, a grande massa no nível mais baixo da sociedade e os seguidores do *Bundschuh*. Eles eram os camponeses. Sua raiva e ressentimento estavam começando a ferver.

◆

A Renascença deu origem a uma nova geração de profissionais que instantaneamente ganhou o desprezo do público em geral. As pessoas odiavam suas maneiras arrogantes e vestes extravagantes. Odiavam o seu uso do latim e seus argumentos desconcertantes. Hutten os chamou de "sacos de vento vazios". Outro escritor os comparou a gafanhotos: "Eles estão aumentando como gafanhotos ano após ano". Outro comentou sobre sua capacidade de semear o caos: "Em minha terra há apenas um e ainda assim causa confusão na nação inteira. Que miséria esta horda nos traz".

Quem eram esses sacos de vento, gafanhotos e carregadores de miséria? Eles eram, é claro, advogados. Surgindo dos pântanos da lei canônica, eles fizeram sua estreia secular durante os dias de Fugger. Apareceram porque o surgimento do capitalismo e o crescimento do comércio exigiram um novo e moderno corpo de leis e praticantes para dar sentido a esse contexto. O antigo sistema legal, conhecido como direito consuetudinário, usava o senso comum para resolver disputas e tortura para extrair confissões. Funcionava bem o suficiente nas propriedades feudais, onde todos se conheciam, mas não conseguia acompanhar o passo da sociedade que passava do medieval para o moderno. Em vez de desenvolver um novo sistema, a sociedade adaptou um sistema existente que era robusto o suficiente para o comércio e se encaixava com o amor renascentista de tudo o que era antigo. Essa era a lei romana, um conjunto de leis que o imperador Justiniano I codificou em 529 para governar o império e aplicar regras comuns do Egito à Inglaterra.

O direito romano e consuetudinário tinham visões contrárias sobre os direitos de propriedade. O direito consuetudinário, baseado em valores cristãos, via a propriedade como comunal. Na medida em que alguém possuía alguma coisa, ele tinha o dever de compartilhar. Os camponeses que aravam os campos de um senhor feudal podiam caçar naqueles campos e pescar em seus riachos. Tudo pertencia a todos. O direito romano, por outro lado, honrava o indivíduo em detrimento do comunal e enfatizava os privilégios da propriedade em vez dos deveres. Sob as regras romanas, um senhor pagava ao camponês pelo seu trabalho e, se o camponês quisesse caçar em seus campos, o senhor cobrava uma taxa. O sistema romano andava de mãos dadas com o capitalismo porque reconhecia a propriedade privada. Os príncipes gostaram do sistema romano porque ele colocou a propriedade em suas mãos e os deixou com mais do que antes. Os mercadores ricos gostaram porque descobriram que um bom advogado poderia usar argumentos inteligentes para derrotar o senso comum e ganhar casos que deveriam ter perdido. Pais ambiciosos gostaram porque uma carreira nas leis poderia fornecer um caminho de riqueza a seus filhos. Eles sonhavam que seus filhos iriam um dia trabalhar como conselheiros imperiais, governantes municipais ou como pistoleiros para homens ricos como Fugger. Universidades germânicas ficaram cheias de estudantes de direito. Mas as pessoas comuns odiavam o novo sistema. Os camponeses, mineiros e trabalhadores das cidades consideravam o direito romano como um sistema concebido não para a justiça, mas para a privação, e como um artifício inadequado para aqueles que queriam viver livres. Eles viam o direito romano como um sistema feito para escravos e senhores.

♦

Quando a dieta imperial se reuniu em Nuremberg em 1522, Lutero estava de volta, ainda que ausente, como o evento principal. Frederico, o Sábio, recusara-se a entregá-lo para julgamento. Ele havia escondido o monge no castelo de Wartburg, na Turíngia, sob o pseudônimo de Junker George (Junker Jörg), e fez com que ele usasse uma barba como disfarce. Um ano antes, Carlos teve a chance de prender Lutero, mas honrou sua promessa de deixá-lo em paz se ele comparecesse.

Com o imperador se preocupando com Lutero, um comitê especial da dieta reuniu-se para cumprir a promessa do imperador de investigar Fugger e outros banqueiros. O comitê abordou o mesmo assunto que o esforço inspirado pela Liga Hanseática de anos anteriores e planejou uma legislação para frear os plutocratas. Fugger não tinha certeza da proteção do imperador. Maximiliano estivera no bolso, mas Carlos era independente. Fugger nunca havia nem conhecido Carlos. Incapaz de prever o que Carlos faria, ele lutou contra o comitê em seus próprios termos – ou seja, com os advogados. Advogados formavam o comitê antitruste na Dieta de Nuremberg. Eles sabiam o que Roma dizia sobre monopólios. Com o irritante pedantismo, a equipe abriu a audiência sobre os banqueiros citando as origens gregas da palavra monopólio – *monos*, um, e *polion*, comércio. Argumentos legais deram lugar à virulência. O comitê disse que os financiadores prejudicam a economia mais do que "todos os assaltantes e ladrões combinados". Citou o exemplo de Bartholomaus Rehm, um banqueiro de Augsburgo que sequestrou um vagão pertencente ao rival de Fugger, Hochstetter, alguns meses antes. Depois que as autoridades prenderam Rehm, ele subornou seus carcereiros e escapou. O comitê declarou este como um exemplo didático de como os financiadores faziam negócios. Primeiro eles quebraram a lei. Então eles compram a fuga. Não importava que Hochstetter, ele mesmo um dos maiores banqueiros da Alemanha, tenha sido a vítima da história, ou que a lei já tivesse maneiras de lidar com bandidos como Rehm. Os banqueiros ainda precisavam ser parados.

 Fugger contratou Conrad Peutinger, o melhor advogado que conseguiu encontrar. Peutinger se formou em direito em Bolonha e atuou como administrador municipal em Augsburgo. Ele já havia feito trabalho legal para Gossembrot e outros membros do malfadado sindicato do cobre. Ele também havia feito alguns trabalhos para Maximiliano. Anos antes, antes de Hutten se tornar um agitador, Peutinger foi quem indicou Hutten como poeta laureado. A filha de Peutinger colocou os louros na cabeça de Hutten. Em seu tempo livre, Peutinger vasculhava Augsburgo procurando inscrições romanas antigas para traduzir. Sua coleção de artefatos incluía o Mapa de Peutinger, um diagrama único do século V que mostrava o sistema de estradas transeuropeu criado pelos romanos.

Peutinger disse à dieta que os altos preços da pimenta eram lamentáveis, mas era injusto culpar os banqueiros. A culpa recaiu sobre o rei de Portugal e sua restrição de oferta. Ele lembrou que não haveria pimenta se os comerciantes não repassassem seus custos. Quanto aos altos preços dos metais, eles beneficiavam a sociedade porque permitiam que os operadores de minas pagassem salários mais altos. Ele os aconselhou a deixar os banqueiros em paz porque o mercado era complexo e difícil de regular. Quem poderia saber quais consequências não intencionais poderiam surgir da legislação? O comitê ficou indiferente. Com as palavras *monos* e *polion* à frente, eles declararam que os banqueiros violavam o estatuto.

A política desempenhou um papel. Delegados de Augsburgo, Frankfurt, Colônia e outros beneficiários das grandes empresas endossaram as opiniões de Peutinger e lutaram pelo status quo. Mas eles não tinham os votos no comitê, onde os interesses das pequenas empresas dominavam. O grupo elaborou uma legislação que limitava uma empresa comercial a não mais que 50 mil florins de capital e não mais que três locais. Se promulgada, Fugger – cujo patrimônio excedia 2 milhões e cuja operação tinha centenas de escritórios – estaria de volta à venda de têxteis de uma sala dos fundos.

Fugger tentou lutar de maneira justa contratando um advogado. Quando isso falhou, ele voltou aos métodos comprovados e subornou membros influentes da dieta para abandonarem o processo. Ele esperava resolver o assunto de uma vez por todas. Conseguiu parcialmente; a dieta terminou antes de tomar qualquer ação. Mas, para sua decepção, o principal promotor imperial, Caspar Marth, assumiu a luta. Citando a lei romana, ordenou que os banqueiros comparecessem ao tribunal e fossem julgados. Marth viveu em Nuremberg e foi influenciado pelo círculo de Nuremberg, que provocou a controvérsia da usura. Ele pregou uma convocação para Fugger na porta da prefeitura de Augsburgo. Queria constranger o banqueiro. Foi um julgamento por comunicado de imprensa.

O ataque de Marth irritou tanto Fugger que quebrou sua calma habitual. Ele estava com "muito mau humor", disse um oficial imperial. O fato de que Carlos ainda lhe devia dinheiro tornou tudo ainda pior. Seu temperamento pode ter explicado o que ele fez em seguida. Enquanto estava enfrentando Marth na primavera de 1523, ele atacou Carlos com um aviso de cobrança certeiro. Fugger não tinha como forçar Carlos a pagar e os tribunais não adiantavam porque o imperador era o chefe do judiciário. Tudo o que Fugger pôde fazer foi apelar para a decência de Carlos e a necessidade manter sua reputação entre os credores. Dada a idade e a posição do imperador como o homem mais poderoso da Terra, a carta choca por sua franqueza. Fugger segue o protocolo, mas faltando na carta está o sicofanismo encontrado na carta de Lutero ao arcebispo Albrecht. O tom de Fugger sugere sua confiança de que Carlos perceberia que precisava mantê-lo feliz. Mas primeiro Fugger tinha que dar um tapa na cara dele.

Mais Sereno, Todo-Poderoso Imperador Romano e Senhor Mais Gracioso!

Sua Majestade Real sabe, sem dúvida, até que ponto eu e meus sobrinhos sempre fomos inclinados a servir à Casa da Áustria, e em toda submissão a promover seu bem-estar e sua ascensão. Por essa razão, nós cooperamos com o ex-imperador Maximiliano, antepassado de Vossa Majestade Imperial, e, em leal sujeição a Sua Majestade, para assegurar a coroa imperial para Vossa Majestade Imperial, prometemos a vários príncipes, que depositaram sua confiança em mim, como talvez em nenhum outro.

Nós também, quando os delegados nomeados por Vossa Majestade Imperial estavam tratando do cumprimento do compromisso acima mencionado, fornecemos uma quantia considerável de dinheiro que foi assegurada, não só de mim e dos meus sobrinhos, mas de alguns dos meus bons amigos a custo pesado, de modo que os excelentes nobres alcançassem o sucesso para a grande honra e bem-estar de Vossa Majestade Imperial.

Também é sabido que, sem mim, Vossa Majestade poderia não ter adquirido a Coroa Imperial, como posso atestar com a declaração escrita de todos os delegados da Vossa Majestade Imperial. E em tudo isso eu não olhei para o meu próprio lucro. Pois se eu tivesse retirado meu apoio à Casa da Áustria e transferido para a França, eu teria ganho um grande lucro e muito dinheiro, que naquela época me foram oferecidos. Mas a desvantagem que teria vindo para a Casa da Áustria, Vossa Majestade, com sua profunda compreensão, entenderia.

Levando tudo isso em consideração, meu pedido respeitoso à Vossa Majestade Imperial é que reconheça graciosamente meu serviço fiel e humilde, dedicado ao bem-estar maior de Vossa Majestade Imperial, e ordene que o dinheiro que lhe paguei, junto com os juros sobre ele, seja calculado e pago, sem mais demora. Comprometo-me a ser fiel em toda a humildade e, por este meio, recomendo-me fiel em todos os momentos à Vossa Majestade Imperial.

O servo mais humilde da Vossa Majestade Imperial. Jacob Fugger

A carta teve um efeito imediato. Carlos escreveu para o promotor Marth e ordenou que ele desistisse de seu caso contra Fugger e os outros banqueiros. Carlos foi direto: "De maneira nenhuma eu permitirei que os comerciantes sejam processados".

♦

A proteção que Carlos ofereceu a Fugger mostrou uma coisa. Se um empresário se torna tão odiado que os reformadores pedem sua cabeça, é melhor que ele tenha o soberano do seu lado. É justo apostar que Marth e seus seguidores teriam jogado Fugger na prisão se Carlos não os tivesse restringido. A indispensabilidade de Fugger o salvou. Maximiliano precisava de Fugger tão desesperadamente que às vezes não estava claro quem estava no comando. Carlos também percebera que Fugger era um bom homem para ter a seu lado. Mas a proteção imperial não salvou Fugger de tudo. Ele teve que lutar algumas batalhas por conta própria.

Em 6 de agosto de 1524, menos de um ano depois de Carlos intervir em Nuremberg, o sol se levantou sobre Augsburgo às cinco da manhã e a cidade voltou à vida. Às oito, Fugger provavelmente estava na janela observando um grupo de manifestantes do lado de fora da prefeitura. Eles eram trabalhadores que, nessa cidade de esplendor, lutavam para se alimentar. Trezentos vieram à praça naquele dia – um em cada vinte habitantes da cidade – e todos estavam com raiva de Fugger.

Os manifestantes acreditavam que era inconcebível que Fugger tivesse tudo e eles não tivessem nada, que vivessem de aveia enquanto ele comia faisão, que ele usasse peles e eles usassem trapos. Eles concordaram com Hutten e sua acusação de que Fugger ficou rico nas costas dos pobres. Mas a preocupação imediata deles era algo além de igualdade social. Eles estavam com raiva porque Fugger tentara expulsar seu padre, um reformador populista chamado Johannes Schilling. Quando a notícia da tentativa de expulsão vazou, eles marcharam na prefeitura.

Schilling pregava na Igreja dos Monges Descalços, a igreja franciscana dos pobres da cidade. Dos muitos padres de Augsburgo que simpatizavam com Lutero, Schilling era o mais estridente. Ele dizia à congregação para ignorar Roma e buscar a verdade na Bíblia. Isto fazia sentido para os seus ouvintes, porque oferecia-lhes um caminho mais verossímil para a salvação do que o das indulgências, relíquias e Ave-Marias. Persuadidos por Schilling, eles queriam romper com Roma e, aproveitando, quebrar o sistema. Alarmado, Fugger queria espantar Schilling para fora da cidade.

Schilling tinha números do seu lado. Quase 90% dos habitantes de Augsburgo eram pobres ou quase pobres. Mas os administradores da cidade respondiam a Fugger e aos outros homens ricos da cidade. Eles reafirmaram sua posição e disseram à turba que o padre tinha que ir. No dia seguinte, a multidão voltou com facas, espadas e forcados. Quando a tensão aumentou, Fugger enfrentou uma escolha. Ele poderia ficar em seu palácio e esperar que os manifestantes o deixassem em paz, ou ele poderia fugir para o castelo Biberbach, o mais próximo das várias fortalezas que ele possuía no campo. Fugir era arriscado por causa de assaltantes de estrada. Fugger poderia tentar pagá-los, mas, se os ladrões estivessem desesperados, eles poderiam emboscar a carruagem de Fugger, tirar objetos de valor e cortar a garganta do banqueiro. Outra razão para ficar em casa era o desgaste da jornada. A essa altura, Fugger, agora com 65 anos, estava velho e doente. Ele sobrevivera a todos os seus seis irmãos e era um dos poucos na cidade com idade suficiente para se lembrar de um mundo antes de globos, relógios de bolso e sífilis. A jornada poderia matá-lo. Ainda assim, o risco valia a pena porque, atrás das grossas paredes de Biberbach, os manifestantes não podiam tocá-lo. Precisariam de canhões, que só o governo tinha, para pegá-lo. Enquanto o barulho nas ruas crescia, Fugger pegou sua boina, chamou os cavalos e foi para sua carruagem.

Peutinger, o administrador da cidade e advogado de Fugger, negociou com os manifestantes. Ele já estivera nessa situação antes. Três anos antes, ele e o conselho da cidade exilaram outro sacerdote franciscano, Urbanus Rhegius, por pregar Lutero. Agora Peutinger buscava um acordo e se ofereceu para trazer Rhegius de volta se a turba abandonasse Schilling. Os manifestantes se mantiveram firmes porque preferiam Schilling. Rhegius era um intelectual. Schilling falava com o coração. Eles se conectavam com ele e sua paixão de uma forma que nunca conseguiram com o cerebral Rhegius. A pedido de Schilling, eles fizeram coisas como jogar sal na água benta e rasgar livros sagrados. Peutinger não conseguiu convencê-los. Ele concordou em deixar Schilling ficar.

A rendição de Peutinger era um truque. Ele só queria espalhar a multidão. Três dias depois, o prefeito foi trabalhar de armadura e o conselho da cidade renunciou a promessa feita aos manifestantes. Como um ditador que toma as redes de televisão para controlar o fluxo de informações, o conselho enviou guardas para ocupar a Torre Perlach e garantir que os manifestantes não enviassem sinais aos seus confederados além dos portões. Reforçaram os arsenais e prenderam alguns dos líderes do protesto. Depois de um julgamento rápido, pronunciaram dois tecelões envolvidos no protesto como culpados de traição e ambos foram sentenciados à morte.

Os campos de execução da cidade ficavam do lado de fora dos portões. As autoridades geralmente convidavam o público para assistir aos enforcamentos e decapitações. Os assassinatos públicos tinham uma função social. Eles demonstraram as consequências do comportamento criminoso. Tais eventos tinham um bom público. Mas, no caso dos tecelões, o conselho temia mais protestos e não contou a ninguém. Os homens foram silenciosamente decapitados na frente da prefeitura antes do amanhecer e o sangue foi limpo antes que alguém soubesse o que aconteceu. Fugger voltou para casa depois que as coisas se acalmaram e escreveu uma carta ao seu cliente, George de Brandemburgo, o duque com quem fizera amizade durante a Dieta de Augsburgo. Explicou os eventos e contou como ele e o conselho defenderam os verdadeiros ensinamentos de Cristo.

♦

Historiadores adoram estudar batalhas, pois elas são pontos de virada. Waterloo, Saratoga, Gettysburg, Stalingrado. Cada uma mudou o curso da história. Fugger desempenhou um papel em um evento histórico dessa categoria. A Batalha de Pavia, em 1525, marcou uma reviravolta nas guerras italianas, que duravam mais de trinta anos. A vitória dos Habsburgo em Pavia, financiada por Fugger, cimentou o domínio da família na Europa.

Durante a vida de Fugger, nenhuma cidade mudou de mãos mais vezes do que Milão. Em um momento ou outro, os franceses, os Habsburgo, os suíços e, em raras ocasiões, até mesmo os milaneses controlaram a cidade. Milão era a segunda maior cidade do norte da Itália, depois de Veneza. Era o centro do comércio têxtil italiano e uma porta de entrada para o resto do país. Sua localização exposta nas planícies, espalhando-se das margens do rio Po, a tornava fácil de atacar. Maximiliano a considerava de tal importância estratégica que escolheu a filha de um duque milanês como sua segunda esposa.

Carlos tomou Milão da França em 1521 e agora, quatro anos depois, Francisco pessoalmente marchou para reconquistá-la. Ele surpreendeu os mercenários imperiais que guardavam a cidade e os perseguiu até a cidade murada de Pavia. O inverno se aproximava e Francisco achava que o frio e a fome os derrotariam. À medida que os estoques se esgotavam e os mercenários ficavam impacientes por não receber pagamento, estavam prestes a desistir, quando finalmente chegou algum dinheiro para acalmar a situação – dinheiro de Fugger. O dinheiro manteve as forças unidas por tempo suficiente para que o comandante de Carlos, o marquês de Pescara, saísse de Pavia para um ataque de tudo ou nada contra os franceses.

Em 24 de fevereiro, no dia em que Carlos completou vinte e cinco anos, Francisco liderou uma carga de cavalaria, apenas para perceber que estava muito à frente de sua artilharia. Um século antes, o rei Carlos VI sofreu a pior derrota militar na história da França, quando os britânicos com seus arcos longos mataram três duques, oito condes, um visconde e um bispo na Batalha de Agincourt. Pavia ceifou menos vidas, mas de maneira significativa foi mais devastadora porque as forças imperiais capturaram Francisco. No jogo de *Hausmachtpolitik*, isso era xeque-mate. A ousadia de Pescara, não o dinheiro de Fugger, venceu o dia. Mas não teria havido nenhuma batalha sem Fugger para manter as tropas no campo de batalha.

Fugger havia dado a Carlos o dinheiro depois que Carlos lhe trouxera uma nova oportunidade: ele lhe deu a concessão da mina de mercúrio Almadén, nas montanhas de Maestrazgo, no centro da Espanha. Metalúrgicos usavam mercúrio para extrair ouro e prata do minério bruto. As minas de Maestrazgo, uma das duas únicas fontes de mercúrio na Europa e a maior fonte da Terra, pertenciam a uma ordem religiosa quando o papa Leão morreu em 1521. O novo papa era Adrian de Utrecht, o ex-tutor de Carlos V e seu substituto durante a Revolta dos Comuneros. Adrian, agora Adriano VI, tomou as minas da ordem depois de se tornar papa e as deu a Carlos, que, por sua vez, vendeu a Fugger uma concessão de três anos das minas pela enorme soma de 560 mil florins. Este foi o acordo que financiou Pescara durante o inverno.

Depois que Fugger conseguiu a concessão, ele enviou engenheiros de minas alemães para a Espanha para aumentar a produtividade. A mina produzia apenas lucros modestos, apesar de seus esforços. Fugger teria ganho mais dinheiro se não fosse pela competição. Além das minas de Maestrazagos, Carlos era proprietário da outra mina de mercúrio do continente, em Idrija, na Eslovênia. Depois de conceder as minas de Maestrazagos para Fugger, ele concedeu Idrija para Hochstetter. Fugger e Hochstetter conspiraram no preço da prata, mas competiram no mercúrio.

Ainda assim, Fugger ficou satisfeito, pois o contrato de concessão de Maestrazagos o ajudou no empréstimo. Isso porque apenas metade do total de empréstimos de 560 mil florins saiu do bolso de Fugger. O resto foi abatido da dívida eleitoral. O financiamento da eleição imperial foi uma aventura para Fugger, mas terminou como ele esperava. Com fontes de renda espalhadas pelo globo e súditos que incluíam 40% da população da Europa, Carlos, como Fugger previra, se mostrou digno de crédito.

O empréstimo para a campanha de Milão ajudou Fugger de outra maneira. Carlos estava em seu palácio em Valladolid quando recebeu a notícia da captura de Francisco. Naquele mesmo dia, ele assinou um decreto, provavelmente redigido por Peutinger, que sancionou a existência de monopólios na indústria metalúrgica. E isso não era tudo. Ele também acabou com a investigação sobre grandes negócios, que ele prometera depois de se tornar imperador. Notificou a dieta imperial de que seus investigadores descobriram que não houve "nenhum aumento impróprio ou criminoso de preços na Alemanha ou em outros lugares". Ele destacou Fugger e sua família por liderarem "vidas honestas, sinceras, cristãs e tementes a Deus" e elogiou Fugger por se opor aos "hereges luteranos." Com isso, Fugger não tinha mais nada a temer da dieta ou dos promotores.

Fugger, em sua nota de cobrança a Carlos, pediu ao imperador que considerasse qual "desvantagem teria surgido para a Casa da Áustria" se ele tivesse apoiado Francisco na eleição. Se Carlos já não considerava as desvantagens antes de Pavia, ele provavelmente as considerava agora. Francisco, naquele momento prisioneiro, aguardando transporte para a Espanha, devia estar pensando o mesmo.

♦

Em 1525, enquanto o rei Francisco sofria na cadeia, Carlos se aproximou de Fugger com um plano para romper o domínio de Portugal no comércio de especiarias. A ideia era chegar à Ásia, não navegando pela África como Vasco da Gama, mas contornando a América do Sul como Fernão de Magalhães fizera três anos antes, quando sua frota se tornou a primeira a circunavegar o globo. Ao se aproximar do leste, a Espanha poderia navegar para as Ilhas das Especiarias, no que hoje é a Indonésia, e evitar as águas controladas pelos portugueses no Oceano Índico.

Fugger concordou em participar e carregou cinco navios com cobre em Lübeck. Ele os enviou para a Espanha, onde se juntaram a uma frota capitaneada por García Jofre de Loaísa. Loaísa planejava trocar o cobre por noz-moscada, cravo e qualquer outra coisa que pudesse encontrar. Infelizmente para Fugger, tempestades dispersaram a frota e apenas um navio chegou às ilhas. Os portugueses sabiam que o navio estava chegando e o capturaram. Fugger perdeu todo o seu investimento.

O aspecto mais interessante do episódio é que o envolvimento de Fugger apoia a ideia de que ele financiou a viagem de Magalhães. Oficialmente, o imperador Carlos e o empresário flamengo Christopher de Haro financiaram a viagem. Mas, de acordo com um processo que os sobrinhos de Fugger abriram mais tarde, Haro era apenas um representante. Os Fugger alegaram que Haro lhes devia 5.400 ducados, a quantia exata que Haro havia investido na jornada de Magalhães. Ele negou qualquer coisa e alegou que o dinheiro veio de seu próprio bolso. Não há dúvida de que Fugger e Haro trabalharam juntos; Fugger empregou-o como seu agente no empreendimento de Loaísa. Mas não há outro registro de Fugger apostando em Magalhães, então sua participação não está clara. A falta de documentos é fácil de explicar. Portugal, que odiava a Espanha, era um dos melhores clientes de Fugger, que não tinha interesse em aliená-los. Isso também explica por que temos apenas registros em alemão e nenhum em espanhol do financiamento de Loaísa. Fugger queria manter segredo quando jogava dos dois lados.

11
CAMPONESES

Em 1525, a Alemanha explodiu na maior revolta de massas que a Europa já havia visto. Chamada de Guerra dos Camponeses, deixou um país de campos queimados, aldeias incineradas e mosteiros devastados. Cerca de cem mil pessoas perderam suas vidas. Tão extensa foi a barbárie e a devastação, que a guerra dissuadiu as futuras gerações de potenciais rebeldes. Apenas três séculos e meio depois, a classe trabalhadora europeia, com a Revolução Francesa, encontrou coragem para tentar novamente. Frederick Engels, o colaborador de Karl Marx, escreveu um livro sobre a Guerra dos Camponeses e argumentou que ali se prefigurava o choque entre o capitalismo e o comunismo de sua época. "É hora de lembrar ao povo alemão as figuras desajeitadas, mas poderosas e tenazes, da Grande Guerra dos Camponeses", escreveu ele em seu prefácio. Os campos opostos dos tempos modernos, ele disse, "ainda são essencialmente os mesmos".

Fugger e Engels teriam pouco a conversar. Fugger, como os eventos mostrarão, defendeu a propriedade privada até o fim. Engels teria tomado tudo o que Fugger tinha e dado ao povo. Mas ambos viram a rebelião em termos econômicos. Referindo-se aos camponeses como "ralé comum", Fugger argumentou com ironia involuntária que os camponeses só pensavam em dinheiro. Ele rejeitou suas queixas sobre direitos de pesca, padres corruptos e justiça desigual. Para ele, as queixas eram uma cortina de fumaça para o que ele considerava seus objetivos reais: perdão de dívidas e redistribuição da riqueza. A criação de Fugger do projeto habitacional Fuggerei mostrou que ele respeitava quem trabalhasse duro. Mas os camponeses rebeldes não entravam nessa categoria. Para ele, estes eram parasitas preguiçosos à procura de benefícios gratuitos. "Eles querem ser ricos sem trabalhar", escreveu Fugger em uma carta ao seu cliente, Duke George, de Brandemburgo. Fugger era mais que um observador da Guerra dos Camponeses. Ele era um catalisador. Para os líderes camponeses, ele era um opressor. Muitos teriam ficado felizes em matá-lo. Forçado a tomar partido para preservar a ordem, Fugger tornou-se um agente da aniquilação deles.

A guerra começou com uma condessa que morava em um castelo na Floresta Negra. A condessa de Lupfen tinha a costura como hobby. Para enrolar seus fios, ela usava cascos de caracóis como carretéis. Eles eram o material perfeito – leves, do tamanho certo e mais atraentes do que pedaços de madeira. No outono de 1524, ela ficou sem e ordenou que seus camponeses suspendessem suas tarefas para coletarem alguns caracóis. Era um pedido trivial, o tipo de ordem que apenas uma condessa mimada podia fazer. Mas esse dia foi diferente. Os camponeses estavam no meio da colheita e ocupados demais para tarefas bobas. Enfurecidos, eles jogaram suas ferramentas no chão e entraram em greve. Um observador, chocado que os camponeses normalmente obedientes desafiaram uma condessa, disse que era como se as plantações exigissem água ou as vacas pedissem comida. Era uma observação exagerada; existiram protestos antes. A diferença de Lupfen foi que este se espalhou. Em pouco tempo, os camponeses em toda a Alemanha seguiram o exemplo.

Em Memmingen, a cem quilômetros da casa de Fugger em Augsburgo, cerca de dez mil camponeses se reuniram nos campos fora da cidade. Um peleiro chamado Sebastian Lotzer era um dos únicos naquele grande grupo que sabia ler e escrever. Ele escreveu uma petição para a Liga da Suábia, o exército regional que Fugger financiou na guerra de Württemberg e na Guerra dos Cavaleiros. O documento de Lotzer tornou-se o manifesto do movimento. Algumas das exigências dos artigos do Memmingen – diminuição de impostos, privilégios de caça, direitos de pesca – eram progressistas. Outras – o fim da propriedade privada e da servidão, e o direito de escolher os próprios sacerdotes – eram revolucionárias.

O arquiduque Fernando era o membro mais poderoso da liga. Ele tomou conhecimento dos camponeses após o duque exilado Ulrich tentar recrutá-los em um esquema para recuperar seu ducado. Ulrich queria tropas e oferecia privilégios aos camponeses se o ajudassem a expulsar de Stuttgart os ocupantes Habsburgo. Fernando queria atacar. Mas a liga dependia de mercenários e eles ainda estavam mancando de volta de Pavia. Além disso, Fernando não tinha dinheiro para eles. Ele disse ao comandante da liga, George von Truchsess, para ganhar tempo para que ele buscasse fundos. Hochstetter, o banqueiro de Augsburgo que às vezes trabalhava com Fugger, hesitava.

A cidade de Ulm expressou dúvidas sobre a estratégia. Outros educadamente recusaram. Depois de muito esforço, Fernando encontrou um patrocinador. Escreveu a Truchsess: "Trago a notícia de que já organizamos o empréstimo com os Fugger".

Para Fugger, não havia tempo para hesitação, tempo para brincadeiras táticas de estar cansado e velho, e não havia tempo para discutir os termos. Ele viu a necessidade de pressa e tornou-se o financista mais entusiasmado da liga. Ele sabia que ele e seus negócios estavam em perigo e a menos que Truchsess derrotasse os rebeldes, os camponeses invadiriam Augsburgo e o perseguiriam. Uma consideração secundária era comercial. Fugger e outros comerciantes de Augsburgo haviam gasto centenas de milhares de florins para mercadorias na feira de primavera de Frankfurt. Com os camponeses no controle das estradas, os vagões não podiam transportar com segurança os itens para Augsburgo. Fugger queria dispersar os camponeses e liberar seu inventário.

Truchsess era um membro da nobreza menor. Ele foi uma das várias figuras notáveis que surgiram durante a guerra, mas não tinha a falta de jeito dos tenazes e poderosos líderes camponeses que Engels venerava. Truchsess era uma figura impressionante, com sua estatura imponente, cabelos crespos e barba bem aparada. Nos meses seguintes, ele estava em toda parte. Demonstrou uma mistura de ousadia, astúcia e determinação que nenhum líder camponês poderia igualar. Fugger teve sorte de tê-lo do seu lado. Truchsess tinha experiência com camponeses. Em 1514, ele liderou tropas contra rebeldes do *Armer Konrad*, que terminaram com a tortura e prisão de quase dois mil deles. Em Memmingen, confrontado pelo manifesto de Lotzer, ele magistralmente amarrou os camponeses. Quando apresentaram demandas, ele pediu mais informações. Quando deram a informação, ele pediu esclarecimentos. Foi a reuniões onde agendou mais reuniões. Isso continuou por semanas e os camponeses foram se frustrando. Mas Lotzer, que conhecia as Escrituras, mas nada sobre a duplicidade dos poderosos, ficou mais entusiasmado quando Truchsess o deu várias garantias. Ele escreveu uma constituição pedindo uma fraternidade cristã liderada por camponeses para substituir os príncipes, bispos e banqueiros no topo da sociedade. A conversa de fraternidade levou Leonhard von Eck, o chanceler ganancioso da Bavária, a fazer uma piada. "Eu tenho nojo da oferta camponesa de amor fraterno... Preferiria que os Fugger compartilhassem seu amor."

♦

Fugger não estava com disposição para o amor fraterno. Um grupo dissidente de Memmingen havia parado do lado de fora dos portões de Weissenhorn, o maior de seus feudos. Eles haviam roubado um canhão e agora estavam bombardeando as muralhas da cidade.

Um padre da pequena cidade de Leipheim chamado Jacob Wehe liderava o grupo. Ele estava cansado de conversar em Memmingen. Percebeu que todas as negociações e manifestos de Lotzer estavam levando os camponeses a lugar nenhum. Usando fundos paroquiais, ele abasteceu sessenta vagões com provisões, recrutou três mil camponeses e marchou para o norte. Alvejou Ulm, que era a sede da Liga da Suábia e uma potência regional. Seus teares produziam ainda mais tecidos do que os de Augsburgo e a cidade era o lar do que ainda é a igreja mais alta do mundo, a Ulmer Münster. Tomar Ulm seria uma tremenda vitória para os camponeses. Wehe primeiro virou-se para alvos menores em busca de armas. Seu caminho levou-o para o coração do território de Fugger. Biberbach, o castelo para onde Fugger fugira durante o levante de Augsburgo, rendeu-se sem luta. O mesmo aconteceu com Pfaffenhoffen, outro feudo de Fugger. Weissenhorn era a próxima parada.

Fugger gostava de Weissenhorn. Ele havia colocado muito dinheiro na cidade depois que Maximiliano a vendeu para ele em 1507. Renovou prédios, deu dinheiro para tecelões comprarem teares e criou uma feira comercial. A população era de apenas alguns milhares, mas com a ajuda de Fugger, Weissenhorn se tornou uma rival para Ulm e estava crescendo dia após dia. Ainda assim, havia simpatia pela causa camponesa por trás dos muros. As guildas apoiavam a ordem predominante, mas os trabalhadores apoiavam os camponeses pela mesma razão que milhares de camponeses se reuniram em Memmingen. Eles se sentiam explorados pelas classes mais altas e queriam vingança e uma vida melhor. Em uma cena agora imortalizada em uma pintura na antiga muralha da cidade, o prefeito se encontrou com Wehe quando o padre chegou aos portões. Wehe ofereceu-lhe uma escolha entre destruição e submissão. O prefeito não quis se render. Wehe ordenou que seus homens sacassem as armas. Ele começou a atirar e tropas atrás das muralhas atiraram de volta. Weissenhorn normalmente não teria forças para resistir. Mas enquanto os camponeses se aglomeravam em Memmingen, Fugger aproveitou o tempo perdido nas negociações para contratar soldados e enviá-los para Weissenhorn para defender a cidade. Weissenhorn não ia se deixar abater como Biberbach e Pfaffenhoffen. Ela resistiria com toda a força. O tiroteio continuou o dia todo e, ao cair da noite, os camponeses ainda não tinham chegado a lugar nenhum. Os apoiadores jogaram comida por cima do muro para os camponeses. Mas eles precisavam mais de armas fortes que de comida. Não querendo desperdiçar sua munição em uma causa fútil, Wehe desistiu.

Ele marchou no dia seguinte para um alvo mais fácil na vizinhança, a abadia de Roggenburg. O que aconteceu em Roggenburg revelou a desordem do movimento camponês. Um rico bispo dirigia a abadia. O bispo tentou uma vez desviar os riachos para longe de Weissenhorn e atrapalhar os esforços de desenvolvimento de Fugger. Ele fugiu antes que os camponeses chegassem e deixou a abadia desprotegida. Wehe e seus homens destruíram a igreja e seu órgão, pegaram as pratarias e esvaziaram a adega. Um camponês bêbado colocou o chapéu do bispo e ficou em pé junto ao altar enquanto seus amigos brincavam de se curvar diante dele.

Quando os camponeses tomavam um assentamento, os espertos procuravam armas e tesouros. O resto se esbaldava nas adegas e despensas. Quando não havia mais espólios, eles incendiavam as construções. Tapeçarias, pinturas e bibliotecas pegaram fogo em nome da justiça social. No auge do conflito, grande parte do país estava em chamas e a maioria dos camponeses estava bêbada. "Um povo mais bêbado, com a barriga mais cheia, nunca se viu", escreveu uma testemunha. Se não fosse pelo derramamento de sangue, era discutível se a rebelião era "um carnaval ou uma guerra... e se uma guerra de camponeses ou uma guerra do vinho".

Truchsess, empoderado pelo dinheiro de Fugger, selecionou Wehe e sua turba como seu primeiro alvo. Eles atacaram Fugger. Agora o capitão de Fugger, antes de confrontar bandas camponesas em outros lugares, iria atrás deles. Informado de que Wehe estava em casa em Leipheim, Truchsess assumiu o comando. Seus cachorros encontraram Wehe agachado em uma passagem secreta nos fundos de seu presbitério. "Senhor", disse Truchsess ao confrontar Wehe. "Teria sido melhor para ti e para nós que tivesses pregado a palavra de Deus em vez de rebelião."

"Você me entendeu mal", disse Wehe. "Eu não preguei rebelião, mas a palavra de Deus."

"Fui informado de outra forma", disse Truchsess. O sol estava se pondo sobre Leipheim quando Truchsess acompanhou Wehe até um prado para sua execução. Wehe fez uma oração e colocou a cabeça no bloco.

Fugger pode não ter desejado execuções, mas poderia alegar com justiça a autodefesa. Havia muitos homens como Wehe que adorariam cortar sua garganta. Então, gostasse ou não, quando a cabeça de Wehe, o agressor de seus feudos, rolou na grama, Fugger teve sua primeira vítima. Fugger culpou Lutero pela guerra, escrevendo para o duque George que o monge era "o iniciador e a principal causa dessa revolta, rebelião e derramamento de sangue na nação germânica".

Sangue estava sendo derramado em toda parte. Um incidente inicial na guerra envolvendo a condessa Margarethe von Helfenstein dramatizou o que estava em jogo e deu legitimidade à preocupação de Fugger por sua segurança pessoal. A condessa era a filha ilegítima de Maximiliano. Quando Fernando ordenou ao marido dela que defendesse o castelo de Weinsberg, ela pensou que estaria mais segura junto com o conde do que em casa, então foi com ele para Weinsberg. O conde Helfenstein matou todos os camponeses que encontrou no caminho. Camponeses o seguiram até o castelo e buscaram vingança na manhã do domingo de Páscoa. Helfenstein não tinha um exército financiado por Fugger. Os camponeses escalaram as muralhas e capturaram ele e sua esposa. Quando a condessa implorou por misericórdia, o líder camponês, um padeiro chamado Jacklein Rohrbach, prendeu-a no chão. "Eis os irmãos", disse ele. "Jacklein Rohrbach se ajoelha na filha do imperador." Helfenstein ofereceu a Rohrbach sua fortuna – 60 mil florins. Rohrach riu e o obrigou a passar por um corredor polonês. Eles fizeram a condessa assistir enquanto seu marido era espetado com lanças. A "Hoffman Negra", uma mulher cigana que viajava com os camponeses, matou-o com um golpe final. Rohrbach obrigou a condessa a vestir a túnica cinzenta de um camponês e colocou-a numa carroça de estrume com destino à cidade vizinha de Heilbronn. "Em uma carruagem de ouro você veio. Em um carrinho de estrume você sai", disse ele. "Diga isso ao seu imperador." Ela agarrou o filho ao peito e gritou que encontraria consolo em Cristo. "Eu pequei muito e mereço a minha sorte", disse ela. Seu filho se tornou padre e ela morreu em um convento. O arquiduque Fernando prometeu vingança: "O crime deve ser castigado com uma vara de ferro".

♦

Os camponeses haviam tomado Heilbronn no início da revolta e os líderes camponeses se acomodaram na prefeitura. Enquanto os líderes traçavam a estratégia, eles acharam os Artigos Memmingen irremediavelmente mansos. Por um lado, o manifesto não dizia nada sobre grandes empresas. Os camponeses de Heilbronn consideravam os grandes negócios tão responsáveis por sua opressão quanto a Igreja e os príncipes. Eles corrigiram a omissão em uma versão própria. "As empresas comerciais, como os Fugger, os Hochstetter e os Welser e afins, devem ser dissolvidas", dizia um dos artigos.

Não sabendo quando e se os rebeldes poderiam vir atrás ele, Fugger permaneceu em Augsburgo. Com as zonas rurais em chamas e Biberbach nas mãos dos camponeses, nenhum lugar era mais seguro que o lar. Ele se juntou ao planejamento para defender a cidade. Como Weissenhorn, Augsburgo fez um chamado por soldados. A precaução não era garantia de segurança. Na Áustria, o povo de Salzburgo se levantou contra Matthaus Lang, o bispo que coroou Maximiliano em Trento e supervisionou os contratos de mineração da Fugger em Schwaz para o imperador. Lang veio de uma rica família de Augsburgo. Ele era ganancioso e cruel. Depois de comprar seu emprego como bispo, ele revogou privilégios antigos e elevou os impostos sobre moradores da cidade e camponeses. A ameaça de Lutero deu-lhe uma desculpa para tomar à força o que ele não conseguiu por decreto. "Primeiro preciso derrubar os burgueses", ele disse. "Em seguida, aqueles do campo." Como Júlio II e Greiffenklau em Trier, ele era um clérigo com o coração de um general. Ele deixou a cidade em busca de tropas e voltou pronto para a batalha, com quatro pelotões de soldados. Depois que Lang executou um camponês que libertou um padre luterano condenado, os camponeses se uniram aos moradores da cidade em busca de vingança. Eles surpreenderam os homens de Lang com foices e forcados, e o perseguiram subindo a colina até o castelo de Salzburgo. O castelo tinha altas paredes duplas e e ficava aos pés de um penhasco. Os canhões não podiam derrubá-lo, mas Lang estava preso. O povo de Salzburgo, sem oposição, esmurrou os portões enquanto Lang se encolhia lá dentro. Ele passou quatro meses trancado até que Truchsess finalmente o libertasse. Os quatro meses de bombardeio custaram a Lang sua sanidade mental.

♦

De todos os líderes camponeses, Thomas Müntzer era o mais perigoso para Fugger. Não porque ele tinha mais armas, mas porque sua agenda populista tinha um enorme apelo. Sacerdote da Turíngia, Müntzer era um autoproclamado místico que acreditava na propriedade comunal e que apenas a abolição da propriedade privada poderia abrir caminho para a graça. Seus seguidores aplaudiram quando ele prometeu que Deus viria para matar os ricos. "Se alguém quiser realmente reformar a cristandade, deve-se jogar fora os malfeitores que vivem do lucro", declarou ele. "Os próprios senhores são responsáveis por transformar os pobres em inimigos." O contraste entre Fugger e Müntzer não poderia ter sido maior. Um era o arquicapitalista e o outro arquicomunista. Eles se tornaram heróis dos sistemas concorrentes durante a Guerra Fria. A Alemanha Ocidental colocou Fugger em um selo postal e a Alemanha Oriental colocou Müntzer em uma nota de cinco marcos.

A maioria das lideranças camponesas se concentrava em assuntos locais. Müntzer pensou globalmente e pegou a estrada para exportar seu milenarismo comunista. Pregou para multidões em Frankfurt, Hanover e Nuremberg. Depois de criar um tumulto em Fulda, passou um tempo atrás das grades. Se seus discípulos não implorassem para que ele voltasse para casa, Müntzer poderia ter ficado no sul da Alemanha e conseguido seguidores em Augsburgo. Ele era ardente, emotivo e tão convincente que o protetor de Lutero, Frederico, o Sábio, se recusou a amordaçá-lo. Depois de ouvi-lo, Frederico já não sabia em quem acreditar, Müntzer ou Lutero.

Lutero agora tinha um rival, um com uma visão competitiva e convincente. Lutero viu Müntzer como um inimigo de sua própria agenda de reformar a Igreja através de uma estrita adesão às Escrituras. Ele e Müntzer concordavam que a usura e as indulgências eram criminosas e que a Alemanha precisava romper com Roma. Mas enquanto Lutero argumentou que a Bíblia, e não o papa, tinha a palavra final, Müntzer declarou que Deus falava diretamente para indivíduos selecionados, incluindo ele mesmo. Os defensores de Müntzer zombavam de Lutero, olhavam para ele com ameaça e tocavam chocalhos para abafar seus sermões. Com seu movimento de reforma ameaçado de dentro, Lutero deixou de lado sua preferência por medidas pacíficas. Ele se tornou um aliado involuntário de Fugger, encorajando os senhores feudais a fazer o que fosse necessário para destruir os camponeses. "Os esmigalhem, estrangulem e empalem, em lugares secretos e à vista dos homens, assim como alguém mataria um cachorro louco", escreveu Lutero. "Golpeiem a todos e Deus conhecerá aqueles que o seguem." Por sua parte, Müntzer incitou os camponeses. "Atacar, atacar, enquanto o ferro está quente", disse ele.

Truchsess estava muito ocupado no oeste da Alemanha para perseguir Müntzer no leste. A tarefa coube a um grupo de príncipes que incluía o cliente e amigo de correspondência de Fugger, o duque George de Brandemburgo. George juntou-se aos duques de Hesse e Brunswick para atacar Müntzer em Mühlhausen, uma pequena cidade que Müntzer havia tomado e tentado administrar como uma utopia comunista. Prevendo problemas, Müntzer lançou um canhão e preparou-se para a batalha. Os duques perseguiram Müntzer e oito mil de seus seguidores até uma colina acima da cidade. Os camponeses circulavam suas carroças. Consciente de onde os eventos estavam indo, um padre no acampamento dos camponeses sugeriu a Müntzer que ele se rendesse. Müntzer ordenou a decapitação do padre.

Müntzer tentou manter os ânimos. Proferiu um discurso empolgante referindo-se a Gideão, Davi e outros heróis bíblicos que superaram adversidades. Conduziu seu povo com um hino: "Agora, imploremos ao Espírito Santo". Um arco-íris apareceu. Müntzer declarou que era um sinal de favor divino. Quando o prazo passou, os duques abriram fogo e destruíram as carroças. Os camponeses se dispersaram e os duques mataram milhares enquanto fugiam. Müntzer se disfarçou com um capuz e se escondeu em um celeiro de feno. Um servo o descobriu e o entregou depois de encontrar sua mochila recheada de papéis incriminatórios. Os duques torturaram Müntzer com lascas embaixo de suas unhas e o trancaram em uma torre enquanto pensavam em como matá-lo. Müntzer escreveu uma carta na torre admitindo ter "pregado muitas opiniões, delírios e erros de forma sedutora e rebelde... contra as ordenanças universais da Igreja de Cristo". No dia seguinte, os duques levaram Müntzer da torre e o duque George, como um católico tão comprometido como Fugger, repreendeu Müntzer por ter tomado uma esposa. Sacerdotes, lembrou Müntzer, não deveriam se casar. Depois de decapitar Müntzer, o executor colocou a cabeça em um poste e empalou o corpo. Müntzer não incomodaria Fugger nunca mais.

♦

Os rebeldes perseguiram alvos maiores à medida que mais camponeses aderiram à causa. Stuttgart, Frankfurt, Mainz e Estrasburgo estavam menos preparadas do que Weissenhorn e se renderam. Era só uma questão de tempo até que os camponeses tentassem Augsburgo. Era a maior cidade da Suábia e tinha tudo de que os camponeses precisavam: ouro, armas e espólio. Mas Augsburgo estava pronta. Qualquer ameaça interna desaparecera com as execuções de dois rebeldes. E como Weissenhorn, Augsburgo havia contratado reforços por segurança. Um bando de camponeses chegou aos portões um dia e exigiu a rendição. Eles olharam para os soldados postados na muralha. Os soldados os mandaram embora e foi isso. A vida em Augsburgo continuou. Matthaus Schwarz, o elegante contador de Fugger, se adaptou fazendo uma capa reversível que o permitia viajar durante a Guerra dos Camponeses e realizar suas auditorias sem medo. Ele usava vermelho na cidade para parecer refinado e verde no campo para se misturar.

Truchsess passou por Augsburgo a caminho de um confronto decisivo em Boblingen, nos arredores de Stuttgart, onde enfrentou os camponeses de Memmingen, que haviam começado tudo. Eles tinham 12 mil homens. Truchsess tinha 11 mil. Os números combinados eram enormes, semelhantes aos de Pavia. Os camponeses tinham 33 canhões. Truchsess tinha ainda mais canhões e uma organização vastamente superior. Ele se instlaou no castelo de Böblingen quando os camponeses assumiram uma posição defensiva por trás do solo úmido. A batalha começou no meio da manhã e logo foi um banho de sangue. Truchsess perseguiu os camponeses nas planícies, onde ele os ceifou a torto e a direito. Tudo acabou em poucas horas. Quando os camponeses fugiram, Truchsess enviou sua cavalaria em perseguição. Os cavaleiros não pouparam ninguém. Uma testemunha disse que os corpos dos camponeses se alinhavam na estrada por quilômetros.

Böblingen marcou um ponto de virada e o resto da guerra foi um massacre. Dois eventos são dignos de nota porque iluminam a selvageria patrocinada por Fugger. Um deles foi a captura de Rohrbach, o carrasco do genro do imperador. Truchsess acorrentou-o a uma árvore com uma coleira de um dois metros, cercou a árvore com ramos secos e ateou fogo. Ele e seus homens observaram Rohrbach pular, se contorcer e assar até a morte. O outro evento foi a batalha final. O último e maior exército camponês tinha 23 mil pessoas e se concentrara perto da fronteira com a Suíça, em Kempten. Truchsess, que estava em Ingolstadt, passou por Augsburgo a caminho de lá. Ele chegou com números inferiores mas virou o jogo subornando dois dos comandantes camponeses. Os traidores ordenaram aos camponeses que deixassem sua zona segura atrás de um pântano e se juntassem em um campo aberto. Truchsess os cortou aos milhares. Como muitos de seus outros investimentos, a aposta de Fugger em Truchsess valeu a pena. A calma retornou ao sul da Alemanha. Quanto aos bens retidos em um depósito após a feira de comércio de Frankfurt, chegaram a Augsburgo sem problemas.

♦

Nesse momento, o drama mudou para a Áustria, onde surge outra das figuras chamadas por Engel de poderosas e tenazes. O arquiduque Fernando chamou o líder camponês Michael Gaismair de "o principal agitador, líder e comandante" dos rebeldes austríacos. Gaismair chamou a si mesmo de "nem bandido, nem assassino", mas um "homem piedoso e honesto que lutou pelo Evangelho".

Gaismair era filho de um proprietário de mina. Odiava Fugger e o resto da elite. Ele observou que Jesus pregou uma mensagem de amor e compaixão, mas os líderes da sociedade – homens que deveriam estar dando o exemplo e vivendo o Evangelho – exploravam o homem comum como os Césares na Roma Antiga. Gaismair combinava um toque popular com habilidades organizacionais e anos de experiência prática e burocrática. Apoiado por um exército de camponeses e mineiros do povo, ele forçou Fernando a considerar uma nova constituição para Tirol. A constituição continha uma disposição especial sobre Fugger. Removia suas concessões de mineração, dava ao Estado seus pertences e exigia que ele fosse punido por se enriquecer nas costas dos pobres.

Gaismair entrou na briga a pedido dos mineiros de Fugger. Os mineiros foram radicalizados por dois padres que trabalhavam na área. O primeiro, Jacob Strauss, caiu sob o feitiço de Müntzer. O papa pode ter sancionado empréstimos, mas para Strauss e seu ídolo Müntzer, continuava sendo uma ofensa condenável. Do púlpito, Strauss declarou Fugger o maior ofensor. Ele não mencionou seu nome, mas não havia dúvidas sobre quem ele falava. "Sei muito bem o que estou dizendo", Strauss pregou. "Infelizmente, são muitos os grandes e poderosos principados que estão sobrecarregados agora, a ponto de, por cada centavo por ano que o príncipe recebe, um grande usurário recebe dez. Eu não tenho que nomear aquele destruidor de terras pois ele é bem conhecido em todo o mundo."

O outro padre, Urbanus Rhegius, era aquele que Fugger e seus amigos haviam expulsado de Augsburgo, apenas para convidá-lo de volta como uma alternativa a Schilling, o monge descalço que inspirou a revolta de Augsburgo. Rhegius desembarcou em Schwaz depois de deixar Augsburgo. Os mineiros já estavam zangados com Fugger antes que Rhegius chegasse lá; eles alegaram que Fugger lhes devia 40 mil florins em pagamento atrasado e o culpavam pela inflação. Rhegius incendiou ainda mais os ânimos. No início de 1525, os mineiros pararam de trabalhar e bloquearam as estradas de Schwaz. Quando os capangas de Fugger ordenaram que voltassem ao trabalho, eles responderam como se tivessem sido solicitados a buscar caracóis. Saquearam os escritórios de Fugger na prefeitura, onde os homens de Fugger, no andar térreo de um antigo castelo, dirigiam a casa da moeda tirolesa. Os mineiros se recusaram a pegar suas ferramentas, a menos que Fugger aumentasse os salários e pagasse os atrasados.

Innsbruck fica a menos de um dia de caminhada de Schwaz. O arquiduque Fernando temia que os mineiros fossem atrás dele. Em vez disso, uma turba foi para o sul, para Brixen, a cidade onde o cliente de Fugger, Melchior von Meckau, servira como bispo. Eles destruíram a abadia, zombaram dos antigos padres e os expulsaram da cidade. Com o bispo em fuga, a turba apontou sua raiva para o secretário do bispo, que por acaso era Gaismair. Gaismair recusou-se a abrir as portas de ferro do palácio do bispo e os agressores bateram na porta com tanta força que as marcas ainda estão visíveis. Mas a porta os segurou e, no dia seguinte, numa estranha inversão, os camponeses nomearam Gaismair como seu líder.

Gaismair e seus partidários aterrorizaram o arquiduque, que concordou com a exigência de convocar uma dieta e discutir as queixas e o esboço de Gaismair de uma nova constituição. Nas dietas anteriores, apenas nobres, padres e comerciantes ricos compareciam. Um aterrorizado Fernando agora fez uma exceção e não apenas deixou entrar os camponeses, mas deu-lhes a maior voz no processo. Gaismair expandiu os artigos do Memmingen para sessenta e dois itens, incluindo um que pegaria Fugger e outros banqueiros por manipulação de preços, por adulteração de moeda e por causar a falência de mineradoras independentes. Os banqueiros usaram seu dinheiro "para derramar sangue humano", o texto dizia. Como resultado, "o mundo inteiro está sobrecarregado com sua usura não cristã, pela qual acumulam suas fortunas principescas".

Fernando barrou com sucesso as exigências mais radicais de Gaismair – aquelas que aboliam a nobreza e o poder político do clero. Mas ficou impotente enquanto a dieta sancionava trinta dos artigos sem mudanças, e outros dezenove com modificações. Algumas das demandas eram incontroversas, como a introdução de "uma boa cunhagem pesada, como na época do duque Sigismundo". Outros – controle de preços, restrições à concessão de dinheiro e redistribuição da propriedade privada – tentavam desfazer o desenvolvimento econômico. Quanto ao artigo destinado a Fugger, a dieta a sancionou e ainda a ampliou. Os camponeses conseguiram o que o Conselho de Tirol não fora capaz de realizar. Eles fizeram com que o arquiduque concordasse em enfraquecer Fugger.

Mas só venceram a batalha. A reunião ainda estava em sessão quando Fernando soube que Truchsess havia derrotado os camponeses alemães e estava pronto para lutar na Áustria. Com isso, Fernando recuperou seu rugido. Ele interrompeu a dieta, renunciou aos artigos, perseguiu Gaismair para a Suíça e colocou uma recompensa em sua cabeça. De acampamentos na floresta perto de Zurique, Gaismair depositou suas esperanças nos mineiros de Schwaz, acreditando que eles eram o elemento mais radical da sociedade e o que mais provavelmente lutaria até o fim. Fernando os comprou com concessões. Os mineiros pegaram suas ferramentas e voltaram ao trabalho. Gaismair tornou-se um peão nas futuras guerras entre os Habsburgo e Veneza. Ele montou dois ataques armados contra o Tirol, mas que não deram em nada. Ele sobreviveu a mais de cem tentativas contra sua vida até que, em 1532, dois aventureiros espanhóis o localizaram em um apartamento em Pádua. Eles entraram, o esfaquearam no coração e cortaram sua cabeça como prova.

Truchsess teve vida fácil na Áustria e apenas sujou as mãos quando resgatou um certo conde Dietrichstein. Fugger conheceu Dietrichstein no Congresso de Viena, onde lhe deu um presente para ganhar seu favor. Quando os camponeses da Áustria central se rebelaram, Dietrichstein partiu em uma matança selvagem. Ele cortava os seios das mulheres camponesas e arrancava bebês de seus ventres. Um exército de camponeses de Tirol surpreendeu-o na cidade de Schlamding, onde Dietrichstein se rendeu em troca de sua vida. Truchsess libertou-o de uma prisão camponesa e vingou sua captura incendiando a cidade. Quando os camponeses, incluindo mulheres e crianças, tentaram fugir, os soldados os jogaram de volta nas chamas. Isso acabou com a revolta camponesa na Áustria. Um satisfeito Fernando nomeou Truchsess governador de Württemburg e deu-lhe várias propriedades. Quanto a Fugger, agora que suas minas austríacas estavam novamente seguras, ele poderia dar atenção a outras preocupações.

◆

No ano agitado de 1525, Fugger enfrentou um desafio ainda maior do que os camponeses rebeldes. Um inchaço apareceu em seu corpo logo abaixo do umbigo. Isso causava uma dor horrível. Seu médico, o famoso Dr. Adolph Occo, recomendou uma operação.

A medicina ainda estava em uma época em que os médicos eram mais conselheiros do que praticantes. Treinados nas ideias dos antigos gregos, eles achavam que a boa saúde resultava da combinação certa de bile negra, bile amarela, fleuma e sangue – os quatro humores. Eles podiam recomendar sanguessugas ou vômitos, mas raramente tocavam nos pacientes, e deixavam a cirurgia para pessoas mais habilitadas com lâminas afiadas – barbeiros.

Seriam outros trezentos anos antes que alguém pensasse em esterilizar instrumentos cirúrgicos. Operações muitas vezes resultavam em morte por infecções. O irmão de Jacob, Ulrich, morreu após uma operação. Ele não arriscaria o mesmo destino, e recusou a cirurgia. No momento em que a Hungria se rebelou, Fugger não conseguia mais sair da cama. Uma febre o deixou fraco e incapaz de comer. Ele lutou com a dor e mostrou-se tão forte como sempre.

◆

Fugger precisava ser duro para o que aconteceria em seguida. Enquanto a Guerra dos Camponeses sangrou até a morte na Alemanha e na Áustria, a Hungria enfrentou uma nova e vigorosa rebelião. O rei Luís, fantoche dos Habsburgo no trono húngaro, cometera o erro comum de diluir a moeda para equilibrar seu orçamento. A inflação que se seguiu foi mais do que o povo poderia suportar. Empregadores, incluindo Fugger, pagavam seus trabalhadores em centavos. Antes de Luís, os centavos brilhavam com prata. Agora eram negros com ferro. Alimentos e outros bens essenciais dobraram de preço, enquanto os salários congelaram. O público culpou Fugger e Alexi Thurzo, um dos filhos de Johannes Thurzo. Alexi era sócio de Fugger e o tesoureiro da Hungria.

Mineiros na mina de Fugger em Neusohl exigiram salários mais altos para acompanhar suas despesas crescentes. Eles largaram suas ferramentas e ameaçaram inundar as minas e saquear os armazéns se Fugger recusasse. O agente de Fugger na mina, Hans Ploss, negociou com os mineiros, mas em duas semanas de negociações não conseguiu fazê-los voltar ao trabalho. Copiando uma tática da Liga da Suábia, Ploss suavizou os rebeldes com promessas. Ele trouxe 500 soldados algumas semanas depois, presumivelmente com o consentimento de Fugger. Os soldados alcançaram seus objetivos sem disparar um tiro. Rufando os tambores e desfilando pela praça da cidade com suas armas, os soldados intimidaram os mineiros a desistirem de suas exigências.

Rebeliões eclodiram em toda a Hungria. Zápolya, o rico proprietário de terras que havia "entronado" o líder camponês Dozsa, culpou a incompetência de Luís e dos partidários dos Habsburgo que o cercavam. Em uma reunião da nobreza húngara, Zápolya obrigou o bispo Zalkanus, uma das pessoas mais poderosas do país, a renunciar. Luís permaneceu rei, mas Zápolya nomeou os principais conselheiros e substituiu pessoalmente o arquiduque Fernando como o mestre do rei Luís.

A crise veio à tona quando multidões sob o controle de Zápolya invadiram um distrito de elite em Buda e prenderam Hans Alber, o principal capanga de Fugger na Hungria. Eles o levaram para o castelo da cidade e o fizeram assinar um acordo entregando as minas húngaras – as joias da coroa dos empreendimentos dos Fugger – ao estado. Fugger passara a vida toda criando seus negócios húngaros. Mais do que qualquer coisa que ele já fez, aquelas minas incorporavam seu gênio organizacional, financeiro e político. Foi o que criou sua fortuna. Ameaçado de morte, Alber as entregou.

Hans Dernschwamm, o assistente de Alber, não sabia o que havia acontecido com seu chefe. Tudo o que ele sabia é que a multidão havia invadido e incendiado o palácio do bispo a poucos metros do prédio de Fugger, e agora vinham em sua direção. Reuniu pólvora e mosquetes, arrastou seu arsenal para o telhado e mirou. Zápolya estava encorajando a turba a saquear e destruir. Quando viu as armas no telhado, temeu um massacre e ordenou que os rebeldes voltassem para casa.

Dernschwamm ganhara tempo. Sabendo que a turba voltaria, ele pegou todo o dinheiro no cofre – cerca de 40 mil florins – e depositou-o no escritório húngaro do papa. Essa tática tinha seus próprios riscos, mas o dinheiro estava mais seguro com o papa do que com ele. Em seguida, ordenou a seu melhor cavaleiro que cavalgasse até a mina de Neusohl com instruções para transportar o dinheiro de lá pela fronteira polonesa até Cracóvia. Ele ordenou que seu pessoal saísse e também fosse para Cracóvia. Eles estariam seguros lá.

Estava preparando sua própria fuga quando soube pela primeira vez que Alber havia entregado as minas ao rei Luís. Considerou inundar as minas como um presente de despedida para o rei, mas decidiu mantê-las secas na crença de que Fugger acabaria por recuperá-las. Dernschwamm, um empregado tão capaz e leal como um chefe poderia querer, deixou Buda depois de fazer tudo o que podia. A multidão tomou o prédio de Fugger sem resistência. Com Dernschwamm fora do caminho, Luís assumiu as minas e ordenou aos operadores que lhe enviassem os lucros.

Em uma carta ao seu agente de Cracóvia, Fugger culpou novamente Lutero. "Os novos padres estão dizendo às pessoas para desobedecerem a lei. Isso é o que os camponeses queriam, ignorar seus senhores." Ele se desesperou. "Não sei o que vai acontecer", escreveu. Em uma carta ao duque George, Fugger comparou o rei Luís aos camponeses. Escreveu que Luís só se voltou contra ele porque lhe devia dinheiro.

Fugger podia estar cercado por incertezas, mas não ficou paralisado. Imediatamente reuniu sua rede. O papa Clemente escreveu para Luís para elogiar Fugger e exigir que Luís devolvesse a propriedade ao antigo dono. A Liga da Suábia ameaçou a Hungria com invasão. O imperador anunciou um boicote aos produtos húngaros. O duque da Baviera fez o mesmo, assim como o duque do Palatinado. Até o irmão de Luís, o rei Sigismundo da Polônia, concordou em boicotar os produtos húngaros até que Luís devolvesse as minas de Fugger.

As sanções econômicas como recursos de guerra remontam a pelo menos 2.400 anos, quando Atenas atingiu sua vizinha Megara com um embargo comercial. Mas o boicote contra a Hungria estava em uma escala raramente testemunhada e era um exemplo absoluto do capitalismo de compadrio. Todos aqueles que pressionavam Luís eram clientes de Fugger. Ao fazer favores para Fugger, os boicotadores esperavam receber outros favores de volta.

O boicote não foi o único motivo para Luís considerar a rendição. Os Estados são frequentemente inadequados para administrar negócios e a Hungria não foi exceção. Sem a expertise dos engenheiros de Fugger, as minas perderam dinheiro. Os homens que Luís enviou para administrar as minas não sabiam nada sobre mineração. Não sabiam gerenciar os trabalhadores e estavam perdidos com as bombas e fornalhas.

Não ajudou o fato de Dernschwamm ter emitido diretrizes de sabotagem para os partidários de Fugger que ficaram nas minas. A sabotagem, o boicote e a má administração oprimiram Luís. Ele teve apenas prejuízo com as mesmas minas que geraram enormes lucros para Fugger.

Ainda assim, Luís segurou. Para justificar a apreensão em face da pressão internacional para devolver as minas, ele forçou seu prisioneiro, Alber, a assinar um segundo documento. Este negou que Luís devesse qualquer coisa a Fugger e, em vez disso, alegou que Fugger devia a Luís a soma considerável de 200 mil florins. Luís, no entanto, concordou em devolver alguns objetos de valor a Fugger e pediu para abrir discussões sobre mais empréstimos, mas insistiu em manter as minas e o equipamento. Também exigiu que Fugger desistisse de suas reclamações. A proposta de Luís era absurda; ofereceu a Fugger quase nada. Como Fugger disse ao duque George, "a proposta não tem qualquer valor e está completamente morta".

Fugger continuou a trabalhar em todas as direções para recuperar suas minas. Ele estendeu a mão para Zápolya, enviando-lhe um anel de diamantes e cumprimentando sua esposa e filha. Reconhecendo sua própria impopularidade, tentou tirar a culpa de si mesmo ao acusar Alexi Thurzo como o culpado pela degradação da moeda. Em novembro, representantes imperiais juntaram-se a conselheiros da Baviera e do Palatinado em Buda para negociar com Luís. Eles esperavam por um acordo. Luís se recusou a ceder.

◆

Suleiman, o Magnífico, o sultão da Turquia, estava em seus jardins de prazer em Adrianópolis quando recebeu a notícia de problemas em casa. Os combatentes de elite de Suleiman, os janízaros, se revoltaram. A revolta fortaleceu a posição de Fugger. Suleiman era o homem mais temido da Europa. O bisneto de Mehmed II, o Conquistador, o sultão que tomou Constantinopla, Suleiman estava determinado a estender seu alcance ao coração da Europa. Em 1521, 300 mil homens de Suleiman haviam marchado na outrora invencível cidadela de Belgrado, uma fortaleza que o próprio Mehmed não conseguiu tomar. Suleiman ganhou depois de um cerco de sete dias. A vitória deu à Turquia o controle do flanco sul da Hungria. Suleiman só parou por causa de distrações em outras partes do vasto Império Otomano. Depois veio Pavia e a impressionante captura do rei Francisco. Suleiman agora enfrentava em Carlos V um homem tão poderoso quanto ele. Desde a época em que Mehmed tomou Constantinopla, papas pediam por cruzadas para reconquistá-la. Os reis da Europa eram individualmente muito fracos e divididos para responder ao chamado. Carlos foi o primeiro soberano forte o suficiente para lutar contra o sultão por conta própria.

    Os janízaros eram filhos de escravos cristãos, criados como soldados. O sultão os pagava em espólios de guerra. Se não houvesse guerra, não havia pagamento. A tradição lhes prometia uma grande campanha – uma oferecendo abundantes oportunidades de pilhagem – a cada três anos. Eles exigiram que Suleiman atacasse Carlos antes que Carlos os atacasse. Eles queriam um ataque rápido a Buda, seguido de uma marcha em Viena. Quando Suleiman partiu para Adrianópolis para pensar sobre isso, os janízaros perderam a paciência e se rebelaram. Adrianópolis, perto da fronteira grega, tinha um harém, bosques de cedro e áreas de caça acariciadas por uma brisa suave. Era o lugar favorito do sultão. Mas depois que os janízaros se revoltaram, ele não teve tempo para o prazer.

Correu de volta a Constantinopla, onde executou o líder dos janízaros, mas prometeu atacar Buda.

Luís precisava desesperadamente de dinheiro para construir suas defesas. Com sua maior fonte de financiamento – as minas de cobre – em frangalhos, em um piscar de olhos se ofereceu para devolver as concessões a Fugger em troca de um empréstimo de 150 mil florins. Fugger não estava disposto a ceder. Ele exigiu que Luís o compensasse pelo metal que roubara dos armazéns e pagasse os custos para trazer as minas de volta à condição original. Fugger disse a Luís que não era exigente quanto à forma de pagamento. Dinheiro, seda, terra ou joias serviam, contanto que chegassem no valor total. Ele também exigiu mais privilégios. Os direitos de mineração, ele apontou, mal cobriam os custos. Luís teria que oferecer mais – outra mina, alguma terra ou redução de tarifa – se quisesse um empréstimo. Luís achou que Fugger pediu demais. Apesar dos turcos que avançavam, ele apostou que poderia sobreviver sem Fugger, e rejeitou a oferta.

♦

As cartas, contratos e registros que compõem a trilha histórica de Fugger revelam muito sobre suas atividades comerciais, mas pouco sobre suas relações pessoais. Acreditamos que ele e a esposa tinham um relacionamento gelado, mas não temos certeza. Sabemos que Fugger poderia ser jovial com os clientes e duro com seus sobrinhos. Mas nós só sabemos pedaços da história. Um desses pedaços, no entanto, é revelador; envolve Johannes Zink, o homem que costumava trabalhar para Fugger em Roma. Um incidente que ocorreu na época da luta contra o rei Luís mostra um Fugger inflexível, talvez até sem coração.

Depois que Fugger enviou seu sobrinho Anton a Roma para substituir Zink, Zink retornou a Augsburgo doente e endividado. Não havia razão para ter problemas financeiros. Não só Fugger o pagara generosamente, como Zink, através de uma mistura de subornos e compras, adquirira cargos suficientes na Igreja para enriquecer. Mas Zink nunca ficou satisfeito. Querendo se tornar ainda mais rico, muitas vezes tomava dinheiro emprestado e inevitavelmente o perdia em esquemas fracassados.

Com a crise na Hungria, a família de Zink implorou a Fugger para vê-lo antes que fosse tarde demais. Talvez Fugger sentisse simpatia por Zink e quisesse dizer adeus. Ou talvez ele quisesse extrair alguma informação final sobre Roma. De qualquer forma, Fugger apareceu na cabeceira de Zink, que lhe pediu ajuda. Zink disse que sua família perderia tudo se ele morresse antes de pagar suas dívidas.

O próprio Fugger era o maior credor de Zink. Em vez de pedir diretamente a ele para cancelar suas obrigações, Zink pegou a chave da casa e tentou forçá-la na mão de Fugger. O significado teria sido claro para os contemporâneos. Se Fugger aceitasse as chaves, ele aceitava as obrigações. Ele limpou as chaves com tanto calor e simpatia que Zink morreu acreditando que Fugger protegeria seus interesses. A família de Zink ficou chocada quando, pouco depois da morte, um oficial de justiça apareceu exigindo o pagamento imediato da dívida. A família não tinham renda além do que vinha de um único cargo da Igreja de propriedade do filho de Zink. O assunto foi ao tribunal e o tribunal decidiu em favor de Fugger. Ele tomou o cargo clerical, e provavelmente o revendeu. Fugger podia ter gostado genuinamente de Zink. Mas um acordo era um acordo.

12
OS TAMBORES SE CALAM

Em uma manhã de dezembro de 1525, uma pequena multidão se reuniu na capela do Palácio Fugger e esperou pelas notícias. O grupo incluía sobrinhos de Jacob, dois notários e algumas pessoas de fora da família que serviram como testemunhas. Fugger, agora mortalmente doente, estava descansando em um quarto próximo. Depois que todos chegaram, uma porta se abriu e um criado o empurrou. Um dos notários olhou para as palavras escritas no papel. Fugger havia revisado seu testamento e o notário estava prestes a lê-lo. Ele estava prestes a informar ao público como Fugger havia dividido a maior fortuna do mundo. Faltavam três dias para o natal. Para alguns, estava chegando mais cedo.

Este foi o segundo esboço do testamento. Fugger havia escrito o primeiro quatro anos antes, na época de Worms. Ele estava sentindo o peso da idade quando a dieta se reuniu e enviou seu sobrinho Ulrich, seu mais provável herdeiro, em seu lugar. Agora, quatro anos depois, Fugger ainda estava vivo, mas Ulrich estava morto. Ele faleceu aos trinta e cinco anos. A morte de Ulrich forçou Fugger a mudar o testamento e traçar um novo plano de sucessão.

O notário começou a ler. Ele começou com uma surpresa. Ao contrário do primeiro testamento, a nova versão incluía algo para os funcionários mais confiáveis da empresa. Ele nomeou dez pessoas no círculo interno de Jacob e ordenou que os sobrinhos cuidassem deles e providenciassem sua aposentadoria. Antes, a atitude de Fugger era que ele pagava à equipe um salário justo e eles não mereciam mais. Ele havia amolecido nesse meio tempo. A multidão então ouviu que o novo testamento mantinha as partes do original sobre os padres lerem missas em nome de Fugger e os camponeses pagantes da propriedade orarem por sua salvação. Também sublinhou o apego de Fugger ao projeto habitacional Fuggerei, oferecendo presentes a todos os seus residentes – um florim para famílias com crianças e meio florim para aquelas sem.

Depois veio a questão de quem controlaria o dinheiro. O sobrinho de Jacob, Ulrich, estava morto, mas o irmão de Ulrich, Hieronymus, o outro filho de Ulrich, o Velho, ainda era saudável. Ele era um candidato. Os outros eram filhos de George Fugger, Raymund e Anton. Sob o antigo testamento, Hieronymus teria obtido a parte de Ulrich. Mas Jacob estivera observando Hieronymus e decidiu que ele era incompetente. O novo testamento dizia que Hieronymus "não era especialmente útil nos negócios da família nem no negócio que ele assumira. Supõe-se que ele não desfrutaria desse tipo de trabalho". A confirmação de sua inadequação ocorreu no ano seguinte, quando Hieronymus ficou bêbado em um casamento e cortou o cabelo de uma criada. Jacob lhe concedeu ações equivalentes a um terço do negócio, proibindo a venda. Ele insistiu que sua participação iria para Raymund e Anton quando ele morresse. Isso foi significativo porque afetou não apenas Hieronymus, mas todos os outros herdeiros de Ulrich, o Velho. Jacob deu-lhes quantias simbólicas. Fora isso, ele os deixou de mãos abanando. Ele queria que os meninos de George, e apenas eles, continuassem os negócios dos Fugger e cuidassem da fortuna.

Jacob escreveu que Anton e Raymund foram os que "até agora me ajudaram nos negócios". Ele lhes atribuiu diferentes papéis. Raymund ficava muitas vezes doente e, na mente de Jacob, era fisicamente despreparado para os rigores do comércio, e por isso lhe atribuiu a tarefa de administrar os feudos. Assim, Raymund se tornou supervisor de Weissenhorn, Kirchberg e as outros domínios. Jacob entregou o negócio em si, o maior estabelecimento comercial do mundo, a Anton. Ele fez as nomeações soarem como punições. Eles herdariam o "fardo, inconveniência e trabalho" da administração.

Anton, com trinta e dois anos de idade, era quatro anos mais novo que Raymund, mas Jacob gostou do que viu. Ele treinou Anton, enviando-o para viagens e deixando-o conhecer pessoas e problemas nos escritórios regionais. Anton distinguiu-se cedo quando negociou com sucesso um acordo sensível sobre uma mina de ouro na Polônia. Em Buda, ele mostrou seu talento novamente ao identificar um agente trabalhando por fora e o demitindo. Anton também teve um lado selvagem que quase estragou sua carreira. Uma vez, enquanto estava em missão em Roma, emprestou algum dinheiro e se endividou. Com a ajuda de um outro tio, recuperou o dinheiro antes que Jacob descobrisse. Ele alertou um amigo para não dizer nada: "Não adianta nada escrever sobre isso." O episódio o deixou mais sóbrio. Ele sucedeu Zink como o gerente principal em Roma e trabalhou com sucesso em suas conexões com o Vaticano para persuadir o papa a se juntar ao boicote húngaro.

No testamento, Fugger deu às suas sobrinhas cinco mil florins cada, um aumento de 1.800 florins do primeiro testamento. Ele nunca pensou em dar-lhes ativos. Acreditava que os negócios e os feudos poderiam funcionar mais facilmente com menos, não mais, tomadores de decisão. Tampouco queria que as mulheres, incluindo sua esposa, Sybille, se envolvessem na administração. Sua avó e mãe surgiram como empresárias de primeira classe depois que seus maridos morreram. Mas ele queria que os homens tomassem todas as decisões.

No primeiro testamento, ele foi generoso com Sybille. Deu a ela a casa onde os dois moravam antes de se mudarem para o palácio. Foi uma oferta sentimental. O maior prêmio foi a espetacular propriedade vizinha, completa com jardim, capela e terreno para competições de justa. A casa fora recentemente renovada com móveis, tapeçarias e enfeites de joias. Ele ordenou aos sobrinhos que pagassem os impostos sobre as casas e mantivessem o jardim. O antigo testamento devolvia o dote de cinco mil florins de Sybille e a dava mais cinco mil florins em um montante fixo para ela manter investido na empresa a uma taxa de juros de 5% e mais 800 florins por ano para despesas. Ao descrever que a dava também a prataria e as joias do casal, Fugger acrescentou uma nota pessoal sobre um "grande diamante e um grande painel de rubi que eu dei a ela recentemente". Sybille tinha um guarda-roupas completo. Fugger orientou-a a manter seus melhores vestidos, mas deu o resto a outros membros da família. Ele também deu a ela o leito conjugal. A cama tinha um significado especial para Fugger. Ele notou como eles tinham dormido "com e ao lado" um do outro na cama. Quando ela morresse, ele queria que ela fosse colocada ao lado dele na capela Fugger, na igreja de Santa Ana.

Agora, quatro anos depois, Fugger estava com raiva de Sybille e ela perdeu espaço. A família dela havia apoiado Lutero, e a própria Sybille demonstrava essa inclinação. Fugger também pode ter sabido sobre o caso dela com Conrad Rehlinger. No novo testamento, ele não chegou a jogá-la na rua. Deixou que ela mantivesse seu dote e a prataria, mas só lhe deu uma casa e não era a recém reformada, com o jardim e o terreno de torneios, mas sim a mais modesta. Ele cancelou a anuidade de 800 florins e a quantia única de cinco mil florins em favor de uma quantia de vinte mil florins que cairia para dez mil florins se ela voltasse a se casar. Ele deixou que ela mantivesse a cama, mas removeu as referências ao seu guarda-roupa e ao seu direito de ser enterrada na capela Fugger. A reação de Sybille às mudanças não foi registrada.

Após a leitura do testamento, Jacob ainda tinha dois problemas para discutir com Anton. O primeiro era a Hungria. Sob nenhuma circunstância, ele frisou, Anton deveria aceitasse qualquer outra coisa diferente da restituição completa. O rei Luís logo estaria desesperado, disse ele. Apenas seja paciente. Quando o sultão se aproximar, Luís vai se dobrar.

A segunda questão dizia respeito ao enterro de Fugger. Santa Ana caíra no acampamento luterano quando o padre Urbanus Rhegius, depois de seu tempo em Schwaz, voltou para Augsburgo e assumiu um posto ali. Rhegius tentou ser diplomático; ele ainda oferecia a comunhão na forma antiga para os tradicionalistas e na nova forma para os seguidores de Lutero. Fugger odiava o meio termo. Para ele, Rhegius era tão ruim quanto Lutero. Como Fugger estava morrendo, disse a Anton para encontrar para ele um local de enterro mais adequado. Anton convenceu-o de que Santa Ana, apesar de Rhegius, permanecia fiel a Roma. Era uma mentira, mas resolvia o problema de onde colocar os ossos de Fugger.

Enquanto isso acontecia, o arquiduque Fernando visitou Augsburgo para uma reunião com a nobreza local. Um desfile anunciava sua chegada. Nos oito anos desde a eleição imperial, Fernando, agora com vinte e três anos, conhecera e respeitara Fugger. A Guerra dos Camponeses aproximou-os e o arquiduque entendeu a importância que Fugger desempenhou na ascensão dos Habsburgo. Ele sabia que Fugger só tinha alguns dias de vida. Enquanto o desfile passava pela prefeitura e em direção ao Palácio Fugger, ele ordenou que as trombetas e os tambores parassem. Escreveu Sender, o cronista de Augsburgo: "Ele não queria causar transtornos." Os assessores de Fernando exibiam menos dignidade que seu senhor. Durante a estada em Augsburgo, os assessores foram até Fugger e pegaram um pequeno empréstimo com ele.

O último dia de trabalho de Fugger foi 28 de dezembro. Em sua decisão final de negócios, ele rejeitou um pedido de empréstimo do duque Albrecht da Prússia. Albrecht havia renunciado recentemente a seu cargo de Grão-Mestre dos Cavaleiros Teutônicos, uma ordem católica, para se tornar um luterano. O empréstimo era financeiramente sólido, mas Fugger era avesso a emprestar para convertidos. No dia seguinte, Fugger caiu num sono profundo "como se", escreveu Sender, "estivesse morto". O Dr. Occo enxotou os visitantes. Outros ficaram longe por escolha. Quando o fim chegou, os sobrinhos de Jacob e sua esposa Sybille estavam em outros lugares.

Fugger morreu às quatro horas da manhã de 30 de dezembro de 1525, aos 66 anos. Os únicos com ele eram uma enfermeira e um padre. A causa exata da morte é desconhecida, mas pode ter sido uma infecção da próstata.

Sender se repreendeu por não ver os sinais. Um misterioso arco-íris preto apareceu em Augsburgo alguns meses antes. Em retrospecto, ele escreve, o significado era óbvio. O Senhor estava anunciando a morte do maior cidadão de Augsburgo. Não havia outra explicação. Sua crônica e outras fontes não dizem nada sobre o funeral de Fugger, então só podemos adivinhar os detalhes. Podemos supor que durou o dia todo, que os cavalos puxaram o carro funerário e que doze carregadores, vestidos de preto, levaram o caixão para a cripta. A única referência ao evento real aparece no livro de moda de Matthaus Schwarz, mas não diz nada sobre o funeral em si, além de que ele vestia preto. A ilustração que acompanha o relato mostra apenas ele e mais ninguém.

Sender parece ter sentido falta de Fugger mais do que ninguém. Ele escreveu o que equivalia a um elogio obituário em sua crônica: "O nome de Jacob Fugger e de seus sobrinhos são conhecidos em todos os reinos e países e nos campos. Imperadores, reis, príncipes e senhores enviaram suas saudações a ele. O papa o cumprimentou como um filho. Os cardeais representavam ele. Todos os empresários do mundo o descreveram como iluminado. Ele era um ornamento para toda a Alemanha."

Sender direcionou suas críticas para Sybille, contando uma história de como Sybille fugiu da "casa de seu abençoado marido" – levando joias, dinheiro e uma empregada – para viver com o "velho", Rehlinger. Os parentes de Sybille, em sua própria crônica, alegaram que os sobrinhos de Jacob forçaram ela e Rehlinger a se casar usando "violência e força armada". Dessa forma, eles teriam que pagar apenas dez mil florins em vez de vinte mil florins. Mesmo assim, os sobrinhos se recusaram a pagar. A disputa foi ao tribunal e a vontade de Jacob prevaleceu. Os sobrinhos pagaram apenas dez mil florins.

♦

Quando Fugger tinha trinta e poucos anos, ele proclamara sua intenção de obter lucro pelo tempo que pudesse. Ele cumpriu esse voto trabalhando até o fim. Mais notável é que Fugger morreu solvente. Ele havia jogado um jogo de alto risco e, apesar de sofrer vários ataques, venceu. Jacques Coeur, o banqueiro francês que jogou o mesmo jogo, perdeu tudo e morreu no exílio. Os banqueiros florentinos que reinaram supremos no século XV – os Bardi, os Peruzzi e outros – não se saíram melhor. Eles caíram sob o peso de empréstimos para os reis ingleses. Mesmo os Médici só tiveram um breve tempo como força financeira. A família era um modelo de força financeira sob o comando de Cosimo, mas seu neto Lorenzo, o Magnífico, se importava mais com a política e as artes do que com os negócios. A empresa foi liquidada dois anos após a morte de Lorenzo, sob o peso da dívida. Como vimos, até mesmo alguns Fugger haviam fracassado. O primo de Jacob, Lucas Fugger, faliu depois de emprestar ao mesmo cliente que fez a carreira de Jacob, Maximiliano de Habsburgo. Hochstetter, o rival de Jacob, ainda estava em atividade após a Guerra dos Camponeses, mas sua sorte acabou em 1529, depois que ele tentou tomar as minas de Maestrazgos para si e encurralar o mercado de mercúrio. Confrontado com a falência, ele implorou ao "querido primo" Anton Fugger por um resgate. Anton recusou e Hochstetter foi para a prisão dos devedores. Anton estava entre os credores e tomou o castelo de Hochstetter em Burgwalden, sua casa em Schwaz e uma fundidora em Jenbach.

Fugger sobreviveu por causa de uma abordagem monótona, mas de bom senso, do planejamento financeiro. Apesar do enorme empréstimo não garantido para Carlos V, ele havia conseguido enormes somas e investido grande parte em imóveis, e corria menos riscos à medida que envelhecia. No entanto, ele continuou a ganhar um forte retorno, como mostrado em um balanço que seus contadores compilaram logo após sua morte.

O balanço de 1527 é o documento mais importante para entender Jacob Fugger. Por esse motivo, vale a pena considerar a natureza da coisa. Enquanto um balanço patrimonial pode parecer monótono e indecifrável, é muito revelador, porque registra todas as atividades de uma empresa desde o momento do seu início. É como uma praia cuja forma muda a cada onda. Cada transação – todo pagamento para um contratado, cada holerite semanal, cada cheque descontado – adiciona ou reduz o total. Um balanço é uma história condensada em poucas linhas e uma única página. É o documento que os bancos devem analisar, mas muitas vezes não o fazem, antes de conceder um empréstimo. É o documento que levou Goethe, o grande escritor romântico, a declarar: "O método das partidas dobradas é uma das mais belas descobertas do espírito humano". Ele entendeu como um balanço transforma a mera gravação de recibos e despesas – renda, fluxo de caixa e outras demonstrações contábeis – em algo infinitamente mais informativo.

Se alguém pedisse a Fugger para nomear sua maior conquista, ele poderia citar a eleição imperial ou o Fuggerei.

Ou ele poderia citar o balanço da empresa Jacob Fugger & Sobrinhos. É um resumo de uma carreira que, embora reduzida a números, conta uma história sobre reis e rainhas; papas e entes queridos; aventuras no exterior e mudanças de sorte; jogadas estratégicas e posses suficientes para merecer a atenção dos cartógrafos. É a história da sua vida.

O balanço de 1525, o último ano de Jacob, foi perdido como a maioria dos seus documentos. O balanço de 1527 oferece uma aproximação justa. De um lado da página estão os ativos, ou as coisas que os Fugger possuíam. Os maiores itens eram empréstimos. Fernando lhe devia 651 mil florins em empréstimos garantidos pelas minas de Tirol. Carlos e o reino da Espanha lhe deviam 500 mil, garantidos pelas minas de mercúrio dos Maestrazgos. O rei de Portugal lhe devia 18 mil. O vice-rei de Nápoles, que estava sob o controle de Fernando, devia 15 mil. Casimiro de Brandemburgo devia 2 mil.

O próximo item maior, 380 mil florins, era o estoque. Isso englobava o cobre e os têxteis nos armazéns da empresa. Então vieram imóveis e terras, no valor de 150 mil florins. Nesse valor estavam avaliados Weissenhorn e as outras propriedades menores em 70 mil, as propriedades de Augsburgo em 57 mil, o escritório da Antuérpia em 15 mil e o escritório de Roma em 6 mil. As minas estavam avaliadas em 270 mil, presumivelmente com base no preço que Fugger pagara, e não no valor do minério no solo. Outros ativos – dinheiro e vários empréstimos e investimentos – chegaram a outro milhão.

Não havia nada como a Comissão de Títulos e Câmbio para mantê-lo honesto. Também não havia regras fixas sobre como fazer coisas como avaliar ativos e reconhecer receita. Fugger poderia preparar os livros da maneira que quisesse. Ele tomou um caminho de prudência. Descartou ativos inúteis e classificou os outros como duvidosos. Entre os da categoria duvidosa estavam 260 mil florins em empréstimos à Hungria, um empréstimo de 113 mil florins a Alexi Thurzo e um empréstimo de 20 mil florins ao papa Leão X, o mesmo que sancionou o empréstimo de dinheiro. Leão já tinha morrido, mas Fugger tinha um anel como garantia, então ainda havia uma chance de cobrança se a família de Leão quisesse o anel de volta.

Do outro lado da página estavam os passivos. Isso era o que os Fugger deviam aos outros. Eles deviam 340 mil florins a credores na Espanha, 186 mil a outros credores e 290 mil a depositantes. Esses valores eram administráveis e indicam que o aspecto mais notável do balanço de 1527 não era nem os ativos nem os passivos, mas a diferença entre os dois. A diferença era o patrimônio ou o valor do negócio. Pode ser equiparado ao valor da fortuna pessoal de Fugger no momento de sua morte. Seus sobrinhos tinham participações no negócio, mas ele controlava a empresa completamente e tinha total autoridade para orientar como o dinheiro era gasto. Quando ele fala em seu epitáfio sobre ser "inigualável na aquisição de riqueza extraordinária", ele está se referindo à equidade. Chegou a 2,02 milhões de florins. Talvez outro empresário antes de Fugger valesse mais de um milhão em uma moeda padrão europeia, mas, se foi o caso, ninguém registrou isso em papel. Se acreditarmos nas demonstrações contábeis dos Médici, a família Médici, ou pelo menos o seu banco, nunca valeu mais do que 56 mil florins. Por este motivo, Jacob Fugger pode reivindicar ser o primeiro milionário.

As comparações entre o balanço de 1527 e os anteriores indicam o retorno sobre investimentos. Em 1494, quando Jacob se tornou sócio, a empresa tinha patrimônio líquido de 54.385 florins. Em 1511, havia crescido para 196.791 com um retorno de 8% ao ano. Em 1527, alcançou 2,02 milhões para um retorno anual entre 1511 e 1527 de 16%. É tentador pensar que os retornos aumentaram no último período porque Fugger tinha controle total enquanto, no primeiro mandato, os retornos foram diluídos porque ele tinha que dividir a tomada de decisões com seus irmãos. Uma vez liberado da interferência, ele estava livre para investir como só ele podia. Mas os retornos melhorados são mais um caso de Fugger colhendo lucros de investimentos anteriores. O retorno total de Fugger durante os 33 anos foi de 12%. Ele poderia ter feito ainda mais se tivesse assumido mais riscos, mas, como indicam os balanços, ele se tornou cauteloso na última fase de sua carreira. Com seu patrimônio e o dinheiro vindo de suas minas, ele poderia, em termos modernos, colocar seu balanço para trabalhar, pegando empréstimos e investindo. Mas o que ele poderia fazer com o dinheiro? Ideias de investimento lucrativo eram escassas, particularmente para alguém que precisava encontrar grandes oportunidades para fazer qualquer diferença em sua fortuna. Além disso, à medida que envelhecia, ele valorizava mais a preservação da riqueza do que o acúmulo. Ele queria que a firma permanecesse em pé por gerações, mesmo se os Habsburgo falissem. A sabedoria disso ficou clara após sua morte, quando Anton fez uma aposta ruim investindo em estanho, tentando, mas não conseguindo, encurralar o mercado ao monopolizar a produção na Boêmia e na Saxônia. O erro custou quase 500 mil florins, mas a empresa sobreviveu. Nenhum outro negócio na Europa poderia ter resistido a um golpe como esse.

♦

Fugger estava morto, mas seu negócio continuava. Em um desenvolvimento que poderia tê-lo surpreendido, atingiu o maior valor após sua morte. O balanço cresceu, escritórios foram abertos em mais cidades, a empresa tornou-se mais internacional e mais sofisticada e manteve sua influência nos assuntos mundiais. A empresa Fugger durou mais de cem anos e encerrou seus negócios apenas porque os membros da família Fugger perderam o interesse e preferiram vidas diferente da vida de negócios. Alguns se tornaram patronos da arte e construíram bibliotecas. Dois foram à falência e tiveram que procurar emprego. Outro construiu um castelo maior que o Palácio Fugger.

Como seu negócio continuou vivo, um resumo das duas gerações após Fugger é necessário para completar sua história. A longevidade do negócio reflete a forte base que Fugger criou, bem como a raridade de suas habilidades e caráter. Alguns de seus sucessores tinham talento, mas nenhum no mesmo grau. Tampouco tinham sua convicção, seu temperamento de aço e sua ambição. Como eles podiam? Grandes homens como Fugger são milagres estatísticos. Mas mesmo homens menores podem moldar a história e, nas gerações que se seguiram, os Fugger subsequentes influenciaram os principais eventos do dia.

Por um tempo, seu sobrinho Anton Fugger fez tudo certo. Tirando o fiasco do estanho, ele foi cuidadoso e evitou se envolver demais com os Habsburgo. Em seu primeiro ato significativo, fez um acordo com o rei Luís da Hungria e recuperou as minas. Luís cedeu porque, assim como Fugger previu, ele precisava de dinheiro para lutar contra o sultão. Depois de receber incentivo da França, Suleiman e os janízaros estavam agora correndo pelas planícies na direção de Buda. Anton emprestou 50 mil florins para Luís. Um agente dos Fugger mais tarde notou que um valor quatro vezes mais alto não teria feito diferença; os turcos eram simplesmente formidáveis demais. Luís foi pessoalmente ao combate e os turcos o mataram na batalha de Mohacs. Sua morte tornou Fernando o senhor da Hungria, ou pelo menos das áreas que os turcos não conseguiram controlar. As partes dos Habsburgo incluíam Neusohl e as outras minas de Fugger. A relação entre os Fugger e os Thurzo azedou com a revolta húngara em 1525. Os Thurzo deviam tanto dinheiro aos Fuggers que Anton foi ao tribunal para recuperá-lo. Eles resolveram a questão depois que os Thurzo entregaram a participação de 50% na parceria Fugger-Thurzo para ele. Anton manteve Alexi como agente. A ameaça turca acabou se tornando mais do que Anton podia tolerar. Ele entregou suas concessões húngaras para outro empresário de Augsburgo, Matthias Manlich, que mais tarde faliu.

A princípio, Anton seguiu um caminho cauteloso e deixou outros banqueiros financiarem o imperador Carlos. Carlos confinara seu prisioneiro, o rei Francisco, a um palácio em Madri. Francisco prometeu dar a Carlos o ducado de Borgonha se ele o libertasse. Depois que Francisco entregou dois de seus filhos como garantia de segurança, Carlos o soltou. Francisco renunciou ao acordo assim que cruzou os Pireneus e, com o papa e Henrique VIII como aliados, declarou guerra aos Habsburgo para expulsá-los da Itália. Anton se recusou a financiar Carlos, e Carlos conseguiu o dinheiro necessário em outro lugar. Isso teve consequências calamitosas. Os mercenários dos Habsburgo não foram pagos e, determinados a encontrar indenização, saquearam Roma, roubaram seus tesouros e mataram milhares de defensores. Se os mercenários fossem católicos, eles poderiam ter poupado Roma do pior dos abusos. Mas muitos eram luteranos e soltaram sua ira na Cidade do Vaticano. O papa escapou de seu palácio através de uma passagem secreta. Carlos não participou do saque, mas o episódio, mais do que qualquer outro, moldou sua reputação na história.

Anton voltou a se envolver em 1530, depois que Carlos tentou diminuir sua própria carga de trabalho, transferindo suas funções de rei da Alemanha para Fernando. Anton financiou a entrega subornando os eleitores com 275 mil florins. Isso foi um bom negócio para Anton porque ele recebeu uma reivindicação das prodigiosas receitas tributárias napolitanas, contratos adicionais em Schwaz e outra parte em terras dos Habsburgo.

A eleição abriu o caminho para o que poderia ter sido potencialmente o capítulo mais emocionante da já notável história da família. Depois que Jacob Fugger interferiu na eleição de Fernando, Carlos retribuiu o favor fazendo a Anton uma oferta tentadora – a chance de colonizar o Peru e o Chile. Pizarro havia derrotado os Incas em 1532 e Carlos precisava de alguém para explorar o potencial dos Andes. O plano teria feito dos Fugger senhores sobre boa parte da América do Sul. Anton concordou, mas mudou de ideia antes de realizar qualquer coisa. Enquanto isso, os Welser aceitaram um acordo semelhante para a Venezuela. Tiveram só prejuízo. O episódio de Welser é mais lembrado por uma viagem de escravos em 1528 que levou quatro mil africanos à colônia. Dois anos depois, Carlos visitou Augsburgo e ficou com Anton no Palácio Fugger, onde enobreceu Anton, Raymund e Hieronymus. Eles, como seu tio Jacob, agora podiam se vangloriar de serem condes. E como Jacob, eles nunca fizeram. Durante a mesma visita, Anton supostamente queimou alguns documentos imperiais que obrigavam Carlos a pagar uma dívida. Uma pintura de Carl Becker de 1866 mostra Carlos sentado em um trono enquanto Anton joga as notas em uma lareira. A peça está pendurada na Galeria Nacional de Berlim e a história se tornou parte da tradição dos Fugger. A história é baseada em fatos. Anton anulou algumas obrigações em 1546. É desconhecido o valor das notas queimadas ou porque Anton fez isso. Pode ter sido para evitar ter que emprestar mais dinheiro a Carlos.

Anton continuou a ter grandes lucros em Schwaz e na Espanha. Em 1538, ele pagou 224 mil ducados para um contrato de concessão de cinco anos em Maestrazgos e obteve lucro de 152 mil ducados com a operação. Ele abriu escritórios em Londres, Madri, Lisboa e Florença, elevando a contagem de agências para setenta. Traficou ouro das Américas e da Índia. O balanço de 1546 mostra uma empresa no auge de sua força. Com ativos de 7 milhões de florins e passivos de apenas 2 milhões, o capital chegou a 5 milhões, indicando um retorno anual de 7% nos dezenove anos desde a morte de Jacob. Este era um retorno sólido, mas nada espetacular. Mas em defesa de Anton, ele lutou contra a lei dos grandes números. É mais fácil crescer em uma base pequena do que em uma muito grande. Jacob já havia criado o maior negócio do mundo. Anton havia colocado ainda mais distância entre os Fugger e os outros. Só isso já era impressionante.

Germânicos, incluindo vários eleitores, rapidamente se tornaram protestantes nesses anos. Os Fugger e os Habsburgo permaneceram fiéis à velha fé, convencidos de que Lutero estava errado. Raymund Fugger foi implacável quando se tratou de Lutero. "Ele caga nos Evangelhos", disse ele. A vida de Anton tornou-se mais complicada à medida que a tensão entre católicos e protestantes se intensificava. Em 1546, os príncipes luteranos se juntaram para lutar contra os Habsburgo e reivindicar toda a Alemanha para a nova fé. Carlos, apoiado por Anton, derrotou os protestantes em um dos grandes conflitos da Reforma, a Guerra de Esmalcalda. Carlos tentou a sorte no fim do conflito e tentou forçar seus oponentes a retornarem ao catolicismo. Os protestantes, liderados pelo eleitor duque Maurício da Saxônia, reagiram e ameaçaram levar as hostilidades a Augsburgo, a menos que Anton lhes emprestasse com a mesma generosidade com a qual emprestava aos Habsburgo. Anton mentiu e disse que não tinha nada para dar.

A tensão de ser o mais poderoso banqueiro da Europa pesava em Anton mais do que pesou em seu robusto tio. Ele nunca pedira para liderar o negócio. Jacob entregou o controle a Anton apenas porque a morte de seu primo mais velho Ulrich criara uma vaga. Ele reclamava de exaustão e problemas de saúde, e considerou liquidar os ativos da empresa, pagando as dívidas e distribuindo a riqueza entre os membros da família. Seus próprios filhos eram jovens demais para assumir e seus sobrinhos evitavam a responsabilidade. Em seu testamento de 1550, Anton escreveu que ele "terminaria e se aposentaria" do empreendimento.

Ele poderia ter liquidado imediatamente se não fosse pela guerra com os protestantes e o perigo para si mesmo e para Augsburgo. Carlos gastara tudo o que tinha e ainda mais na guerra. Anton e outros banqueiros recusaram quando ele pediu mais dinheiro. "Parece que os comerciantes concordaram em não me servir mais", disse Carlos. "Não encontro nem em Augsburgo nem em qualquer outro lugar qualquer homem que me empreste, seja qual for o lucro que ele eu lhe ofereça". Mas a guerra se arrastou e Maurício, apoiado agora com ouro francês, conquistou fortalezas dos Habsburgo uma após a outra. Ele perseguiu Carlos até Innsbruck, onde, no alto das montanhas, Carlos estava a salvo, mas não tinha dinheiro nem tropas. Sentindo-se completamente preso, o imperador escreveu uma nota pessoal a Anton, pedindo-lhe que viesse à capital tirolesa para discutir o financiamento: "Isto é o que eu mais desejo agora."

A lealdade e a chance de ganhar termos generosos levaram Anton a fazer a viagem. Enquanto as negociações avançavam, Maurício se aproximou de Innsbruck. O imperador e sua corte fugiram para Villach, bem na fronteira italiana, com Anton se juntando a eles. Villach estava a uma agradável caminhada da fábrica de Fuggerau, mas Anton não teve tempo para passear porque Carlos já havia aberto as negociações de rendição com Maurício.

O que se segue é um momento-chave na história. Mercenários aguardavam a decisão de Anton. Se Anton abrisse sua bolsa e pagasse, Carlos poderia colocar homens suficientes no campo de batalha para perseguir Maurício de volta à Saxônia e salvar pelo menos uma parte da Alemanha para o catolicismo. Se Anton recusasse, os protestantes levariam toda a Alemanha. Anton, aos 61 anos e já cansado dos negócios, estava enfrentando uma escolha tão importante quanto a que seu tio Jacob enfrentou ao decidir quem apoiar na eleição imperial de 1519. Como seu tio, Anton permaneceu fiel aos Habsburgo e cedeu um enorme empréstimo de 400 mil florins. Carlos e seus mercenários derrotaram Maurício e o obrigaram a voltar para o castelo. O norte da Alemanha permaneceu protestante e o sul da Alemanha católico, e assim permanece até o presente.

Anton conseguiu vender alguns ativos e distribuir os lucros para sua família. Em 1553, ele distribuiu 2 milhões de florins. Isso era igual ao valor da empresa inteira quando Jacob

Fugger morreu, e 40% de seu capital em seu pico sob Anton, sete anos antes. Jacob nunca teria empreendido tal liquidação, parcial ou de outra forma. Ele não suportava reduzir os negócios. Mas foi a decisão certa para Anton porque protegeu a fortuna da família da possibilidade de uma falência dos Habsburgo. Anton continuou a discutir uma liquidação total, mas, quando um boom tomou conta da Europa na década de 1550, ele não resistiu e fez mais empréstimos. O volume de ouro americano que chegou à Europa passou de 330 toneladas por ano na década de 1540 e chegou ao triplo disso nos dez anos seguintes. Confiante de que a oferta era ilimitada e o boom duraria, ele e outros financistas emprestaram livremente, e pegavam dinheiro emprestado para fazer ainda mais empréstimos. O problema chegou em 1554, quando a Espanha atrasou o pagamento de juros. Anton precisava do dinheiro para pagar um empréstimo. Em pânico, ele ordenou a seu agente na Antuérpia, Matthaus Oertel, que pagasse qualquer taxa de juros para arrecadar dinheiro e evitar a inadimplência "pois meu crédito permanece em vigor". O nome Fugger era forte mas um único pagamento perdido podia destruí-lo. Anton sabia disso: "Eu penso tanto na zombaria dos homens quanto no próprio dinheiro".

Apesar do tiro de aviso, Anton permaneceu entusiasmado enquanto o ouro do Novo Mundo continuava a desembarcar nas costas europeias. Ele deu liberdade a Oertel para emprestar dinheiro em seu nome e, depois que o filho de Carlos, Filipe, substituiu o pai no trono espanhol, Oertel emprestou a ele 1,5 milhão de florins em antecipação ao pagamento rápido. Uma parcela de 800 mil florins em ouro americano estava a caminho de Antuérpia para pagar Antônio quando Filipe ordenou que o comboio se virasse. Ele precisava do dinheiro para uma guerra que estava lutando com a França. Pediu desculpas a Anton, mas disse que não tinha escolha. Anton, em fúria, demitiu Oertel: "Ao diabo agradeço por este serviço." Mas ele só tinha a si mesmo e sua ganância para culpar. Anton novamente enfrentou o calote. "Os credores são muitos", escreveu ele. "Um homem pode estremecer ao pensar neles." Ele pagou suas contas indo mais fundo em dívidas. Seu maior medo veio em 1557 quando a Espanha cometeu outro calote. A crise levou vários financistas de Augsburgo à falência. Anton deveria ter se juntado a eles, mas era grande demais para falir. Filipe achou que poderia precisar de Anton novamente, então suspendeu as reivindicações contra ele. Outros banqueiros, sob ordem judicial, realizaram leilões para levantar dinheiro e satisfazer os credores. Anton continuou como se nada tivesse acontecido.

Chegando aos setenta, Anton estava doente e precisava de alguém para assumir os negócios. Seu sobrinho mais velho, Hans Jacob, recusou. Outro sobrinho, George, disse a Anton que "não poderia fazer o trabalho, e preferiria viver em paz". Sem ter mais para onde recorrer, ele voltou a Hans Jacob e o forçou a assumir contra sua vontade e administrar o negócio "até que tudo se recupere e até que as vendas terminem". Anton morreu em 1560 e, quando as dívidas pessoais forçaram Hans Jacob à falência em 1563, o filho mais velho de Anton, com apenas 34 anos, assumiu o poder.

O balanço desse ano mostra um capital de 663.229 florins. Isso ainda era considerável, mas apenas um oitavo do valor máximo. Os genoveses e os Boerse da Antuérpia haviam ultrapassado os Fugger como principais financiadores da Europa. A família parecia encaminhada para o esquecimento. Então aconteceu uma coisa estranha. Markus Fugger, que estudou línguas antigas e escreveu um livro sobre criação de cavalos, tinha uma aptidão para os negócios que teria impressionado seu tio-avô. Ele fechou operações que não eram lucrativas, fez acordos favoráveis sobre as minas de mercúrio espanholas e usou novos métodos para aumentar a produção de minério. Seus esforços combinaram com a inflação para empurrar o capital da empresa de volta aos níveis anteriores. Markus distribuiu a maior parte para os membros da família.

A família Fugger tinha várias dúzias de membros quando Markus morreu em 1595. O dinheiro que Anton e Markus lhes deram asseguraram que nenhum deles – nem seus filhos nem os filhos de seus filhos – teriam que trabalhar. Alguns dos Fugger trabalharam mesmo assim e usaram seu dinheiro para construir negócios de sucesso por conta própria. Outros se aposentaram e desfrutaram de vidas tranquilas como membros da pequena nobreza latifundiária, vivendo nas propriedades que Jacob Fugger havia comprado de Maximiliano em tempos mais aventureiros. Em 1620, os Fugger começaram a usar os títulos de nobreza que Carlos conferira aos seus antepassados. Jacob e Anton nunca usaram títulos porque temiam serem repreendidos. A nova geração de Fugger, que a essa altura já era dinheiro antigo, não se importava. Os negócios espanhóis dos Fugger, a parte menor da empresa que Jacob criou, caíram em bancarrota em 1637, mas isso não importava mais. Os condes e condessas Fugger já tinham seu dinheiro. Eles seguiram em frente. Assim, a empresa Jacob Fugger & Sobrinhos não exatamente morreu, mas aos poucos foi desaparecendo.

EPÍLOGO

Trezentos bombardeiros B-17 decolaram da Inglaterra para Augsburgo em 24 de fevereiro de 1944. Eles atacaram a operação de Messerschmidt fora da cidade e enfrentaram pouca resistência enquanto lançavam 4.300 bombas em um ataque diurno contra a maior fábrica de aviões da Europa. O dobro de bombardeiros retornaria naquela noite. Desta vez, eles tinham um alvo diferente: civis. A missão pertencia a um plano, concluído um ano depois ao seu terrível extremo no bombardeio de Dresden: bombardear cidades até que a Alemanha implorasse por misericórdia. Hitler tinha uma queda por Augsburgo. Ele sonhava em construir sobre o legado da cidade, investindo em sua indústria e criando uma "Cidade dos Empresários Alemães". Planejava converter o Palácio Fugger em um museu de comércio.

Se Hitler ainda tinha essas esperanças antes do ataque, ele as abandonou depois. Os bombardeiro arrasaram a cidade. Eles derrubaram a torre Perlach e destruíram a prefeitura. O Palácio Fugger, então um armazém, pegou fogo. A capela Fugger na igreja de Santa Ana sobreviveu, mas os incêndios danificaram gravemente a cripta e os desenhos de Dürer. O pior ficou para o Fuggerei. O assentamento foi ocupado quando a invasão veio. Um residente morreu quando saiu prematuramente do abrigo no local. Outros sobreviveram, mas perderam suas casas.

A experiência da Fuggerei espelhava a da cidade toda. Apenas 730 habitantes de Augsburgo morreram no ataque, mas, como os moradores do Fuggerei, as bombas deixaram os sobreviventes desabrigados. Incêndios causados por bombas de fósforo queimaram durante a noite. Quando as chamas finalmente acabaram, Augsburgo estava em ruínas. Bertolt Brecht, nativo de Augsburgo, capturou a cena quando disse que as portas estavam fechadas, mas os telhados estavam abertos.

No dia seguinte ao bombardeio, três proeminentes descendentes de Fugger assinaram uma promessa de reconstruir o Fuggerei com seus próprios fundos. Eles temiam que, se não o fizessem, o nome deles seria esquecido. Esses Fugger, dezessete gerações depois de Jacob Fugger, não eram nem de longe tão ricos quanto seus ancestrais, mas ainda desfrutavam de renda em terras que Jacob adquiria séculos antes. Na reconstrução do complexo, conseguiram materiais das forças de ocupação americanas e seguiram os planos originais, mas com melhor encanamento. Eles aumentaram o número de unidades de 106 para 140.

Um dos três, Josef Ernst Fugger von Glott, mais tarde participou da trama de Stauffenberg para matar Hitler. Ele concordou em liderar o estado alemão da Baviera se os conspiradores conseguissem. Os nazistas identificaram facilmente ele e os outros conspiradores depois que a tentativa falhou. A Gestapo encontrou Josef em seu castelo em Kirchheim. Eles enforcaram Stauffenberg e a maioria dos outros, usando um fio de piano para garantir o estrangulamento lento. Mas deixaram Josef viver. Depois da guerra, os americanos o libertaram de uma prisão nazista e ele serviu no primeiro parlamento pós-guerra da Alemanha.

Enquanto os Fugger reconstruíram o Fuggerei, outros cidadãos de Augsburgo reconstruíram o centro da cidade o melhor que puderam. Agora parece muito com a aparência que tinha no tempo de Jacob Fugger, mas a semelhança não vai além das fachadas. No Palácio Fugger, apenas a entrada e o pátio de Damenhof, agora um café onde os turistas pulam na fonte com os pés descalços para fotos, preservam a aparência dos tempos de Jacob. Advogados, dentistas e contadores têm escritórios nas salas onde os Fugger jantaram com imperadores e um emissário do Vaticano interrogou Lutero. A casa onde os irmãos de Jacob viveram e trabalharam é uma loja de departamentos. Uma janela de sacada no segundo andar se destaca do setor de calçados. Feita em estilo renascentista, marca o local da sala de contagem de ouro de Jacob. Perto dali, uma companhia de seguros de Nuremberg opera o banco privado Prince Fugger, cuja literatura diz que "combina os princípios e a energia visionária de seu famoso fundador". A família possui uma pequena participação por uma questão de continuidade. Augsburgo é apelidada de Fuggerstadt ou Cidade Fugger. Existem referências a Fugger em todos os lugares. Na cidade velha, há uma estátua de Hans Fugger, um dos sobrinhos-netos de Jacob e grande patrono das artes. O Fuggerei tem um busto de Jacob.

Weissenhorn também é chamada de Fuggerstadt. A imponente sede da empresa Fugger, na mesma praça da prefeitura, passou recentemente por uma reforma. Um mural acima de um portão para a cidade velha mostra o administrador de Fugger enfrentando os camponeses que tentaram tomar a cidade em 1525. Uma livraria do outro lado da rua transborda de lembranças e livros sobre Fugger, incluindo uma versão do último testamento de Fugger e romances dramatizados e ficcionalizados sobre a vida de Jacob com Sybille. Jacob é um estuprador na noite de núpcias em *Jacob the Rich*, o romance barato de Thomas Mielke: "A ira de Jacob o consumiu. Com um grito, ele derrubou a jovem, arrancou a camisola de seu corpo jovem e lindamente sardento e se forçou nela." Na prateleira vizinha está o *Bring Up the Bodies*, de Hilary Mantel, vencedor do prêmio Man Booker. Em uma cena que apresenta os jovens assistentes de Thomas Cromwell, o filho de Cromwell, Gregory, pensa em suas bolsas, as mesmas bolsas extravagantes adoradas pelo contador de Fugger, Matthaus Schwarz. "Nesta estação, os jovens carregam suas coisas em sacolas de couro macio e pálido, em imitação dos agentes do banco Fugger, que viajam por toda a Europa e definem a moda. As bolsas são em forma de coração e, para ele, sempre parece que estão cortejando, mas eles juram que não estão." Em Arnoldstein, na Áustria, um empresário local construiu uma torre sobre as ruínas da fábrica Fuggerau em 1864 para fazer balas de chumbo, o tipo usado em cartuchos de espingarda. Agora está vazia. Existem poucos vestígios de Fugger por lá. Há uma rua Fugger na cidade, que atravessa um parque industrial. Uma placa do mosteiro menciona que Fugger comprou o local do Fuggerau em 1495, mas o Café 1495, que toca Deep Purple e Foreigner para o público do almoço, não tem nada a ver com ele. O nome homenageia a data em que a cervejaria local fez seu primeiro lote.

Os próprios Fugger são um grupo disperso que preserva a memória de Jacob Fugger ao financiar o Fuggerei. O conde Alexander Fugger-Babenhausen administra a fundação que supervisiona o projeto habitacional e outros projetos familiares. Depois de se formar em Harvard, ele trabalhou para a Morgan Stanley e para a empresa de mercado financeiro Texas Pacific Group. Ele e os outros são descendentes dos irmãos de Jacob, não do próprio Jacob. Os únicos descendentes diretos de Jacob vêm através de sua filha ilegítima, Mechtild Belz. A pedido do autor, genealogistas procuraram descendentes diretos vivos de Jacob e encontraram seis. Eles são membros de uma família nobre, os Leutrum von Ertingen, da área de Stuttgart. Um deles é um banqueiro como seu ancestral distante. Cinco séculos se passaram desde Mechtild. Pode haver dezenas, senão centenas, de outras pessoas que descendem dela, mas são difíceis de encontrar porque os registros da maioria dos plebeus não voltam tão longe. Os genealogistas só encontraram os Leutrum von Ertingen porque os nobres são fascinados por genealogia e mantêm bons registros.

Outro mistério é o destino do Tesouro da Borgonha, as joias que os vendedores suíços venderam a Fugger. Acredita-se que Fugger tenha vendido a Pequena Pena a Maximiliano por 30 mil florins. Ela nunca mais foi vista. Em 1545, Anton Fugger vendeu a peça Três Irmãos e algumas outras para Henrique VIII por 60 mil libras. Os Tudor tiveram a Três Irmãos até 1623, quando Jaime I a enviou para a Espanha para que seu filho Carlos a apresentasse como presente de casamento. Ela desapareceu depois disso. Acredita-se que as peças da Borgonha já não existam em suas formas originais. É mais provável que os proprietários tenham removido as gemas e as vendido separadamente. As imagens de todas as quatro joias foram preservadas. Os esboços que os vendedores trouxeram a Fugger estão expostos no Museu Histórico da Basileia.

Em 1530, o papa deu a Carlos V a coroa imperial, a coroa que Maximiliano repetidamente lutou para alcançar. Carlos foi o último imperador a usá-la. Os futuros imperadores não viam valor na coroa e nunca se incomodaram em fazer a viagem a Roma. Napoleão aboliu o Sacro Império Romano-Germânico em 1806, mas os Habsburgo continuaram no jogo de poder europeu por séculos. A imperatriz Maria Theresa, do século XVIII, foi a única mulher a liderar os Habsburgo. Ela teve um reinado de quarenta anos e dezesseis filhos, incluindo Maria Antonieta. Em 1864, um arquiduque dos Habsburgo, chamado Maximiliano em homenagem ao seu ilustre ancestral, deixou a Áustria para um reinado de três anos como rei do México. Os rebeldes republicanos, liderados por Benito Juarez e auxiliados por Washington, que se opunham à interferência europeia nas Américas, o executaram em frente a um pelotão de fuzilamento. O arquiduque Francisco Ferdinando tornou-se o Habsburgo mais conhecido quando seu assassinato em Sarajevo em 1914 provocou a Primeira Guerra Mundial. Mais recentemente, Otto von Habsburg foi o príncipe herdeiro da Áustria até que a Primeira Guerra Mundial pôs fim à monarquia. Ele serviu como representante alemão no Parlamento Europeu antes de morrer em 2011 aos noventa e oito anos.

Fugger esperava ter resolvido a controvérsia da usura durante a sua vida, mas ela voltou em 1560 quando os reformadores jesuítas chegaram a Augsburgo e tentaram abolir os empréstimos recusando-se a absolver os prestamistas. "A verdadeira usura está aqui abertamente comprometida... quaisquer que sejam as objeções feitas por certos homens habilidosos na lei", disse Pedro Canísio, um padre jesuíta que Roma mais tarde canonizou. Ursula Fugger, a devota sobrinha-bisneta de Jacob, perguntou aos jesuítas "sobre os contratos usurários em que nossa família está um bocado enredada". Eles disseram que Roma estava investigando. O Vaticano estava em um beco sem saída porque os luteranos permitiam empréstimos e Augsburgo poderia abandonar o catolicismo se Roma decidisse o contrário. Vinte e um anos depois de os jesuítas terem pedido uma decisão, o papa Gregório VIII confirmou a aprovação do empréstimo feita pelo papa Leão, e os jesuítas concordaram em deixar o assunto de lado. Hoje, os cristãos superaram seus escrúpulos quanto à concessão de empréstimos, mas os muçulmanos ainda consideram os juros como cobranças usurárias e os bancos islâmicos contornam as restrições com artifícios semelhantes aos usados por credores como Fugger durante o Renascimento.

♦

Este livro começou com a afirmação de que Fugger era o homem de negócios mais poderoso de todos os tempos. É uma afirmação fácil de fazer porque a concorrência mal se compara. Claro, outros deixaram uma marca. Antes de Fugger, Cosme de Médici, que era banqueiro em primeiro lugar e estadista em segundo, governou Florença e usou sua influência para manter a França e o Sacro Império Romano fora do norte da Itália. Depois de Fugger, Samuel Oppenheimer serviu aos Habsburgo sob a designação oficial de "Judeu da Corte", levantando dinheiro de outros judeus para salvar Viena dos turcos em 1683 e salvar o Palatinado de Luís XIV em 1688. Em tempos mais recentes, Francis Baring assessorou primeiros-ministros britânicos e, nos Estados Unidos, J. P. Morgan parou o pânico de 1907.

De todos os empresários da história, Nathan Rothschild chegou mais perto de igualar a influência de Fugger, e sua vida e carreira ecoaram a dele. Como Fugger, Rothschild veio de uma família de dez filhos. Ele trabalhou em parceria com seus irmãos e, embora não fosse o mais velho, chegou à liderança dos negócios da família por causa de sua inteligência e ousadia. Rothschild começou na Alemanha como um atacadista de têxteis e, como Fugger, deixou o comércio de trapos para o setor bancário. Seus clientes, como os de Fugger, pegaram emprestado para lutar contra os franceses. Rothschild financiou Wellington em Waterloo e depois conseguiu um empréstimo de 5 milhões de libras para a Prússia. Ele emprestou para os Habsburgo. Eles enobreceram-no com o título de "barão". Rothschild, como Fugger, nunca usou o título, mas seus herdeiros sim. Em outra coincidência, Rothschild tinha a concessão das minas de mercúrio de Maestrazgos na Espanha. As minas ainda dominavam a produção global de mercúrio no século XVIII. Rothschild, novamente como Fugger, explorou uma vantagem informacional. No episódio mais famoso de sua vida, ele acertou em cheio depois que seus agentes o alertaram para a vitória de Wellington em Waterloo uma hora antes que outros investidores soubessem. Curiosamente, os dois diferiram em um ponto fundamental. Fugger trabalhou sempre com o método das partidas dobradas. Rothschild nunca se incomodou com isso até o final da vida e sua abordagem desleixada para manter registros deixava seus irmãos malucos. Rothschild poderia ter ganhado ainda mais dinheiro se tivesse mantido balanços organizados como Fugger.

Dizer que Rothschild e outros grandes financiadores da história não tinham a influência de Fugger não diminui de modo algum as suas realizações. É só que Fugger viveu em um momento único, em que um homem poderia fazer toda a diferença. Os governos ainda gastam mais do que podem. Eles precisam de financiamento mais do que nunca. Mas, em vez de levantar dinheiro de indivíduos que arriscam fortunas pessoais, eles tomam empréstimos de companhias de seguros e fundos de pensão que compartilham o risco de inadimplência do governo com os contribuintes. O mundo não precisa mais de um Fugger porque nós, como detentores de apólices de seguro de vida e títulos da previdência, de certo modo, todos nos tornamos Fuggers.

Um colunista da *Rolling Stone* descreveu a Goldman Sachs em 2010 como uma "lula gigante vampírica". O fundador do partido socialista alemão, Ferdinand Lassalle, usou uma linguagem semelhante para descrever Fugger.

> Agora todo mundo está nas mãos dos banqueiros
> Eles são os verdadeiros reis nestes dias!
> Parece que uma gigantesca máquina de sucção
> Em Augsburgo começou a trabalhar, e
> Seus tentáculos ao redor da terra foram amarrados
> E todo ouro flutuando é bombeado para seu peito.

Não há dúvida de que Fugger foi voraz e que explorou trabalhadores, intimidou sua própria família, lutou contra Lutero e financiou guerras contra seu próprio povo em nome da ordem social. Mas Fugger também criou empregos, satisfez as demandas dos consumidores e estimulou o progresso, assim como os outros envolvidos no furiosamente criativo dá-e-tira do capitalismo. O espírito que o guiou é o mesmo espírito que leva as pessoas a desenvolver remédios e vacinas, construir arranha-céus e inventar computadores mais poderosos. Na Alemanha Oriental socialista, a terra de Müntzer, as pessoas dirigiam Trabants, armadilhas da morte de plástico mal atualizadas ao longo de seus trinta anos de produção. Na capitalista Alemanha Ocidental, terra de Fugger, elas dirigiram Volkswagens, quando não BMWs, Mercedes e Porsches. Os carros não só eram rápidos, mas competiram uns com os outros em eficiência de combustível, segurança, confiabilidade e valor. A tentação dos lucros impulsionou a batalha competitiva, e a criatividade fomentada pela batalha tornou os carros melhores a cada ano e colocou dezenas de milhares de pessoas para trabalhar. A ideia de que o dinheiro estimularia a iniciativa teria sido óbvia para Fugger. Ele era um defensor da livre iniciativa e dos mercados de capitais irrestritos, um defensor da liberdade econômica e pessoal, e um guerreiro do capitalismo em um momento decisivo em seu desenvolvimento. Condenar Fugger por sua ambição é negar as forças vitais liberadas no Renascimento e descartar o que leva a humanidade adiante.

Na cidade bávara de Regensburg, em uma colina com vista para o Danúbio, há um edifício que parece o Partenon. É o Walhalla, um hall da fama alemão com nome inspirado no local de descanso dos deuses nórdicos. As cerimônias de indução são um espelho da opinião alemã. Na primeira cerimônia, em 1842, o rei Luís I encheu Walhalla com reis e generais, incluindo Maximiliano e o caçador de camponeses George von Truchsess. Hitler deu o tom para o *Anschluss* em 1937, ordenando a inclusão do compositor austríaco Anton Bruckner. Ele observou as autoridades puxarem uma bandeira nazista de um busto de mármore. Regensburg está a cinquenta milhas da fronteira tcheca. Em 1967, um ano antes da Primavera de Praga, Walhalla provocou os vizinhos comunistas ao receber seu primeiro e único homem de negócios. Jacob Fugger proclamou em seu epitáfio que ele era "inigualável na aquisição de riqueza extraordinária" e merecia se classificar entre os imortais. Levou quase quinhentos anos, mas quando os oficiais tiraram o lençol de seu busto e deram as boas-vindas a Fugger no salão dos deuses alemães, ele finalmente conseguiu.

POSFÁCIO

Eu ouvi pela primeira vez o nome de Jacob Fugger na aula de história do ensino médio, quando o professor nos apresentou à Dieta de Worms, o confronto épico e hilário entre o imperador Carlos V e Martinho Lutero. Depois de me tornar um visitante regular da Alemanha, ouvi o nome de Fugger com tanta frequência que fiquei curioso. Quem era esse cara, "Jacob, o Rico", a quem os alemães elogiaram como o maior homem de negócios que já viveu? Quem era esse "Rockefeller alemão?"

Depois de uma das minhas visitas, decidi fazer alguma pesquisa, mas não encontrei nada na minha biblioteca local. Uma pesquisa na Amazon revelou apenas um título em inglês, uma tradução de 1931 de *Jacob Fugger, The Rich*, do historiador Jacob Strieder. Mais tarde, passei a amar este livro peculiar e provocante, mas inicialmente achei desafiador por sua falta de contexto e ausência de um enredo. Enquanto eu lutava com isso, uma ideia me atingiu. Alguém devia escrever um livro em inglês que torne a história de Fugger acessível ao leitor em geral. Pensando em um antigo editor que uma vez me lembrou que eu era repórter e não deveria sugerir para outras pessoas as histórias que eu mesmo podia fazer, percebi que esse alguém era eu.

Eu pensei que seria fácil. Um dos meus primeiros trabalhos de jornalismo foi preparar inscrições para a lista dos mais ricos da Forbes. Vi meu livro de Fugger como uma entrada da lista, só que muito mais longa. Eu estava errado sobre isso, mas a minha ingenuidade me serviu bem porque eu teria abandonado o projeto se não fosse por esse erro de cálculo. Eu submeti o manuscrito final sete anos depois daquela primeira visita à biblioteca. Muito do trabalho era penoso. Passei uma quantidade louca de tempo lendo livros em alemão com a ajuda de um aplicativo de tradução, espremido entre os colegas de viagem no metrô. Mas também me diverti muito. Subi os degraus do castelo de um cavaleiro perto de Saarbrücken, espiei as criptas dos duques borgonheses em Dijon, segurei instrumentos antigos de tortura em Ghent e tomei cerveja ao longo das margens dos rios nos Cárpatos. Conheci Augsburgo quase como um nativo. Eu conheci pessoas fascinantes, incluindo vários acadêmicos dedicados e até mesmo alguns aristocratas que usavam lenços de pescoço.

Uma fonte importante para este livro foi o trabalho de Götz Freiherr von Pölnitz, que já dirigiu os Arquivos Fugger, o centro de pesquisa patrocinado pela família em Dillingen, perto de Augsburgo. Pölnitz escreveu dezesseis livros sobre Jacob Fugger e seus sobrinhos. Ele trabalhou sobre as obras de Strieder, Max Jansen, Aloys Schulte e Richard Ehrenberg para criar, entre outros livros, o tijolão de 662 páginas *Jakob Fugger* e seu volume complementar de notas de 669 páginas. O trabalho diz quase tudo que precisa ser dito sobre Fugger e é uma obra-prima de pesquisa. Infelizmente, ele nunca foi traduzido para o inglês e até mesmo os acadêmicos o consideram prolixo e difícil. Günter Ogger, um popular escritor alemão de livros de negócios, sintetizou maravilhosamente Pölnitz no *best-seller* alemão de 1978 sobre o clã Fugger, *Kauf dir einen Kaiser*. Eu confiei em Ogger para entender Pölnitz. Outro livro extremamente útil foi *The Fuggers of Augsburg*, de Mark Häberlein, que apareceu em alemão em 2006 e em inglês em 2012. Häberlein, professora da Universidade de Bamberg, gentilmente respondeu a perguntas e me ajudou a desenvolver meus próprios pensamentos sobre Fugger. Rolf Kiessling e Johannes Burkhardt, da Universidade de Augsburgo, Thomas Max Safley, da Universidade da Pensilvânia, e Bernd Roeck, da Universidade de Zurique, dedicaram um tempo para me ensinar sobre a Augsburgo renascentista. Martha Howell, da Universidade de Columbia, e Heinz Noflatscher, da Universidade de Innsbruck, me esclareceram outros aspectos do período. O conde Alexander Fugger-Babenhausen abriu os Arquivos Fugger para mim e Franz Karg, o diretor, mostrou-me a cidade e apontou-me para as fontes certas.

O argumento de que Jacob foi o empresário mais influente da história não é meu. James Westfall Thompson, professor da Universidade de Chicago por trinta e sete anos e ex-presidente da American Historical Association, fez a afirmação em seu livro de 1931, *Economic and Social History of Europe in the Later Middle Ages*. Depois de examinar os fatos, ficou claro para mim que Thompson estava certo e que sua afirmação, mais do que qualquer outra, explicava por que vale a pena conhecer Fugger. Para o argumento de que Fugger foi a pessoa mais rica da história, usei a metodologia que encontrei em uma matéria de primeira página de 2007 no *New York Times*. A peça, baseada em um livro de 1996 de Michael Klepper e Robert Gunther, comparou o patrimônio líquido de uma pessoa com o tamanho da economia em que ela operava e nomeou John D. Rockefeller como o americano mais rico de todos os tempos. O método é falho. Como um amigo inteligentemente apontou, o homem mais rico por essa lógica era o Adão bíblico, que com sua parceira Eva possuía toda a riqueza global. Mas gostei desse método porque ele equaliza as diferenças nas paisagens econômicas ao longo do tempo. Se medirmos Fugger pelo seu valor em ouro, um método que tem a virtude de se ajustar à inflação, ele se reduziria a meros 50 milhões de dólares, tornando-o não mais rico do que, digamos, um empreendedor imobiliário de sucesso ou um distribuidor de automóveis. Isso não está certo também.

Um agradecimento especial ao professor aposentado da Colgate University, Dirk Hoffmann. Dirk me ensinou alemão há mais de trinta anos e, para este livro, ajudou-me a decifrar Pölnitz, as cartas de Fugger ao duque George e a significância de Ulrich von Hutten, entre outras coisas. Dirk também forneceu um retorno valioso sobre os muitos rascunhos deste livro. Suas impressões digitais cobrem as páginas. Maureen Manning, Jane Reed e o restante da equipe da biblioteca do University Club de Nova York encontraram até quatro livros por dia para mim. Eu nunca poderia ter terminado este manuscrito sem o trabalho pesado delas. Priscilla Painton, da Simon & Schuster, reconheceu imediatamente por que vale a pena contar a história de Fugger e entendeu o que eu estava tentando dizer antes de mim. Seu lápis afiado salvou este livro de ser uma bagunça ilegível. David Kuhn foi tudo que um agente poderia ser. Bob

Goldfarb e meus colegas na Ruane, Cunniff & Goldfarb me provocaram com questões bem ponderadas.

Meu círculo leitor de John Bensche, Robert Clymer, Bill Griffin, Doug Lavin, Terence Pare, Robin Rogers, Art Steinmetz, Julia Steinmetz e Martin Uhle leu rascunhos iniciais e forneceu comentários fantásticos. Tobias Dose, Regine Wosnitza e meu primo Robert Richter ajudaram na pesquisa. Catherine Minear e Claudia e Andre Castaybert me ajudaram com o francês. Todos os erros são meus.

NOTAS

INTRODUÇÃO

V   *"Eles dizem que eu sou rico"* Jacob Strieder, Jacob Fugger the Rich: Merchant and Banker of Augsburg, 1459–1525 (New York 1966), 171.
VII "Quando Fugger morreu, em 1525" http://en.wikipedia.org/wiki/List_of_regions_by_past_GDP_(PPP). Acesso em 20 de abril de 2011.
IX "Para Deus, Todo-poderoso" Strieder, Jacob Fugger, 25.
X   "Ganhar o máximo" Götz von Pölnitz, Jakob Fugger (Tübingen: J.C.B. Mohr, 1949), 465.

CAPÍTULO 1: DÍVIDA SOBERANA

5   "F-u-c-k-e-r" Max Jansen, Die Anfänge der Fugger

(Leipzig: Duncker & Humblot, 1907), 8.

8 "Concentram toda sua força no comércio" Roger Crowley, City of Fortune: How Venice Rules the Seas (New York, 2013), 256.

8 "Quem poderia contar" M. Margaret Newett, Canon Pietro Casola's Pilgrimage to Jerusalem in the Year 1494 (Manchester: University Press, 1907), 29.

8 "Aqui a riqueza corre como água em uma fonte" Crowley, City of Fortune, 273.

11 "Se Augsburgo é a filha" Philippe Erlanger, The Age of Courts and Kings: Manners and Morals, 1558–1715 (Garden City, 1970), 90.

14 "Seu nome é magnífico" Leopold von Ranke, History of the Latin and Teutonic Nations (London: G. Bell & Sons, 1887), 101.

15 "Um dos maiores príncipes" Richard Vaughan, Charles the Bold: The Last Valois Duke of Burgundy (Woodbridge, UK: Boydell, 2002), 47.

16 "Respeitabilidade, honestidade" Pölnitz, Jakob Fugger, 14.

17 "Por causa da escassez" Solem Geir. The Historical Price of Silver. http://blog.elliottwavetechnician.com/2010/06/historical-price-of-silver-from.html. Acesso em 20 de outubro de 2012.

20 "É notável" Vaughan, Charles the Bold, 91.

27 "Felicidade é esquecer-se" Andrew Wheatcroft, The Habsburgs: Embodying Empire (London, 1996), 80.

Capítulo 2: SÓCIOS

30 "Custou mais do que" Janssen, Anfänge der Fugger,

vol. 2, 61.
31   Aproximando-se de Viena R. W. Seton-Watson, Maximilian I: Holy Roman Emperor, (London: Constable, 1902), 29.
32   "Nenhum negócio pode ruir" Léon Schick, Jacob Fugger (Paris, 1957), 273.
34   "Para o avanço" Günther Ogger, Kauf dir einen Kaiser: Die Geschichte der Fugger (Munich: Droemer-Knaur, 19798), 42.
35   "Ele se tornou o pai" Dan Fagin, Toms River: A Story of Science and Salvation (New York, 2013).
37   "Os mineiros barricaram" Gerhard Benecke, Maximilian I (London, 1982), 87.
38   "Esse sistema precedeu" Victor Klarwill, The Fugger News-Letters (New York, 1926), xiv.
39   "No verão de 1495" Ranke, History, 97.
40   "Eu não sei o que admirar mais" Seton-Watson, Maximilian I, 14.
46   "Não me trouxeram nada além" Pölnitz, Jacob Fugger, 72.

Capítulo 3: OS TRÊS IRMÃOS

54   "No ano de 1498" Inscrição no retrato matrimonial de Fugger, Dirk Hoffman, transcrito.
54   "orgulho arrogante" Mark Häberlein, The Fuggers of Augsburg (1367–1650) (Charlottesville: University of Virginia Press, 2012), 177.
57   "Mesmo que Gossembrot esteja morto" Pölnitz, Jakob Fugger, 134.
57   "Ela tem mais joias de ouro" Clemens Sender, Die

Chroniken der Schwäbischen Städte (Leipzig:, 1894), 169.

61 "Nós de Augsburgo" Donald Lach, Asia in the Making of Modern Europe (Chicago, 1994), 162.

64 "Um grande senhor veio" Franz Huemmerich, Die Erste Deutsche Handelsfahrt nach Indien, 1505/1506: Ein Unternehmen der Welser, Fugger und Anderer Augsburger sowie Nürnberger Häuser (Munich: 1902), 62.

66 "Se o capitão descer do navio" Cross, op. cit., 253.

67 "Ele tem conselheiros" Pölnitz, vol. 2, 126.

69 "Do nosso tesouro" Pölnitz, Jacob Fugger, 175.

70 "Tu que és o nosso duque" Ranke, History, 93.

72 Joana tentou reforçar Bethany Aram, Juana the Mad (Baltimore, 2006), 93.

75 "Ele é e sempre será" Ernest Belfort Bax, German Society at the Close of the Middle Ages (London, 1894), 83.

76 "Sua majestade quer" Pölnitz, Jakob Fugger,, 182.

77 "Pessoas razoáveis sabem disso" Pölnitz, Jakob Fugger, 192.

79 "Fugger serviu sete papas" Aloys Schulte, Die Fugger in Rom: 1459–1523 (Leipzig, 1904), 216.

82 "Deus deve ajudar" Pölnitz, Jakob Fugger, 209.

Capítulo 4: CORRIDA AOS BANCOS

91 "Quando vou para a cama" Ogger, Kauf dir einen Kaiser, 106.

Capítulo 5: OS MARES DO NORTE

94 "O ataque foi trabalho" Götz von Pölnitz, Fugger und

	Hanse (Tübingen, 1953), 16.
96	"Esticavam outros nos altares" E. Gee Nash, The Hansa (New York, 1995), 110.
96	"Fugger manteve em segredo" Philippe Dollinger, The German Hansa (Stanford, 1970), 423.
98	"Válidas, razoáveis" Pölnitz, Fugger und Hanse, 293
99	"Um capitão deve se empenhar" Niccolò Machiavelli. The Prince and Other Works by Nicollò Machiavelli. http://www.gutenberg.org/files/1232/1232-h/1232-h.htm.
101	"Seu bom pai" William Coxe (New York, 1971), 362.
104	"Há fontes" Antonio de Beatis, The Travel Journals of Antonio de Beatis (London, 1979), 67.
104	"O piso de mármore estava escorregadio" Erlanger, Age of Courts, 91.
105	"Fomos autorizados a ver dois quartos" Häberlein, Fuggers of Augsburg, 149.
106	"Fugger informou que queria trazer seus sobrinhos" Strieder, Jacob Fugger, 69.

Capítulo 6: USURA

118	"Usurários miseráveis" Plutarch, www.platonic-philosophy.org. Acesso em 13 de julho de 2013.
121	"Usura significa nada mais" Thomas Storck, "Is Usury Still a Sin?" The Distributist Review, January 30, 2012.
124	"Entronização" Bax, German Society, 82.
127	"Não podemos fazer isso" Strieder, Jacob Fugger, 200.
128	"Peça a Deus pela minha saúde" Wiesflecker, Maximilian I, 190.
130	"Desvantagem, insultos e ridicularização" Pölnitz,

Jakob Fugger, 89.
132 "Estranho e difícil" Pölnitz, Jakob Fugger, 334.

Capítulo 7: A MOEDA NO COFRE

137 "Deus nos deu" Chamberlin, E. R., The Bad Popes (New York, 1969), 210.
139 "Quão proveitosa" Chamberlin, The Bad Popes, 223.
140 "O próprio Deus" Russel Tarr and Keith Randell, Access to History: Luther and the German Reformation 1517–55, 3rd ed. (London, 2008).
141 "Quando a moeda no cofre" Bainton, Here I Stand, 61.
142 "O negócio de Frederick eram as relíquias" Roland Bainton, Here I Stand (Peabody, MA 1950), 53.
143 "As indulgências, que os comerciantes exaltam" http://www.spurgeon.org/~phil/history/95theses.htm.
144 "Padre em Cristo" Bainton, Here I Stand, 67.

Capítulo 8: A ELEIÇÃO

147 "A disputa em São Maurício" Benjamin Scheller, Memoria an der Zeitwende: Die Stiftungen Jakobs Fuggers des Reichen vor und waehrend der Reformation (Berlin, 2004), 105.
148 "Anos depois, um dos criados" Pölnitz, vol. 2,, 380.
150 "Esses homenzinhos" Pölnitz, op. cit., 340.
151 "Raramente três pessoas compartilham" Schick, Jacob Fugger, 235.
151 "Eu não sei o que" Häberlein, Fuggers of Augsburg, 126.
158 "A razão que me move" R. J. Knecht, Francis I (Cam-

bridge, UK, 1982), 72.
159 "Se eu tivesse que lidar apenas com os virtuosos" Knecht, Francis I, 72.
160 "Os Fuggers estão entre os maiores" Beatis, Travel Journals, 67.
161 "Um homem diabólico" Schick, Jacob Fugger, 172.
166 "Agora devo morrer" Reston Jr., Defenders of the Faith, 23.

Capítulo 9: VITÓRIA

172 "Ele realiza tantos" Pölnitz, Jakob Fugger, 427.
173 "Se tivéssemos feito isso" Schick, Jacob Fugger, 173.
175 "Preferia ser um duque poderoso" J. Haller, The Epochs of German History (New York, 1930), 101.
176 "Língua alemã" Jervis Wegg, Richard Pace (New York, 1932), 146.
178 "Minha voz e voto" The Golden Bull of Charles IV, 1356.
179 "Quando a alteza do rei" Scarisbrick, J. J., Henry VIII (Berkeley and Los Angeles, 1968).
180 "Devemos considerar" Deutsche Reichsakten (Gotha, Germany: 1893), 872.
181 "Há mais na cabeça" Jack Beeching, The Galleys at Lepanto (New York, 1983).
182 "A Espanha não está bem" Pölnitz, Jakob Fugger, 449.
183 "Não há ninguém" Stephen Haliczer, The Comuneros of Castile (Madison, WI, 1981), 164.
184 Os irmãos Ulrich, George e Jacob Scheller, Memoria an der Zeitwende, 156.
186 "O comércio é difícil para a consciência" Scheller, Me-

moria an der Zeitwende, 152.
187 "De honrar e amar a Deus" Pölnitz, Jakob Fugger, 350.

Capítulo 10: VENTO DA LIBERDADE

190 "O vento da liberdade se agita" http://www.stanford.edu/dept/pres-provost/president/speeches/951005dieluft.html. Acesso em 12 de março de 2012.
191 "Bolotas de onde emitiam" Peter Ball, The Devil's Doctor: Paracelsus and the World of Renaissance Magic and Science (New York, 2006), 224.
192 "Os Fugger ganharam" Schulte, Die Fugger in Rom, 110.
194 "Você não rouba" Victor Chauffeur-Kestner, Ulrich Von Hutten: Imperial Poet and Orator (Edinburgh, 1863), 129.
195 "Você vê o que Hutten quer" David-Friedrich Strauss, Ulrich von Hutten: His Life and Times (London, 1874), 259.
197 "Nove de dez" James Reston Jr., Defenders of the Faith (New York, 2009), 53.
202 "O que te impulsionou" Bax, German Society, 183.
203 "Sacos de vento vazios" Strauss, Ulrich von Hutten, 204.
208 Mais Sereno, Todo-Poderoso Strieder, Jacob Fugger, 140.
210 "De maneira nenhuma eu permitirei" Pölnitz, Jakob Fugger, 547.
216 "Nenhum aumento impróprio ou criminoso" Ogger, Kauf dir einen Kaiser, 210.

Capítulo 11: CAMPONESES

220 "Ralé comum" Pölnitz, Jakob Fugger, 581.
222 "Trago a notícia de que" Tom Scott and Bob Scribner, eds., The German Peasants' War: A History in Documents (Amherst, NY, 1991), 153.
225 "Um povo mais bêbado" Bax, Ernest Belfort, The Peasants' War in Germany (London, 1899), 164.
226 "Fui informado de outra forma" Bax, Peasants' War, 195.
226 "O iniciador" Pölnitz, Jakob Fugger Zeitungen und Briefe an die Fürsten des Hauses Wettin in der Frühzeit Karls V. 1519–1525. Nachrichten von der Akademie der Wissenscgaft in Göttingen (Göttingen, 1941).
227 "Em uma carruagem de ouro" Bax, Peasants' War, 130.
227 "O crime deve ser castigado" Bax, Peasants' War, 195.
228 "Não sabendo quando" German Peasants' War, 259.
228 "Primeiro preciso derrubar" Bax, Peasants' War, 190.
230 "Os esmigalhem, estrangulem" Bax, Peasants' War, 279.
231 "Sedutora e rebelde" Bax, Peasants' War, 268.
233 "O principal agitador, líder e comandante" Walter Klassen, Michael Gaismair: Revolutionary and Reformer (Leiden: E. J. Brill, 1978), 88.
234 "Eu sei muito bem" James M. Stayer, The German Peasants' War (London, 1991), 48.
236 "Uma boa cunhagem pesada" Scott, German Peasants' War, 268.
241 "Os novos padres" Pölnitz, Jakob Fugger, 159.
242 "A proposta" Ogger, Kauf dir einen Kaiser, 159.

Capítulo 12: OS TAMBORES SE CALAM

248 "Fardo, inconveniência e trabalho" Pölnitz, Jakob Fugger, 642.
251 "Ele não queria causar" Sender, Die Chroniken, 167.
251 "Ele estivesse morto" Sender, Die Chroniken, 170.
253 "Violência e força armada" Häberlein, Fuggers of Augsburg, 183.
253 "Querido primo" Häberlein, Fuggers of Augsburg, 73.
254 "O método das partidas dobradas" J. W. Goethe, Wilhelm Meister's Apprenticeship, bk. 1.
256 "Eles deviam 340 mil" Richard Ehrenberg, Capital and Finance in the Age of the Renaissance (London, 1923).
261 "Ele caga nos Evangelhos" Häberlein, Fuggers of Augsburg, 183.
262 "Parece que os comerciantes" Ehrenberg, Capital and Finance, 107.
264 "Pois meu crédito permanece" Ehrenberg, Capital and Finance, 110.
264 "Eu penso tanto" Ehrenberg, Capital and Finance, 110.
265 "Os credores são muitos" Ehrenberg, Capital and Finance, 115.
265 Não poderia fazer o trabalho" Häberlein, Fuggers of Augsburg, 94.

Epílogo

268 Na reconstrução do complexo Gregor Nagler, Das Wegwerfen ist ja ein Irrglaube (Berlin, 2009).
269 "combina os princípios" https://www.fuggerbank-infoportal.de/about/history.php. Acesso em 8 de outu-

	bro de 2013.
246	"A ira de Jacob o consumiu" Thomas Mielke, Jakob der Reiche (Cologne, 2012), 236.
270	"Nesta estação, os jovens" Hilary Mantel, Bring Up the Bodies (New York, 2012), 52.
274	"Como Fugger, Rothschild veio" Schick, Jacob Fugger, 13.
274	"Rothschild nunca se incomodou" Niall Ferguson, The House of Rothschild (New York, 1998), 103.
275	"Agora todo mundo está" Ferdinand Lassalle, Franz von Sickingen (New York, 1904), 25.

REFERÊNCIAS BIBLIOGRÁFICAS

Ackroyd, Peter. *Venice: Pure City.* New York: Doubleday, 2009.

Adamski, Margarete. *Herrieden Kloster, Stift und Stadt im Mittelalter bis zur Eroberung durch Ludwig den Bayern im Jahre 1316.* Kallmünz über Regensburg: Buchdruckerei Michael Lassleben, 1954.

Andrean, Linda. *Juana the Mad: Queen of a World Empire.* Minneapolis: University of Minnesota Center for Austrian Studies, 2012.

Aram, Bethany. *Juana the Mad.* Baltimore, Maryland: Johns Hopkins, 2006.

Bainton, Roland. *Here I Stand.* Peabody, MA: Hendrickson Publishers, 1950.

Ball, Philip. *The Devil's Doctor: Paracelsus and the World of Renaissance Magic and Science.* New York: Farrar, Straus and Giroux, 2006.

Barstow, Anne. *Witchcraze. A New History of European Witch Hunts*. New York: HarperCollins, 1995.

Baum, Wilhelm. *Sigmund der Münzreiche: Zur Geschichte Tyrols und der habsburgischen Länder im Spätmittelalter*. Bozen, Austria: Athesia, 1987.

Baumgartner, Frederic J. *France in the Sixteenth Century*. New York: St. Martin's Press, 1995.

Bax, Ernest Belfort. *The Peasants' War in Germany 1525–1526*. London: Swan Sonnenschein, 1899.

Bax, Ernest Belfort. *German Society at the Close of the Middle Ages*. London: Swan Sonnenschein, 1894.

Beatis, Antonio de. *The Travel Journals of Antonio de Beatis*. London: Hakluyt Society, 1979,

Beeching, Jack. *The Galleys at Lepanto*. New York: Charles Scribner's Sons, 1983.

Benecke, Gerhard. *Maximilian I (1459–1519)*. London: Routledge & Kegan Paul, 1982.

Blickle, Peter. *The Revolution of 1525*. Baltimore: Johns Hopkins University Press, 1985.

Black, Jeremy. *A Brief History of Slavery*. Philadelphia: Running Press Book Publishers, 2011.

Blanchard, Ian. *The International Economy in the "Age of the Discoveries," 1470–1570*. Stuttgart: Franz Steiner Verrlag, 2009.

Blockmans, Wim. *Emperor Charles V: 1500–1558*. London: Arnold, 2002.

Brotton, Jerry. *The Renaissance Bazaar: From the Silk Road to Michelangelo*. Oxford: Oxford University Press, 2002.

Brandi, Karl. *The Emperor Charles V*. London: Jonathan Cape, 1939.

Brant, Sebastian. *The Ship of Fools*. New York: Dover Publications, 1944.

Bryce, James. *The Holy Roman Empire*. Oxford: T. & G. Shrimpton, 1864.

Chamberlin, E. R. *The Bad Popes*. New York: Dorset, 1969.

Chauffeur-Kestner, Victor. *Ulrich Von Hutten: Imperial Poet and Orator*. Edinburg: T. & T. Clark, 1863.

Cliff, Nigel. *Holy War: How Vasco da Gama's Epic Voyages Turned the Tide in a Centuries-Old Clash of Civilizations*. New York: HarperCollins, 2011.

Cosman, Madeleine Pelner. *Medieval Holidays and Festivals*. New York: Charles Scribner's Sons, 1981.

Coxe, William. *The History of the House of Austria, Vol. 1*. New York: Arno Press, 1971.

Crowley, Roger. *Empires of the Sea*. New York: Random House, 2009.

Crowley, Roger. *City of Fortune: How Venice Rules the Seas*. New York: Random House, 2013.

Dauser, Regina and Magnus Ferber. *Die Fugger und Welser*. Augsburg: Verlagsgemeinschaft Augsburg, 2010.

Denucé, Jean. *Magellan. La question des Moluques et la première circumnavigation du globe*. Academie Royale de Belgique. Memoires. Vol. 4. 1908–1911.

Deutsche Reichsakten. Gotha, Germany: F. A. Perthes, 1893.

Dollinger, Philippe. *The German Hansa*. Palo Alto, California: Stanford University Press,. 1970.

Donavin, Georgiana, Carol Poster, and Richard Utz, eds. *Medieval Forms of Argument*. Eugene, Oregon: Wipf and Stock Publishers, 2002.

Duby, Georges. *The Early Growth of the European Economy*. Ithaca, New York: Cornell University Press, 1973.

Eberhard Unger, Eike. *Die Fugger in Hall i. T*. Tübingen: J.C.B.

Mohr, 1967.

Ehrenberg, Richard. *Capital and Finance in the Age of the Renaissance*. New York: Harcourt, Brace. 1923.

Erlanger, Philippe. *The Age of Courts and Kings: Manners and Morals, 1558–1715*. Garden City: Anchor Books, 1970.

Erlichman, Howard. *Conquest, Tribute and Trade: The Quest for Precious Metals and the Birth of Globalization*. Amherst, NY: Prometheus Books, 2010.

Fagin, Dan. *Toms River: A Story of Science and Salvation*. New York: Random House, 2013.

Ferguson, Niall. *The House of Rothschild*. New York: Penguin, 1998.

Flynn, Thomas. *Men of Wealth: The Story of Twelve Significant Fortunes from the Renaissance to the Present Day*. New York: Simon & Schuster, 1941.

Frey, Albert Romer. *A Dictionary of Numismatic Names*. New York: American Numismatic Society, 1917.

Freytag, Gustav. *Pictures of German Life in the XVth, XVIth, and XVIIth Centuries, Vol. 1*. London: Chapman and Hall, 1862.

Frisch, Werner. *Ulrich von Württemberg: Herzog und Henker*. Erfurt: Sutton Verlag, 2011.

Gaiser, Horst. *Jakob Fugger und Lamparter: Wandmalerei, uneheliche Kinder, Zinsstreit. Bayern, Schwaben und das Reich. Festschrift für Pankraz Fried zum 75 Geburtstag*. Augsburg: Peter Fassl, 2007.

Garlepp, Hans-Hermann. *Der Bauernkrieg von 1525 um Biberach a.d. Riss*. Frankfurt: Verlag Peter Lang, 1987.

Geffcken, Peter. *Jakob Fuggers frühe Jahre, Jakob Fugger (1459–1525): Sein Leben in Bildern*. Augsburg, 2009.

Geir, Solem. *The Historical Price of Silver*. http://blog.elliottwavetechnician.com/2010/06/historical-price-of-silver--from.html.

Gies, Frances. *The Knight in History*. New York: Harper & Row, 1984.

Gies, Joseph and Frances. *Life in a Medieval City*. New York: Harper & Row, 1969.

Gies, Joseph and Frances. *Merchants and Moneymen: The Commercial Revolution, 1000–1500*. New York: Thomas Y. Crowell, 1972.

Gladwell, Malcolm. *Outliers: The Story of Success*. New York: Little, Brown, 2008.

Goertz, Hans-Juergen, ed. *Profiles of Radical Reformers: Biographical Sketches from Thomas Muentzer to Paracelsus*. Kitchener, Ontario: Herald Press, 1982.

Greenfield, Kent Roberts. *Sumptuary Laws of Nuremberg*. Baltimore: Johns Hopkins University Press, 1918.

Greif, B. *Tagebuch des Lucas Rem aus den Jahren 1494–1541*. Augsburg: J. N. Hartmann'schen Buchdruckerei, 1861.

Groebner, Valentin. *Liquid Assets, Dangerous Gifts, Presents and Politics at the End of the Middle Ages*. Philadelphia: University of Pennsylvania Press, 2002.

Häberlein, Mark. *The Fuggers of Augsburg. (1367–1650)*. Charlottesville, VA: University of Virginia Press, 2012.

Haebler, Konrad. *Die Geschichte der Fuggerschen Handlung in Spanien*. Weimar: Verlag von Emil Felber, 1897.

Haliczer, Stephen. *The Comuneros of Castile*. Madison, Wisconsin: University of Wisconsin Press, 1981.

Haller, J. *The Epochs of German History*. New York: Harcourt, Brace, 1930.

Heal, Bridget and Grell, Ole Peter. *The Impact of the European Reformation: Princes, clergy and people*. Burlington, VT: Ashgate Publishing, 2008.

Herberger, Theodor. *Conrad Peutinger in seinem Verhaltnisse zum Kaiser Maximilian I.* Augsburg: F. Butsch, 1851.

Howell, Martha. *Commerce before Capitalism in Europe, 1300–1600.* New York: Cambridge University Press, 2010.

Howell, Martha C. *The Marriage Exchange.* Chicago: University of Chicago Press, 1998.

Hümmerich, Franz. *Die Erste Deutsche Handelsfahrt nach Indien, 1505/1506: Ein Unternehmen der Welser, Fugger und Andere.* Munich: Verlag von R. Oldenburg, 1902.

Huizinga, Johan. *The Autumn of the Middle Ages.* Chicago: University of Chicago Press, 1996.

Hunt, Edwin S. *The Medieval Super Companies: A Study of the Peruzzi Company of Florence.* Cambridge: Cambridge University Press, 1994.

James, Pierre. *The Murderous Paradise: German Nationalism and the Holocaust.* Greenwood Publishing Group, 2001.

Jansen, Max. *Die Anfänge der Fugger.* Leipzig: Verlag von Duncker & Humboldt, 1907.

Jansen, Max. *Jakob Fugger.* Leipzig: Verlag von Duncker & Humboldt, 1910.

Jardine, Lisa. *Worldly Goods: A New History of the Renaissance.* New York: W.W. Norton, 1996.

Johnson, Paul. *A History of the Jews.* New York: Harper & Row, 1987.

Klassen, Walter. *Michael Gaismair: Revolutionary and Reformer.* Leiden: E. J. Brill, 1978.

Kellenbenz, Hermann. *The Rise of the European Economy: An Economics History of Continental Europe: 1500–1750.* New York: Holmes & Meier Publishers, 1976.

Kerridge, Eric. *Usury, Interest and the Reformation.* Aldershot,

UK: Ashgate, 2002.

Kiessling, Rolf. *Bürgurliche Gesellschaft und Kirche in Augsburg im Spätmittelalter.* Augsburg: Verlag H. Mühlberger, 1971.

Klarwill, Victor. *The Fugger News-Letters.* New York: G.P. Putnam's Sons, 1926.

Klepper, Michael and Gunther, Robert. *The Wealthy 100.* Secaucus, NJ: Carol Publishing, 1996.

Knecht, R. J. *Francis I.* Cambridge: Cambridge University Press. 1982.

Kramer, Heinrich, and James Sprenger. *The Malleus Maleficarum.* New York: Dover Publications, 1971.

Kraus, Victor. *Maximilian I: Vertraulicher Briefwechsel mit Sigmund Prueschenk Freiherrn zu Stettenburg.* Innsbruck: Verlag der Wagner'schen Universitaets-Buchhandlung, 1875.

Krondl, Michael. *The Taste of Conquest: The Rise and Fall of the Three Great Cities of Spice.* New York: Ballantine Books, 2007.

Lach, Donald. *Asia in the Making of Modern Europe.* Chicago: University of Chicago Press,1994.

Lassalle, Ferdinand. *Franz von Sickingen.* New York: New York Labor News Company, 1904.

Lehrer, Steven. *Explorers of the Body: Dramatic Breakthroughs in Medicine from Ancient Times.* New York: Doubleday, 1979.

Lieb, Norbert. *Die Fugger und die Kunst.* Munich: Verlag Schnell & Steiner, 1952.

Luther, Martin. *The 95 Theses.* http://www.spurgeon.org/~phil/history/95theses.htm. Acessado em 12 set. 2012.

Lutz, Heinrich. *Conrad Peutinger; Beitraege zu einer politischen Biographie.* Augsburg: Verlag Die Brigg, 1958

Machiavelli, Nicolo. *The Prince and Other Works by Niccolò Ma-*

chiavelli. Translated by W. K. Marriott. http://www.gutenberg.org/files/1232/1232-h/1232-h.htm

Maltby, William. *The Reign of Charles V: 1500–1558*. New York: Palgrave, 2002.

Mantel, Hilary. *Bring Up the Bodies*. New York: Henry Holt, 2012.

Martin, Marty. *Martin Luther*. London: Penguin, 2004.

Mathew, K. S. *Indo-Portuguese Trade and the Fuggers of Germany*. New Dehli: Mahohar, 1997.

Matthews, George. *News and Rumor in Renaissance Europe: The Fugger Newsletters*. New York: Capricorn Books, 1959.

McNally, Raymond T., and Radu Florescu. *In Search of Dracula*. New York: Warner, 1973.

Midelfort, H. C. Erik. *Witch Hunting in Southwestern Germany 1562–1684*. Stanford, CA Stanford University Press, 1972.

Mielke, Thomas. *Jakob der Reiche*. Cologne: Emons, 2012.

Miskimin, Harry A. *The Economy of Later Renaissance Europe 1460-1600*. Cambridge: Cambridge University Press, 1977.

Mollat, Michel and Wolff, Philippe. *The Popular Revolutions of the Late Middle Ages*. London: George Allen & Unwin, 1973.

Moore, T. Sturge. *Albert Durer*. Bibliobazaar. www.bibliobazzar.com/opensource.

Moxey, Keith. *Peasants, Warriors and Wives: Popular Imagery of Reformation*. Chicago: University of Chicago Press, 1989.

Nash, E. Gee. *The Hansa*. New York: Barnes & Noble Books, 1995.

Nagler, Gregor. *Raimund Von Doblhoff und der Wiederaufbauder Fuggerei, der Fuggerhaüser, der Fuggerkapelle und des Neuen*

Baues in Augsburg. Berlin: Dietrich Reimer Verlag, 2009. Encontrado em Werner Lutz, Raimund von Doblhoff 1914–1993.

———. *Das Wegwerfen ist ja ein Irrglaube: Doblhoff, Raimund von, Architekt zwischen Rekonstruktion und Innovation*. Editado por Werner Lutz. Berlin: Dietrich Reimer Verlag, 2009.

Newett, M. Margaret. *Canon Pietro Casola's Pilgrimage to Jerusalem in the Year 1494*. Manchester: University of Manchester Publications, 1907.

Noonan, John. *The Scholastic Analysis of Usury*. Cambridge, Mass.: Harvard University Press,. 1957.

Oberman, Heiko. *Masters of the Reformation: The Emergence of a New Intellectual Climate in Europe*. Cambridge: Cambridge University Press, 1981.

Ogger, Günther. *Kauf dir einen Kaiser: Die Geschichte der Fugger*. Munich: Knaur Taschenberg Verlag, 1979.

Palme, Rudolf. *Pits and Ore and Tallow Candles. A Short History of Mining at Schwaz*. Schwaz: Berenkamp Verlag, 1993.

Payne, Robert. *Leonardo*. Garden City: Doubleday, 1978.

Pirenne, Henri. *Medieval Cities: Their Origins and the Revival of Trade*. Princeton, NJ: Princeton University Press, 1969.

Pölnitz, Götz von. *Die Fugger*. Tübingen: J.C.B. Mohr, 1999.

Pölnitz, Götz von. *Jakob Fugger*. Tübingen: J.C.B. Mohr, 1949.

Pölnitz, Götz von. *Fugger und Hanse*. Tübingen: J.C.B. Mohr, 1953.

Pölnitz, Götz von. *Jakob Fugger Zeitungen und Briefe an die Fürsten des Hauses Wettin in der Frühzeit Karls V. 1519–1525. Nachrichten von der Akademie der Wissenscgaft in Göttingen*. Göttingen: Vanderhoeck & Ruprecht, 1941.

Ranke, Leopold von. *The History of the Latin and Teutonic Nations*. London: George Bell and Sons, 1887.

Ranke, Leopold von. *The History of the Reformation in Germany, Vols. 1–2*. New York: Frederick Ungar Publishing Co., 1966.

Redlich, Otto Reinhardt. *Der Reichstag von Nürnberg 1522–1523*. Leipzig: Gustav Fock, 1887.

Reston, James Jr. *Defenders of the Faith*. New York: Penguin, 2009.

Reyerson, Katherine L. *Jacques Coeur: Entrepreneur and King's Bursar*. New York: Pearson Longman, 2005.

Robbins, Rossell. *The Encyclopedia of Witchcraft and Demonology*. New York: Crown Publishers, 1959.

Robertson, William. *The History of the Reign of the Emperor Charles. Vol. 2*. London. W. and W. Strahan, 1769.

Roeck, Bernd. *Geschichte Augsburg*. Munich: Verlag C.H. Beck, 2005.

Roover, Raymond de. *The Rise and Decline of the Medici Bank 1397–1494*. New York: Norton, 1966.

Roper, Lyndal. *The Holy Household: Women and Morals in Reformation Augsburg*. Oxford. Claredon Press, 1989.

Rublack, Ulinka. *Dressing Up*. Oxford: Oxford University Press, 2010.

Safley, Thomas Max. *Charity and Economy in the Orphanages of Early Modern Augsburg*. New Jersey: Humanities Press, 1997.

Scarisbrick, J. J. *Henry VIII*. Berkeley; Los Angeles: University of California Press, 1968.

Scheller, Benjamin. *Memoria an der Zeitwende: Die Stiftungen Jakobs Fuggers des Reichen vor und waehrend der Reformation*. Berlin: Akademie Verlag, 2004.

Scott, Tom, and Bob Scribner, eds. *The German Peasants' War: A History in Documents*. Amherst, NY: Humanity Books,

1991.

Schad, Martha. *Die Frauen des Hauses Fugger von der Lilie*. Augsburg: J.C.B. Mohr, 1989.

Schulte, Aloys. *Die Fugger in Rom: 1495–1523*. Leipzig: Verlag von Duncker & Humblot, 1904.

Sender, Clemens. *Die Chroniken der Schwaebischen Staedte*. Leipzig. Verlag von S. Hirzel, 1894.

Seton-Watson, R.W. *Maximilian I, Holy Roman Emperor*. London: Archibald Constable & Co, 1902.

Schick, Léon. *Jacob Fugger*. Paris: S.E.V.P.E.N, 1957.

Sider, Sandra. *Handbook to Life in Renaissance Europe*. New York: Facts on File, 2005.

Sigerist, Henry. *Four Treaties of Theophrastus Von Hohenheim, called Paracelsus*. Baltimore: Johns Hopkins Press, 1941.

Simnacher, Georg. *Die Fuggertestamante des 16. Jahrhunderts*. Weissenhorn: Anton H. Konrad Verlag, 1994.

Spufford, Peter. *Handbook of Medieval Exchange*. London: Royal Historical Society, 1986.

Spufford, Peter. *Power and Profit: The Merchant in Medieval Europe*. New York: Thames and Hudson. 2002.

Stahl, Alan. *Zecca: The Mint of Venice in the Middle Ages*. Baltimore: Johns Hopkins University Press, 2000.

Stayer, James M. *The German Peasants' War*. London: McGill--Queen's University Press, 1991.

Strauss, David-Friedrich. *Ulrich Von Hutten, His Life and Times*. London: Daldy, Isbister,. 1874.

Strauss, Gerhard. *Manifestations of Discontent in Germany on the Eve of the Reformation*. Bloomington: Indiana University Press, 1971.

Strieder, Jacob. *Jacob Fugger the Rich: Merchant and Banker of Augsburg, 1459–1525*. New York: Archon Books, 1966.

Storck, Thomas. "Is Usury Still a Sin?" *The Distributist Review*, January 30, 2012.

Sugar, Peter. *A History of Hungary.* Bloomington: University of Indiana Press, 1994.

Tanner, Marcus. *The Raven King: Matthew Corvinus and the Fate of his Lost Library.* New Haven: Yale University Press, 2008.

Tarr, Russel, and Keith Randell. *Access to History: Luther and the German Reformation 1517–55* [Third Edition]. London: Hodder Education, 2008.

Thausing, Moritz. *Albert Dürer: His Life and Works.* London: John Murray, 1882.

Todd, Walker. *Progress and Property Rights: From the Magna Carta to the Constitution.* Great Barrington: American Institute for Economic Research, 2009.

Unger, Miles. *Machiavelli.* New York: Simon & Schuster, 2011.

Unger, Miles. *Magnifico: The Brilliant Life and Violent Times of Lorenzo de' Medici.* New York: Simon & Schuster, 2008.

Van der Wee, Herman. *The Growth of the Antwerp Market and the European Economy.* The Hague: Martinus Nijhoff, 1963.

Vaughan, Richard. *Charles the Bold: The Last Valois Duke of Burgundy.* Woodbridge, UK: Boydell, 2002.

Wehr, Gerhard. *Thomas Muentzer.* Hamburg: Rowolt, 1972.

Wegg, Jervis. *Richard Pace.* New York: Barnes & Noble, 1932.

Wellman, Sam. *Frederick the Wise: Seen and Unseen Lives of Martin Luther's Protector.* Lexington, KY: Wild Centuries Press, 2011.

Wheatcroft, Andrew. *The Habsburgs: Embodying Empire.* London: Penguin Books, 1996.

Wiesflecker, Hermann. *Maximilian I: Die Fundamente des habsburgischen Weltreiches.* Vienna: Verlag fuer Geschichte und Politik, 1991.

Whiteway, R.S. *The Rise of Portuguese Power in India: 1497–1550*. New Delhi: Asian Educational Services. 2007.

Wood, Diana. *Medieval Economic Thought*. Cambridge: Cambridge University Press, 2002.

Worden, Skip. *Godliness and Greed: Shifting Christian Thought on Profit and Wealth*. Lanham, MD: Lexington Books, 2010.

Wurm, Johann Peter. *Johannes Eck und der Oberdeutsche Zinsstreit, 1513–1515*. Münster: Aschendorffsche Verlagsbuchhandlung, 1997.

Zimmerling, Dieter. *Die Hanse: Handelsmacht im Zeichen der Kogge*. Duesseldorf: Econ Verlag, 1984.

Zimmermann, Wilhelm. *Der Grosser Deutscher Bauernkrieg von 1525*. Berlin: Dietz, 1952.

Zimmern, Helen. *The Hansa Towns*. New York: G.P. Putnam & Sons, 1889.

Este livro foi impresso nas oficinas gráficas da Editora Vozes Ltda.,
Rua Frei Luís, 100 – Petrópolis, RJ.